U1001405

进化与迁移

——学术期刊的前世与今生

陈雯兰 著

浙江工商大學出版社 | 杭州
ZHEJIANG GONGSHANG UNIVERSITY PRESS

图书在版编目(CIP)数据

进化与迁移：学术期刊的前世与今生 / 陈雯兰著.
— 杭州：浙江工商大学出版社，2019.7
ISBN 978-7-5178-3386-4

Ⅰ.①进… Ⅱ.①陈… Ⅲ.①学术期刊—发展—研究
Ⅳ.①G237.5

中国版本图书馆 CIP 数据核字(2019)第 165365 号

进化与迁移
——学术期刊的前世与今生
JINHUA YU QIANYI XUESHU QIKAN DE QIANSHI YU JINSHENG
陈雯兰 著

责任编辑 任晓燕
责任校对 丁兴泉
封面设计 林朦朦
责任印制 包建辉
出版发行 浙江工商大学出版社
(杭州市教工路 198 号 邮政编码 310012)
(E-mail:zjgsupress@163.com)
(网址:http://www.zjgsupress.com)
电话:0571-88904980,88831806(传真)
排　　版 杭州朝曦图文设计有限公司
印　　刷 杭州高腾印务有限公司
开　　本 710mm×1000mm 1/16
印　　张 14.5
字　　数 250 千
版 印 次 2019 年 7 月第 1 版 2019 年 7 月第 1 次印刷
书　　号 ISBN 978-7-5178-3386-4
定　　价 65.00 元

序

在宏观意义上，社会科学大部分都可以归属在模糊科学的范畴里。按照我的理解，社会科学的模糊性并非指其科学定义、理论体系建构、学术元素的不确定，而是由于社会科学的学术属性，针对某一具体的研究对象，甚至学术本体、学术研究的方法论，都很难以量化的指标给出具体的结论或者评判，更多的是一种抽象的、概指的、质性的推理结论。但这并不影响其学术上的严谨性。

毫无疑问，对学术期刊的研究也在这一范畴内。就如同对于哲学、宗教、语言、文学、历史等诸多学科的研究一样，学术期刊本身的学术成长大多是在一个质性的天空中形成的，对学术期刊的研究很难有一个真正符合本体的量化指标体系，更难赋予这个体系以若干真正符合本体的影响因子、权重等等。但这并不影响它成为一门学科，更不影响学人们在这个机体内择其一要，入于一径，从某一个维度开展具有量化属性的探究。长期以来，关于学术期刊的研究一直如火如荼，从事学术期刊工作的先学后进薪火以承，在学术期刊的诸多领域有许多真知灼见，使像我这样的一大批浅学者受益。记得在20年前，国内学术期刊界的泰斗们曾酝酿要为学术期刊编辑建科立学，使其正式纳入国家高等教育的学科体系，那时候参加全国的高校学报会议，不断听到期刊学术界尊者大咖发出类似的声音，颇有“名不正，则言不顺；言不顺，则事不成”的感慨。后来一直以为事过境迁，为学术期刊编辑建科立学之说也随之式微，国家高等教育的学科体系建设事关各高校和全天下学子，学术期刊编辑毕竟离传统的核心学科、重点学科、基础学科远了一些，建科立学之事必是不了了之了。况且我们又处在一个学术盛好的时候，三千弱水中自取一瓢，自珍自爱，也是一个不错的选择。谁知道竟是孤陋寡闻了。后来检索资料才知道，1996年我国首批招收的编辑出版专业研究生就获得硕士学位了。关于学术期刊的研究也风生水起，一直绵绵不断，日臻成熟。此前的1991年，任定华、曹振中、周光达三位先生主编的《科技期刊编辑学导论》，作为我国研究科技期刊编辑学正式出版发行的第一本专著出版。杨勇先生在评价这本书对中国学术期刊研究的贡献时说道："该书运用移植的方法，借助于相关学科理论试图构筑科技期刊编辑学的理论框架，并在方法论研究中运用数学方法使编辑工作定量化，为科技期刊编辑学的量化等理论研究作了开创性的工作。该书的出版，无论对于科技期刊编辑学研究，还是一般编辑学研究，从传统方法和模式起到一种全新的启迪作用，使科技期刊编辑学研究达到一定理论水平。"①

前面所言，实在是对这本小书献丑的铺垫，是对这本小册子底气不足而生的"顾左右而言他"，如今回到正题。我之所以编写这本小书，一是自己从事学术期刊编辑工作16年余，有一言为快的冲动；二是也想把平时积累的零散的学术期刊研究成果系统梳理一下。如同前文的铺垫，我的这种梳理整合，是基于三个关联。第一个是建构一个写作坐标，即以学术期刊的起源、发展等历史走向为纵轴，以学术期刊发展过程中的学术变迁和技术演进为横轴，交互生成一个在历史的深度和现实的广度下的平面；第二个是体现两个维度，即质性研究的维度和量化研究的维度，前者主要是在学术期刊发展的社会学、文献学、传播学语境下的研究，后者主要是对学术期刊相关指标和数据的分析，学术指向和语境主要与统计学、经济学以及信息技术相关；第三个是兼及两个背景，即泛化的学术分析背景和区域特征下的案例研究背景。这种三个关联的写作设计，形成了现在读者看到的这本小册子的框架。当然，这个框架不一定是最好的，或者说不一定能如我所愿，能尽量地在多个层次立体化地体现学术期刊与社会、经济和科学发展的互动，但至少我做了这样的努力。

对学术期刊的研究以及系统的著述，从20世纪80年代就已经开始了。我从杨勇先生《科技期刊编辑学研究现状与学科建构的思考》一文中获知，中国自然科学学术期刊编辑协会(现中国科学技术期刊编辑学会)1982年成立以来，就开始组织专家、学者为科技期刊编辑学立言。1986年谭丙爆先生主编了《科技期刊编辑学》，可惜的是没有正式出版。本书在学术期刊的源头的论述上，博采众家之定论，想来必无争议，但在关于中国第一本期刊出现的考证上，出现了不同的观点。《中国期刊年鉴》杂志社常务副社长、主编段艳文在《中国期刊的记忆》一文中认为，中国第一本期刊是1815年8月5日，由传教士马礼逊和米怜编辑、中国刻工梁发刻印的《察世俗每月统记传》。另一种观点认为，中国第一本期

---

① 杨勇：《科技期刊编辑学研究现状与学科建构的思考》，见邵益文、祝国华编：《编辑学研究文集》，陕西人民教育出版社1998年版，第75页。

刊应为创刊于清乾隆五十七年(公元 1792 年)、停刊于清嘉庆六年(公元 1801 年)的《吴医汇讲》。据考,《吴医汇讲》前后历时 10 年,共刊出 11 卷,每卷均合订为一本。陈浩元先生是我敬重的一位期刊编辑界的师长,他不仅是国内期刊标准化方面为数不多的专家之一,而且也非常关注科技期刊史的研究。在关于期刊源头的研究方面,陈浩元老师旗帜鲜明地标举第二种观点,并多次在不同场合为中国期刊源头之辨鼓与呼。值得注意的是,中国期刊之首应是《吴医汇讲》的观点为我国权威工具书《辞海》和科技期刊权威刊物《编辑学报》所认可、采用。

本书并没有过多对近年来学术界类似的观点之争进行分析,主要是虑及全书的结构与篇幅。毕竟几十年的期刊历史研究中的观点之辨,在整个期刊史的发展中还是很小的一个组成部分。本书更倾向于从更远更广的时空去了解和交代期刊的生成与进化,因此,在书中谈期刊的源头是从世界说起的,试图从人类大文化和世界文化进化史中探究期刊是如果从应然走向必须,从需求社会走向社会需求,从一元走向多元。在这个单元里,还试图从科学期刊的分化过程去探求其对人类的学术进行着怎样越来越细致的介入,所以,在不同章节析述了从外国期刊到中国期刊,从期刊到社会科技期刊和大学学报,从学报到自然科学类学报和人文社会科学类学报的分化史。试图把这一部分内容图化,使其还原成一张学术期刊的族谱图,使读者能够从我简单和粗浅的阐述中发现流淌在族系中的血脉,发现学术期刊的文化基因是如何一次又一次地突破瓶颈,在突变中不断成长的。

本书还重点关注了学术期刊的影响力。我一直认为学术期刊的影响力是一对变量关系,尤其是对人文社会科学类学术期刊更是如此。我的这一观点可以从拉斯韦尔传播模式里找到相互支持的要素。拉斯韦尔传播模式认为良好的双向传播,传播主体与客体之间不间断的反复的良性循环是保证传播的关键,对应于学术期刊的影响力,则为影响力所涉及的主体与客体。影响力的主体自然是学术期刊本身,但客体是多元、动态和复合的,可以是学术期刊所涉及的区域文化、区域经济、区域群体的受教育程度、区域产业结构甚至是区域的语言、宗教观、价值取向、美学取向等等,不一而足。所以,基于全局性的期刊影响力的分析与统计总是有失偏颇,况且进行学术期刊影响的研究分析,必须涉及一些量化指标,这正是我在本文开头提到的所谓量化属性的研究。很显然,以我一个高校冰窖报编辑的所及所能,是不太可能掌握大量的客观样本和数据的。因此,我选择了以浙江一地为域限开展这一部分的观察与分析,得益于浙地众多同行的支持,才顺利形成了这一部分的内容。但我同时也想强调,浙江一地的人文社会科学期刊及其影响力的结论，具有十分鲜明的浙江区域特色。浙江特色的高校结构、产业规模、产业结构及民众的文化习俗，都对学术期刊影响力的结论产生某方面的影响，因为，这一结论不具备典型意义和普适性，而且影响力是一个变量值，会随着期刊软环境的变化而变化。

我们处在一个变革的时代。当互联网和电子商务开始改变我们的个人理财、购物、支付方式和观念的时候，也在改变着学术期刊，当我们发现越来越多的学术期刊开始融入优先出物、网上审稿、学术不端检测、电子期刊、手机期刊、期刊 App 的时候，学术期刊也就进入了一个新的进化期。但是，我一直认为，人的因素始终是第一位的，任何的现代科技都替代不了我们鲜活的、生动的、有着无限魅力的思想。

同时，我愿以我的这本小书为引玉之砖，期待学术界同仁在科技期刊编辑学本体论之外，开展更高层次、更加灵动的有关学术期刊哲学、编辑文化的研究，同时也以虔诚之心，静待着您对本书的宝贵建议和批评。

是为序。

陈雯兰

2018 年仲夏于杭州下沙

目 录

第一章　何为学术期刊

一　学术期刊的内涵

学术期刊(academic journal)是一种经过同行评审的期刊,发表在学术期刊上的文章通常涉及特定的学科。学术期刊展示了研究领域的成果,并起到了公示的作用,其内容主要以原创研究、综述文章、书评等形式的文章为主。非学术期刊刊发的内容,则以文件、报道、讲话、体会、知识等只能作为学术研究的资料而不是论文的文章为主。

具体而言,学术期刊和非学术期刊的区别主要表现在以下几个方面。(1)从期刊的特性来看,学术期刊具有学术性、局域性,而非学术期刊则具有大众性、普及性。(2)从出版的文献看,学术期刊刊发的文献以学术论文为主,而非学术期刊刊发的文献则以文件、报道、讲话、体会、知识等,只能作为学术研究的资料为主。(3)从期刊的主要功能看,学术期刊的功能主要在于学术研究、学术交流和探讨;而非学术期刊则主要是为传播、普及、学习大众知识和信息服务的。(4)从经营管理来看,学术期刊不以赚钱为目的,即其行为是非商业化的,只注重社会效益;非学术期刊则大多采取商业化运作模式,既注重社会效益也注重经济效益。(5)从文献刊发的过程看,学术期刊要求相关专家、学者对学术论文进行严谨的评审和筛选,更注重的是文献的学术价值;而非学术期刊一般只需经过刊物编辑的编审就行,注重的是大众性和市场价值。需要说明的是,《中文核心期刊要目总览》并不强调学术期刊与非学术期刊划分的界线,只是依据"载文量多""收录量大"和"被引次数多"进行选刊。

学术期刊本质上就是一个交流平台,大家把自己的科研成果以学术论文的形式发表在学术期刊上,可以让其他所有科学家看到,为其他科学家提供参考;也可以把自己解决不了的问题发表在学术期刊上,让大家共同参与,一起解决。

这样，有利于学术期刊间的交流，促进科学的进步。为了让从事不同研究方向的科学家方便查阅对自己有用的论文，学术期刊根据研究内容分为很多种类，每一个种类都具有侧重点，例如分为数学类、物理类、化学类、生物类等。其实由于科学研究内容本身的不断细化，每一个学科都包含非常多的学术期刊。例如化学类又有有机类、无机类、分析类、计算化学类、高分子类等，还有综合类的期刊，即可以发表很多种类的学术论文。

学术期刊具有创新性、传承理念的主导性。自世界上第一种期刊《学者杂志》创办以来，各类期刊已经在300多年的人类巨变中此起彼伏，唯优质的、恪守高品位的、坚持以学术创新为导向的学术期刊才能不被历史淘汰。通过期刊的组稿策划与编审出版，同时倡导、鼓励学术创新这个纲，是提高期刊学术品位的关键。当时，创新已经取代传承而成为当代社会中的主流价值取向。而任何创新都要立足于传承的基石。学术期刊应留更多的版面优先刊载创新性研究成果，坚持突出创新，明确传承的目的是更好地创新。这样，学术期刊才能相应提高自身的学术品位。

期刊的办刊理念、办刊思路和办刊风格，取决于期刊的出版宗旨定位。因为后者是期刊的性质、作用和目的的概括，势必对前者的实施产生至关重要的影响。高校学报以学术创新为主导的办刊理念，之所以在实践中遭遇发展制约，在相当程度上就是因为受到出版宗旨定位的限制。高校学报作为学术期刊数量上的主体部分，其面向本位宗旨曾经在20世纪80年代，发挥过激励本校教师科研活力的积极作用，高校学报刊载了大批创新性学术成果，为繁荣我国自然科学与人文社会科学研究做出了卓越的贡献。高校学报定位为反映高校科研、教学成果的学术期刊，既是社会各界长期以来对高校学报办刊宗旨的公认与理解，也是高校学报一贯遵行的办刊宗旨。这一宗旨定位，作为时代产物，有其历史和现实的合理性，并且曾经在高校乃至全国的学术发展中发挥过重要的作用。可是，在国内学术期刊竞争态势愈演愈烈的情况下，学报内向本位宗旨的弊端和局限性已经导致期刊质量与社会科研单位或研究学会主办的同类期刊相比较低，学术影响也较小。于是不少高校学报大量采用外稿，不惜高价约稿，一些高校学报外载稿的比重达到60%以上，大大超过教育部规定的以反映本校科研成果为主的定位。近年，教育部启动高校哲学社会科学的“名刊工程”，想通过典型的示范，促进高校社科学报进一步深化改革，开拓创新，逐步改变目前“全、散、小、弱”的状况，实现“专、特、大、强”的目标。其中的导向性条文实际上就是学报宗旨的新定位，即逐步以“外向开放取代内向定位”。教育部明文规定：名刊工程的入选条件之一就是要坚持改革创新，树立开放式的办刊理念，形成切实可行的办刊机制，建立科学高效的管理体制和运行机制，增强刊物的活力和竞争力。建设标准之一就是积极吸引刊发国内外知名学者的优秀论文，注意大力扶持学术新人，推动我国哲学社会科学研究队伍的建设。特别是特色栏目的校外稿件要占有相当的比例。形成科学的办刊机制，确立现代办刊理念，实行开门办刊，建立科学高效的内部管理制度，倡议以改革为动力，以质量求生存，以特色谋发展，在新的基点上共创高校哲学社会科学名刊。这些都表明，在实践以学术创新为导向的办刊理念的过程中，每个高校学报的宗旨定位，应该根据本校学科的建设特色以及科研和教学工作的发展需要，予以科学定位，在共性中显示个性。鲜明的个性特色，才是提高不同学报整体质量的关键因素。外向开放的宗旨定位不拘内外用稿，而且表现为开门办刊，打破以往坐等稿的自闭局面。走出编辑部，密切了解校内外科研动态，有针对性地组稿、约稿，办好符合本校重点学科建设、吸引国内外学术界关注的特色专栏，使学报更具生命力。

二 刊与书的异同

（一）装帧设计

装帧是指人们在从事出版物生产实践中，将必要的物质材料与一切必要的工艺技术相结合的活动和过程。其目的是更好地实现出版物的阅读功能和欣赏功能。

装帧的历史，大致可分为三个阶段。第一阶段是公元前 14 世纪至公元 1 世纪，这一阶段是从无意识渐渐转向有意识的原始装帧。在这一阶段，经历了从甲骨文书到造纸术、印刷术的发明过程。硬质书的装帧是最初的书籍装帧形式，其形态粗陋不堪，仅把文字经过炼、铸、烧、雕等技术加工成简单的书。其体积大、分量重、可携带性差，阅读运送极不方便。这表明当时社会生产力低下，此时，装帧作为艺术仅处于萌芽阶段。第二阶段是从造纸术、印刷术的出现到 19 世纪初。这一阶段，综合材料与复杂工艺结合的软质书取代了龟甲、兽骨、青铜、竹木等硬质书，经过一段漫长时间的探索，终于创造出册页书籍，在工艺上也达到了相当高的水平，使装帧艺术从萌芽阶段迈进创造阶段，并且形成了一定的装帧体例和美的原则。大约在 200 年前，欧洲就率先开始将装帧设计列为独立的艺术体系，建立了专门学院和研究机构。第三阶段是 19 世纪中叶到现在，这个阶段是民族意识、时代意识和国际意识结合的现代装帧时期。19 世纪中叶，欧洲机械印刷出现并传入我国，近代书籍装帧艺术开始萌生，到 20 世纪初，大量出版物采用美术字、图案花饰、装饰画、版画、漫画和中国画等形式，创造了中西文化交融和机械印刷特色的现代装帧艺术。

装帧的发展也可从印装工艺与用材方面来分析。起初只是单一物质与简单工艺结合，其后是装帧材料与印刷工艺结合，再后是综合上述材料与先进印装技术结合。装帧材料和印装工艺的改进，固然对装帧的发展和提高极其重要，但装帧设计与对书刊的阅读、使用、保存和流通的实用功能的改进和完善所起的作用更大，特别是对书刊装帧的美化、艺术功能的提高和创新起到决定作用。可以肯定的是，提高装帧整体艺术水平，关键是重视和提高整体设计水平。

装帧设计包含工艺、技术、美术三个方面内容。在工艺设计方面，主要是解决装帧形式的物质材料、装帧材料，制版、印刷、装订工艺等；在技术设计方面，主要解决原稿转变为书刊的版面形式问题，如文字、公式、表格、插图和注释文等；在美术设计方面，主要考虑装帧形式上审美的问题。包括书的包封、封面、书脊、环衬、扉页等。这三个方面的设计都有各自不同的规律和方法，如何把它们协调起来成为一个和谐的整体是编辑设计人员主要考虑的问题。

为了更好说明期刊的装帧特征，首先来看一下图书的装帧设计。

图书的装帧设计是一种富有创造性的审美活动，它的实际操作主要包括三方面：一是全书的总体设计，包括基调、风格、形象、色彩等诸种因素的协调统一，使一本书、一份报刊凝结成具有整体风格的艺术造型；二是对封面、封底、护封、扉页、书脊等做出与全书相适应的设计；三是对字体、插图与版式进行妥当配置，印刷精良，装订无差错。

图书的结构部件包括以下几种。

封面（封一）是一本书的表面，印有书名、作者名、出版者名等。封面兼具有保护书芯和装饰的作用。

封里（封二）即封面的里面，书籍的封二一般都是白的。有的薄本书，也用它印前言或目录等。期刊的封二一般做广告或刊发图片、报道等。

封底里（封三）即封底的里面，有的读物为了凑印张，利用它印正文或后记、版权等，期刊有时也用它印正文或图版、广告等。

封底（封四底封）印有责任编辑、装帧设计人员姓名、书号、定价、书籍条形码等。

书脊（封脊）是书刊的脊部，连接书刊的封面和封底。印有书名、册次（卷、集)、著译者、出版者,便于在书架上查找。厚本书刊号可以进行设计装饰。

护封(包封、护书纸)包在封面外的另一张外封面,有保护封面和装饰的作用。多用于精装书,平装书有时也可采用。

勒口(折口)、飘口平装书的封面和封底或精装书的护封切口处多留 90mm 以上空白纸张向里折转,在上面有时印有内容提要、书刊介绍或作者照片、介绍,这叫勒口;精装书或假精装书的外壳,要比书心三面切口长出 3mm 的飘口,用来保护书心。

订口指装订处到版心之间的空白部分,分为串线订、三眼订、骑马订等。

切口(书口)是书籍三面切光的地方,分上切口(又称书顶),下切口(又称书根),外切口(又称裁口)。

踏步口又称梯标。就是在外切口根据每个字首处打上空缺注以符号。一般应用于书辞,以方便检索。

衬页是衬在封面内(上衬)和封底内(下衬)的白页。一般习惯已不用,大多数被环衬代替。

环衬,比衬页再多一页白页,有时可以和内封连环在一起,节省一页纸张。衬在上面的叫上环衬,衬在下面的叫下环衬。这是精装本和串线订中不可缺少的部分,平装本的厚书也要采用上环衬。因为它的作用,能使封面翻平不起褶皱,保持封面的平整。环衬可进行一些美术设计。

书根,位于书籍的下脚侧面,在靠订口外印上书名和卷次。对于书籍,另外还有书函、书壳。书函是我国古籍书外面的蓝布壳子,书壳一般用薄纸板或瓦楞纸做,都是用来保护书籍的。

与图书相比,期刊的部件要少得多,并且与图书的要求也略有差异。期刊的装帧设计包括封页(封面、封二、封三和封底)设计和版式(封页和内页)设计。封面必须包括刊名、副刊名、刊名的汉语拼音文字,出版年月、卷号、期号,责任者(包括主编、主办者或编辑者),标准刊号以及条码等。检索性期刊按照《检索期刊编辑总则》加上"起止顺序号""出版单位"和"刊标"等。底封,刊印国内统一连续出版物号(CN 号),定价,也可刊印国际标准连续出版物号(ISSN 号),版本记录块。书脊,期刊的单册和合订本的书脊厚度不小于 5mm 时,应在书脊上排印刊名,出版年份、期号(或卷号和期号)等顺序编号。若厚度小于 5mm 时,可将其印在底封距订口不小于 15mm 的范围内。封里和底封里,可刊印广告。

封面设计是一种视觉传达艺术,通过运用色彩、文字等艺术手段将刊物的特色内容传达给读者,它反映了期刊的第一视觉效果。学术期刊的封面设计要考虑刊物的性质、特点和内容，封面设计力求做到庄重、简朴、美观。将封面设计体现的形式美与学术严肃性体现的内容美两者结合起来，才会吸引读者的视线，让读者既学到知识，又领略视觉美。如果作者拿到一本期刊，能产生一种想阅读的冲动，那一定是这本期刊的封面起了关键性作用。之前，曾有一位美术设计者为《重庆科技学院学报（自然科学版）》设计过这样一个封面：封面由两幅图构成，一幅是采油用的磕头机，另一幅是钢厂成品钢条出炉的场景。不用文字说明，很多读者看到这个期刊的封面设计图，一定会联想到期刊的特色栏目即核心内容和办刊宗旨。

封二、封三的内容也是阅读的一个亮点，因此其内容设计也是必不可少的一部分。有很多商业期刊的封二、封三都放置了广告，而学术性期刊中的医药类期刊多数也是以广告为主。大多数学术期刊特别是高校学报类期刊，因其具有较强的学术性，封二、封三不可能刊登一些商业广告，有的高校学报放置编委会的名单，有的放置征稿启事，还有的则是空白页。为了使期刊装帧设计更饱满，更具可读性和观赏性，封二也可根据期刊栏目设置，比如放置本校或校外专家、学者的简介（附一张彩照）及其最新的科研成果或研究动态。这样读者可以了解相关领域的学者和该领域的最新研究动态以及今后的研究方向，为相关领域读者今后的研究方向提供一定的参考。也可定期或不定期地刊登学校的简介、学术研究中心及其研究成果、大学生科技创新成果，把封二、封三作为展示、宣传学校发展和科研成果的一个平台。

装帧设计是一门独具特色的造型艺术，它反映了人类文化的科学意识和美学观念。学术期刊装帧设计的精美、质量的高低，不仅关系到学术期刊本身的品位，也直接影响着刊社的形象。期刊的封面好比是期刊的“门面”，它是期刊最先与读者接触的特殊载体，在信息输出中先声夺人，首先进入读者的视觉世界，并有效地影响着读者的心理定式，其重要性不言而喻。期刊的装帧设计主要基于以下几方面的考虑。

首先，装帧设计可以作为学术期刊的艺术表现形式，充分体现该刊物的办刊宗旨，在刊名、图片、色块、线条等要素的创意组合中，体现期刊特色，充分展示刊物的个性，诠释刊名的文化底蕴，使读者从对期刊装帧设计的解读中，产生只可意会难以言传的联想、回味。这包括两方面的内容。第一，学术期刊的装帧设计应有学术味、书卷气，宜庄重、朴素、大方，应与自身周围的文化氛围相吻合、相匹配，与学术刊物所表述、所传达给读者的文化韵味相协调、相和谐。比如《北京大学学报》就采用北大校园一角作为封面，使每一位读者一拿到《北京大学学报》，就被其优美的校园环境所吸引，进而对北大的人文景观、学术氛围产生一种向往、一种膜拜，从而不仅扩大了学报自身的宣传效果，同时也为学校做了一次无声的广告。第二，学术期刊的装帧设计应在外在美与内在美的统一中体现刊物特色。一本学术刊物是由其思想内容和形式（也即装帧设计）两部分组成的，刊物的思想内容是刊物的决定性因素，刊物的形式是为了表现刊物的思想内容。刊物的思想内容好，表现它的装帧设计就有了好的内核。二者相得益彰，相映生辉，共同构成优美的刊物。任何一种期刊的装帧设计，从美术的角度看，不管它的质量有多高，都要基于刊物的思想内容来充分体现刊物的特色（也即刊物的内在美）。

其次，期刊的装帧设计应具有整体感。整体感是指期刊期与期连续出版的连续性设计以及每期专题栏目之间各版位的整体设计。它以相近或相似的面貌，通过反复出现的形式展现给读者，以强化、加深读者对期刊的认识、了解，并使之得到认可。期刊（包括学术期刊）是多期连续出版，每期独立存在并具有完整性。一种期刊之所以能在诸多期刊中被熟悉的读者一眼认准，就在于刊物的期与期之间，通过图形、线条、版式或者是色彩等的组合，在读者心目中留下了一种“固定的格式”。此种“固定的格式”却非完全雷同，而是“有同有异”。这就要求期刊的装帧设计具有整体感。即便是同一期刊物，在栏目与栏目之间，每组栏目与整个期刊之间，也有一个装帧设计整体感的问题。当然，期刊装帧设计的整体感，并不是要求期刊的每一期设计一样，栏目与栏目之间编排一样。任何图形、标志、线条、色彩等的重复，就像一条看不见的线，串联在篇章之间，既保证了期刊的整体感和某篇文章、某个栏目的整体感，又要尊重文字表述的规律，在重复中有所变化，并使这种变化合理地安排在文章的各页中、栏目的各篇间。如此，才会使读者的阅读情感在这种变化中有更大的起伏跌宕，也有更多的思考空间。可见，正是期刊的连续性和页码的连续性为刊物的装帧设计营造了可施展的多种手段，从而一方面保证了期刊的整体感，另一方面也体现了其个性特色。

再次，期刊的装帧应讲究设计，创意每一种学术期刊有限的空间版面。在进行装帧设计时，要强化四封的视觉冲击力，重视目录页设计的导读意识，着力寻求内文版式的新颖、美观，而不是随心所欲。学术刊物要给读者留下美的印象，四封的作用相当重要，一般来说，学术期刊的文化含量高，对四封的设计就有更高的要求，必须在构图、用字、着色等具体环节上精雕细琢，通过独特的创意透出较高的文化品位。当然，四封设计创意总体的美感表达，还得借助印刷材料——纸张——来进一步深化。相信，随着优质铜版纸日渐用于四封和印刷技术的日趋先进，学术期刊四封设计的效果将更为理想。四封的作用举足轻重，目录页的设计也不宜疏忽。过去在目录页次的编排上着重于“实在”二字，现在的编排思想则更强调“为读者服务”的意识，具体在编排上一般按内容分门别类地依栏目排定，而且有主有次，有轻有重。许多刊物为了方便读者阅读，把编者的思想、意图通过目录页的设计传递给读者，把每一栏目中的重要篇目用醒目的字体排出，加强了目录页的导读意识，使目录页的编排更吸引人。当然，学术期刊装帧设计的独特创意还表现在内文版式设计的求新求变求美之中，而且这种趋势日益明显。现在，大多数学术期刊不再是整齐的通栏、双栏，平稳的千篇一律的大字标题，而是点、线、面的交替组合，花边、色块、字体字号的错落变化和插图与正文、标题与图片的和谐对立。正是版式图文的疏密、渐变、突变、重复等装帧设计的独特创意，反映出编辑的艺术修养和设计水平，也反映出刊物的美感程度和刊物质量的好坏，从而使学术刊物通过精美的装帧设计达到图文并茂、赏心悦目，进一步增强了学术刊物在读者中的影响力。

(二)版式设计

版式设计对人员主要有以下方面的责任要求：一是根据书刊内容的性质、特点及读者对象，大体了解各篇文稿和图稿的体例、结构和篇幅，与责任编辑共同研究确定书刊的开本，装帧形式与版式；二是美术设计和插图设计人员共同研究封面、书脊，扉页版插图的描绘方法和文内图案装饰；三是了解书刊的总体情况和有关细节后，参考或独立拟订版式设计方案；四是合理选用正文纸张，并掌握纸张的品种、规格、性能及市场供应情况，便于计算成本；五是要熟练地对书刊的版式和图版进行定版设计，及时解决排印过程中的疑难和校样上的版式问题。版式设计人员在履行好职责的同时，也应具备相关的素质：一是对出版工作有高度的事业心和责任心，对从事的每个设计环节要认真思考，勇于创新；二是要熟悉排版工艺，具备一专多能，对汉语知识、规范文字、常用外语、科技符号及所在系统的专业常识都能掌握运用；三是要熟悉编辑出版各个业务环节，经常从设计协作的角度出发主动地配合上下工序解决疑难问题，使版式设计方案达到编辑和出版各个环节的意图和要求；四是要娴熟地掌握和运用美学知识和技巧；五是要不墨守成规，及时了解设计新潮，注意国内外书刊版式及装帧趋向，开阔眼界，拓宽思维。

首先对书籍的版式设计做一个介绍。针对不同类型书籍的个性和特点，应设计出版面结构合理、段落层次分明的版式，文中的图文编排疏密得当，从整体视觉上具有整齐匀称的秩序感，达到美观易读的效果，其摘要、关键词、参考文献、索引及其对应的外文等，版式处理要注意美观、规范，并充分考虑读者方面检索和纳入国内外数据库的需要，标题、正文、插图、题头、尾注等版式的安排，要注意盘错离合、承应离让、疏密屈伸、起伏对应，并要分别重视标题的字体和形式的变化与图文的相互制约，竭力引导读者的注意力。随着社会的发展，排版的工艺技术也会更新，书籍的排版要适应工艺发展的新潮流，注意利用电脑排版字体、纹饰及图案变化的内容特点，及时协调，做到有的放矢，做好排版工艺适应性的同时，又要保证出版质量的可靠性，尽量节约工料，降低成本。

由于书籍内容的繁简不同，科目门类迥异，其排版也形成了各种各样的风格。

在标题排列形式方面，因书籍内容的逻辑结构非常严密，通常分为若干大小段落，需要在总的段落上分别列出如部、编、篇、章、节、段、子目等标题，对内容做提纲挈领式揭示，以便阅读理解，故书籍的排版设计首先应符合这个逻辑结构，层次分明，再去考虑版面的美观问题。图书要尽量少用繁杂的标题层次，以使人清晰见其主干要旨。对标题字体原则上，按原稿分标区别的层次，在书籍排版中通常采用的标题由大到小、由重到轻交叉使用，如三黑、四宋、五正等。在书籍的文稿中，著译者有时只偏重于章、节大标题的选择而忽视小标题的统一。甚至有的有标题，有的却没有标题。故在整理书稿时要使全书连贯一致，同级标题采用统一的序码。

一般来说，标题可用不同字体来表示书籍的类别。如黑体字壮实醒目，适用于标题和重点语；仿宋体字迹清秀，适用于标题和引文；宋体字形端正，既适用于标题又适合于排正文；楷体字体秀美，用作儿童读物较为合适；长仿宋体字适用于副标题和诗文集等。为鲜明醒目，可根据标题字数的多少，在字间加空格。副标题一般用长仿宋，并加破折号。一般标题下用四号，并可根据字体大小配合选用字号。作者名称在标题下，一般用五号楷体或仿宋，如冠以单位名称的排五号仿宋，后空一格接排作者名。用在文稿后的写作单位用五号楷体，下面文章出处用小五号宋体，前后加括号。

就书籍中标点符号的排版而言，句号的表达有两种——“。”与“.”。在有数理的公式时，应该与下角数学或符号“O”有所区别；问号“?”，感叹号“!”排全身，占一格；其他标点符号排对开；在转行时，点号都不要放在一行的开头；引号、括号、书名号的前半边，可放在一行的开头，但不宜放在一行的末尾；省略号、破折号可放在一行开头或末尾，但不要拆开使用；间隔号“·”可放在一行的末尾。如行中有逗号“，”，或另有其他引号、括号和外文等标点或符号，尽量在这类符号的左右加嵌空，不要影响逗号习惯空的对开，但这类符号的嵌空必须前后匀称；在阿拉伯数字及外文的每节前后，如没有标点符号，应在每节前后加嵌空；文稿中的引号、括号、书名号都在文字的前后，各占一格；破折号占两格；省略号六个圆点，占两格；间隔号占一隔，应注意区别比号“∶”与冒号“：”；表示着重的点符号，着重号“.”应贴字脚，圆点也应小些，标在文字的下面。

书籍的页码与书眉的排版也很重要。页码是书页顺序的标记，页码的编列有两种情况：一是以内封为第1页码，按着书的内容，如前言、目录、正文等顺序编排，前后连接在一起；另一种情况是前言、目录和正文等分别从第1页码编排。横排书的页码一般用阿拉伯数字，但正文要分别编排页码，也有罗马数字的，竖排书的页码一般用汉字数字。页码可以加一些装饰衬托，一般排在版心下方靠右切口，也可居中，形式如下：

加点码　•1•　•2•

加线码　—1—　—2—

正体码　1　2

斜体码　*1*　*2*

加方月牙　〔1〕　〔2〕

加线　$\overline{1}$　$\overline{2}$

加波纹码　～1～　～2～

以图为主的超版面，一般可不排页码，若需排，可根据页码地位、图片底色的深淡，确定其为黑字或白字。字数在30万以上的书稿，一般可排书眉。书眉的编排由双码到单码，标题由大到小，一般双码排第一级标题，单码排次一级标题。排子目小标题的书眉，在一面上有两个或两个以上的子目，应排在前面见的第一条。书眉一般排在版心上端，也可排版心下端。排在版心上端的书眉，书眉线可加可不加。如果加书眉线，另页（或面）起排的当面排文武线；如页码不排眉文，其他排正（细）线，加页码排眉文。如不加书眉线者，另页（或面）起排的，不排页码和眉文，其他加排页码或眉文。书眉的装饰形式一般不外乎以下情况：经常翻阅的书，书眉可靠页码排，便于检查；一般的书籍可在上方居中；教材或参考书可排在订口；重印古籍或翻译书籍可用横栏形；也有不少的书籍采用直栏形将书眉靠切口排。

书籍除正文外，还有内封、内容提要、版权、目录、序言、后记以及注释、附录、索引、参考文献等补充和辅助部分，现将主要设计叙述如下。

内封设计通常是书名用字较大，著译者和出版者用字较小，年份用字更小；丛书名可视情况酌情处理。也有由封面装帧者一同设计的。内容提要一排在内封背面，有护封的书也可以用六号宋体字排，根据开本的长度设计每行字数，印在护封的勒口上。版权一般排在扉页背面，也可为了方便印订放在正文后。目录要简明扼要，排版时采用不同字号和缩略，或用分栏、小标题接排等形式，根据内容可编到章节子目。目录的版心可小于正文版心，标题与页码之间的连点要轻细，标题后有作者署名的页码要加括号，没有署名的时候，页码可加括号也可不加。序言可用与正文不同的字体，如仿宋体等，页码从单页开始排。后记排法与正文相同，位于正文后，也可用与正文不同的字体。注释部分规格如下。

(1)引用马、恩、列、斯及党和国家领导人选集、全集的文句，先注作者名和篇名，次注集名，再依次注明卷数、版本(出版社名、出版年份)，页码。

(2)引用单行本的文句，先注作者名，再注书名(或篇名)、版本、页码。

(3)排在同一页上接在一起的几个引文，如引自同一本书，而页码不同，每个引文按规定格式作注，以下可依次简写："同上书，第××页"，如果页码相同，则写上"同上"即可。

(4)引文在原书上若跨页，在注页码时用连接号，如"第 25—26 页"。若原文散见两页，页码用顿号，如"第 25、26 页"。

(5)若全书反复引用一本书的文句，第一次按规定格式作注，以后只注书名页码。若书名、篇名过长的，第一次出现时可用全称，同时注明简称，以后各注都用简称。如正文中已说明引文的作者和篇名、版本等，注释可以省略。

(6)引用报刊文章的文字，依次注作者名、篇名、报刊名称、年月日或期数、页码。

(7)引用古籍，原则上注书名、篇名，没有篇名的注卷数。篇名写在引号内，其间加"·"，词牌名附有题目的，也可以"·"分隔。

(8)引文注释分为页末注(脚注)、文末注(段落后或篇后)和文内注(夹注)。页末注在本面的最下边，与正文之间排一直线，叫注线，一般从顶头排，长度占版面宽度 1/4 左右。文字比正文小一号或半号。注码排在文字右上面，一般采用①②③……注标或花芯(*)。文末注的段落注是随正文如每一段后排的。一般使用"注"字或"注 1""注 2"等。篇后注是排在每一篇章后的，编制一个顺序，在注文很长、注序很多的情况下可采用。文内注一般用小一号宋体，串插在引文后面。

(9)选用整篇文章的出处，排在最后，用小五号字体后缩三格排。

(10)需要汉字注音的书籍,注音一般串在文字中,比正文小一号字排,前后加圆括号,汉字注音前加"音"字。如括号中又有说明文字,注音排六号,说明排五号字。

在书籍版面设计上,有时因考虑到合面的形成,以及单字不成行、单行不成面的规定,就须改动文句来牵动版面,可使版面美观并节约篇幅,但在处理上应使文字和标点符号之间嵌匀,不使版面在视觉上有疏松之感。同时在处理时一定要精确计算,尽量不要牵动章、篇,否则修改起来比较费力;不要将原校样裁剪另行拼贴,以免改版时查找困难。编辑或校对人员可以将分行的段落衔接,将衔接的大段分行,在一段内可选取行末顶版心的段落,增减虚字、同义字词、标点等办法,或根据需要换用适合的标点符号以及在前后加空等办法来调整。也可在图表公式处伸缩地位,增加或减少虚字。

图表若超过版心高度的一半,应居中排;不足一半的靠切口一侧排。侧排的另一边排正文。一面上的图不止一幅或者须与另面对照时,应根据具体情况酌情而定。需用优质纸插页的细网线图,可订在章节后面,也可集中在正文之前或正文之后。

与书籍相比,期刊有自己独特的版式设计方式。

针对学术期刊,其版式设计特点主要有:每期的首页,包括合订本,都应该是单页起排,每篇论文应在页眉处标示期刊名称、卷号、期号、出版年月;在每篇题名的下方列出主要著作人姓名及其工作单位、地址、邮政编码等;在分期连载的期刊论文中,在每期的题名后加注连续次号,如"续前"或"续一""续二"等,第一次刊载的应在文末注明"未完待续",最后一次应在文末注明"续完"字样;每篇论文应避免分散跳码排印,当确实无法避免时,应保持顺转的状态并在中断处注明"下转第×页",接续处注明"上接第×页";摘要是学术论文的一个重要组成部分,摘要的撰写参照文摘编写规则 GB6447—1986 的规定。对外交流的期刊,可附上英文摘要,在摘要的下方应就文章的内容选择 3—8 个关键词列出。为了对外交流,应标注与中文内容、格式都对应的英文关键词,排在英文摘要之下。对于不同学术文稿的内容和文章体例,可根据具体情况标出不同的层次,一般情况下,人文社科类一般采用汉字分级连续编号。

第一级标题——一、二、三

第二级标题——(一)、(二)、(三)

第三级标题——第一、第二、第三

第四级标题——一是、二是、三是

自然科学类学术期刊论文的标题层次一律采用阿拉伯数字分级连续编号，正文层次的划分，一般不宜超过 4 级，4 级不够时，可视情况再划分。

第一级标题——1

第二级标题——1.1

第三级标题——1.1.1

第四级标题——1.1.1.1

			2.2.2.1	(1)	①
1	2.1	2.2.1	2.2.2.2	(2)	②
2—	2.2—	2.2.2—	2.2.2.3—	(3)—	③
3	2.3	2.2.3	2.2.2.4	(4)	④
			2.2.2.5	(5)	⑤

自然科学等学术文稿的编号应左起顶格，有标题时编号后空一个字的位置再写标题，另起一行写具体内容。没有标题时，在编号之后空一个字的位置再写具体的内容。

所谓期刊定版，就是在稿件排版前由版式设计人员对图文进行具体计算和测量，并在稿件上标注出各种制版排印符号和画出相应的版式样子，是制版排印过程中的“蓝图”。其主要包括设计规划、计算篇幅和画版样。期刊的定版设计包括设计规划、篇幅计算、画版样。

1. 设计规划

目前，我国期刊所采用的开本规格主要有两种：一种是 787mm×1092mm 纸张幅面的 16 开本；一种是国家标准《图书的开本及其幅面尺寸》(GB788—1987)规定的 16 开本，其纸张幅面为 880mm×1230mm，其称为国际开本。极少数是采用 850mm×1168mm 纸张幅面的 16 开本。对以上两种规格的 16 开本，其开本幅面尺寸是具有一定的规范性的，而规格、条款、版心尺寸和边空都无规定，但有一定的期刊版面规格参考数据，具体见相关的资料。

期刊正文中常用小五号和五号字，表格和注释用六号字，参考文献用小五号或六号字，但也有些期刊的某些文章用小四号或四号字。作为版式设计人员，对期刊进行设计时，首先要对期刊所采用的版式规格和行款，每期确定用于排正文的部分的字数、字号、页面字数等方面进行了解。其次，弄明白本题发稿的栏目规划，分清稿件中的重点稿和一般稿、机动稿和补白稿，主编对本期的编排设计有何高见设想等。再次，通过计算稿件的篇幅，看与设计规划的版面是否相符，包括标题、图表所占的版面。最后，在版式设计时，对所有文稿进行一次整理，包括稿件标题、词语结构、各篇稿件前后关联、插图的缩比和所占版面大小、表格及公式的排式改造和计算等，以便充分考虑设计的整体表现和编排要求。

2. 篇幅计算

篇幅计算是指对本期稿件有编排构想以及对这篇稿件的版式、标题安排进行了初步设计后，具体计算出这篇稿件所占的行数。如果版式是分栏的，则是计算出稿件分栏后行数。为了安排好版面，往往根据设计构想控制版面而增加几行或减少几行，往往也只有一字之差。所以，计算篇幅是件非常细致具体的工作。计算篇幅时，一定要把标题所占的版面折合成字数一并计算，并根据具体情况灵活掌握标题在设计时的伸缩，以使整体协调。为使版式画得准确，最好在设计定版时测定图稿制版后的实际幅面，若图的幅面宽度正好等于或小于分栏的宽度，只要视其高度所占的行数就可确定其篇幅。同时，从版面构成的角度来看，图文配置也会显得更加整齐美观。

3. 画版式

这一步是在完成版面设计准备工作后，通过画出的版样具体体现组版的意图，给组版的操作员提出一个设计蓝本。这项工作一般都是使用事先印好的一种与实际版式相同的版式纸。设计人员画版要正确理解主编与责任编辑制版和编辑排版的意图，把编辑思想与设计构思全部在样式上表现出来，诸如标题的字体、纹理及与其相配合的题头等，文字的转接和组合分割。

4. 编排规范化

(1)封面编排规范

按照期刊封面信息的要求，封底要反映期刊一些必不可少的信息：中文刊名及其英文、刊期、国际连续出版物号、出版年、期数、条形码、主办单位全称等，而且这些信息在封面都有相对固定的位置。因此，封面设计时要注意把反映期刊特色的内容与期刊的这些信息进行合理布局和颜色的协调搭配，这样才能将装帧设计与编排规范有机地结合起来。

按照期刊封底信息的要求，封面要反映期刊的版权信息（中文、英文）：刊名，创刊时间，刊期，卷期，期数，出版年，主管、主办单位，主编，编辑出版单位，地址，印刷，国内连续出版物号，定价等信息，而且这些信息在封底也都有相对固定的位置。

(2)内容的编排规范

首先是目次页的编排格式与规范要做到期刊编排的标准化和规范化。目次页的编排要符合国家规定：页眉要标明刊名、出版年、月、卷次、期次、总期次，目次表要标明栏目、文章题目、作者姓名和文章的起始页，页脚要标明期刊的基本参数等。只有这样才能保证和加快信息的传递速度，提高信息传递的准确率，达到资源共享的目的。目次页的编排可以采用分栏排的格式，也可采用通排的格式，通常分栏排的信息量比通排的信息量要大，期刊可根据内容的多少来选择排版格式。目前有些期刊的目次页中对刊登的论文没有分栏目，采用通排的方式，这样不便于作者或读者快速查找相关学科类的文章，而分栏目排稿能让读者一目了然。

其次是正文的编排格式与规范。文章标题不宜过长，一般控制在 20 个字以内，要短小精悍，反映文章的精髓。对于标题过长的，一定注意在转行时既要考虑上下行的协调，又要考虑标题意思的完整性。标题的字体形式采用宋体还是其他体，可根据文章内容而定，最好不要千篇一律，否则会使文章版式显得呆板。文章标题一般采用 2 号字，正文用 5 号字。通常文章的整体编排格式有两种：一是全文不分栏拉通排版，二是正文分栏排版（以分两栏排版居多）。是否采用分栏排可视文章内容而定，若文章中图表较大，公式较长，可考虑通栏排版，这样可保证图表的完整性，避免公式的多次转行而不便于阅读。若文章以文字为主，可考虑分栏排版，这样读者在阅读时不容易产生疲劳、跳行的情形。有些期刊为了节约版面，增大容量，正文采用小 5 号字，文章一篇接一篇的排，缺乏独立性，给人一种凌乱的感觉，极不利于读者的阅读，使其失去阅读的兴趣。

(3)正文的图、表、公式的编排格式与规范

由于学术类论文中的图、表、公式较多，在编排时不可能对全文做很好的版面控制，根据文章内容有时需要分栏排，有时需要通排，这样不可避免地造成一篇文章排完后还留有空白部分，这些空白既不美观，造成版面的浪费，而且不符合期刊版式设计的要求，一般一页内如果留有 1/3 的空白，就需要编辑来进行补白。补白可以使期刊版面得到充分、合理的利用，有效调整版面布局，增加版面美感，达到整体均衡的效果。对空白的处理视情况而定，可以根据文章内容需要适当增加一些内容，也可以对内容做些删减来避免空白，若上述两种情况都不好处理，那么最好、最有效的办法就是补白。多数期刊是利用空白进行转接页，但这样做的缺点是破坏了文章的连贯性。用来补白的内容必须要符合期刊的办刊

要求。随着科技信息需求的与日俱增，大量的科研成果需要各种媒体来传播，而学术期刊是科研成果最好的载体，因此在期刊的空白处可以刊登一些科技前沿的最新研究动态、行业的最新研究动态、相关的具有社会影响力的国际学术会议等等。读者通过期刊可以了解更多的科技信息。编辑需利用其短小和灵活的特点，最大可能地挖掘杂志的可读性，从而不断地扩大读者群，增加刊物的社会影响力。

近几年来，国家制定了一系列有关科技期刊的编排规范和出版标准，如《科学技术报告、学位论文和学术论文的编排格式》(GB7713—87)，《有关量、单位和符号的一般原则》(GB3101—93)，《出版物上数字用法的规定》(GB/T15835—1995)等。这些编排规范的出台，对提高科技期刊的质量，促进科技期刊规范化起到了重要的作用。同时，学术期刊应严格按照有关编辑出版的标准和规范执行，这样才更加有利于学术交流和信息资源共享。

第二章　学术期刊的历史探赜

学术期刊是指以刊载研究发现和创新成果的学术论文、文献为主的定期连续出版物，主要任务是刊载科研成果、开展学术交流、发现培养人才、促进科技创新。它是科研工作不可或缺的组成部分，对推动科技进步、推动经济和社会发展具有重要作用。世界上80%的最新科技成果和知识创新首先通过期刊出版传播。学术期刊在国家文化和经济建设中也同样占有十分重要的地位，是国家创造力和竞争力的重要标志之一，是国家软实力的标志。学术期刊的发展历史，可以说，既是一部世界思想的发展史，同时也是一部人类科技进步史，是人类文明发展史的一个重要阶段。学术期刊每前进一步，都闪耀着人类智慧的光芒，是人类在探索自然界、科技发展与人类思想、文化、社会和所有未知世界的过程中形成的最绚丽的瑰宝，是人类文明演进的历史。

一　期刊的原始雏形

纵观已有研究文献，我们可以清晰地看到，自欧洲中世纪罗马时代出现手抄新闻和印刷新闻以来，人类便有了通过媒体这一最简便的方式传播信息的渠道，同时通过这个渠道发布科研成果的首发权也获得了世界公认。世界上任何事物的发展都不会是一帆风顺的，期刊的形成与发展也经历了一个艰难而又漫长的历史过程，有学者将这个过程分为孕育、产生和发展三个时期。在这个漫长的历史过程中，世界期刊界取得了巨大成就，各种期刊不仅品种齐全、数量繁多，而且内容丰富、形式各异，使期刊这一行业成为与人类关系最为密切的行业之一，有力地弘扬了人类的智慧和富有，推动着人类社会向前发展。

辉煌的哲学与科学之花早在6世纪就在古希腊城市米利都开始吐蕊。古希腊人赞扬自由探究的精神，信奉知识高于信仰，使自己的文化达到了古代世界的巅峰。但是，当古希腊人沉浸在自己的黄金时代时，欧洲亦达到高度繁荣和高度完美的境界，罗马逐步成为中世纪欧洲文化的中心，是重要的新闻发源地和集散地。罗马帝国实力的不断扩大和文化中心地位的确立，使各地从事通信业者来到罗马帝国收集新闻资料，然后向预约者出售。当时人们把抄写而成的资料称为手抄新闻。手抄新闻在罗马首次公开发行的时间是 1536 年，这也是世界上首次公开发行的新闻，首发地是在意大利威尼斯市。因此，欧洲是世界期刊的诞生地，期刊孕育和产生的时间大约在公元 476—1630 年，最初萌芽于中世纪古罗马时代的通信业和资料抄写。

研究古罗马史学者发现，在人类历史上与手抄新闻同时出现的还有印刷新闻，这是利用谷腾堡发明的活字印刷成的纸片或小册子，这种形式是用来专门记录单独新闻的。这些手抄新闻和印刷新闻成为今天人们所熟知的报纸的雏形。当时的发明者怎么也想象不到，这种形式会被发展壮大，并且与人们的生活有密切的联系。进入 16 世纪后，在期刊尚未产生的年代里，人们借助于信函记录科学实验成果，并以这种记录形式进行交流，或对某一学术课题进行切磋和探讨。学术研究的目的是交流并造福人类，促进科学发展、社会进步，而当时在期刊等各种交流平台都不具备的情况下，人们为了达到与其他学者交流研究成果、扩大传阅范围的目的，就将信函予以复制抄写，使其担当着传单式的交流功能，进而渐渐发展成为后来的期刊。

二　世界上第一本期刊的诞生

在 16 世纪的欧洲，为满足人们对信息与精神生活的需要，报纸先于期刊诞生了。古罗马政治家恺撒把罗马市以及国家发生的事件书写在白色的木板上，告示市民。这便是世界上最古老的报纸。在距今 2000 年前，中国也出现过类似的文书抄本。它是当时的官府用以抄发皇帝谕旨和臣僚奏议等文件及有关政治情况的刊物，称为“邸报”。它具有报刊的某些特点，可认为是最早形式的“政府公报”。原藏于敦煌莫高窟的唐代《进奏院状》，是中国已知的最早的一份手抄邸报，距今已有 1000 多年了。在 16 世纪初期，德国率先发行定期报纸，虽是周报，很快波及整个欧洲。荷兰、英国、法国等这些欧洲国家先后出现了每周发行一次，被人们称为星期报的周刊报纸。从德国周报的出版形式上看，是一种由数页篇幅组成、大约为 24 开本的小册子；在内容上，它专门报道国外新闻或外埠新闻，具有明确的定位和目的性，是世界上最早的政治性周报。以往，邮件的投递都是以每周一次作为周期的，而作为传播新闻信息的报纸，周报周期远远不能满足人们迅速增长的了解国内外新闻的需求。邮政事业的发展为满足人们的这种精神需求提供了必要的条件。社会的发展是以满足社会需求为目的的，来往邮件的投递周期由原来的每周一次改为每日一次，日报也就应运而生了。这说明，报纸的诞生与邮政事业发展有着密切的联系，在某种程度上依托于邮件的快递周期，同时报业的发展又进一步促进了邮政业的壮大。1660 年由德国人蒂莫特里茨创刊，于 1663 年改为日报的《莱比锡新闻》，是史学家和编辑学家公认的世界上最早的日报，它的出版发行奠定了日报在社会发展中的地位。继德国《莱比锡新闻》之后，英国也于 1702 年创办了第一份日报《每日新闻报》。而美国最早的日报是 1704 年创办的《波士顿新闻信札》，这份在波士顿发行的报纸是第一份真正属于美国人的报纸。1907 年，英国的《每日镜报》首次刊登了照片，取代了图画。这与现在的报纸在刊登元素上已经无多大的区别了。

学术期刊是在社会发展过程中顺应科学技术的发展与人们交流学术研究成果的需要而产生的。到 17 世纪中叶，在欧洲历史上涌现出 200 个像英国皇家学会那样的学术组织。这些学术组织研究哲学与科学技术，同时学会之间有着频繁的学术交流。在这种情况下，发布学术成果载体的产生就成为必然，这种载体就是学术期刊。西方的学术期刊不仅产生于这一时期，而且首先是以学会会刊的形式出现。1665 年 1 月 5 日对全世界的期刊界而言是一个具有历史意义的日子，法国人戴·萨罗律师（Denys de Sallo）在法国首都巴黎（当时欧洲文化的中心之一）创办了世界上第一种周刊刊物《学者杂志》（*Journal des scavans*）。《学者杂志》的内容是向读者报道一些新书出版动态、目次和文摘，也发表一些解释自然现象的物理、化学和解剖学实验，以及气象观测记录数据等。其办刊宗旨为满足好奇心，并且是不用花费多大气力就能学到东西的一种手段。由它的宗旨可以看出，这本刊物与科学技术期刊的宗旨还有一定距离，但不能否认这本刊物是世界上最早的期刊的共识。更可贵的是，这份期刊的出现创造了世界上第一个由科学家组成的编委会，以协助编辑评审稿件，并形成了期刊同仁评审体制的雏形。《学者杂志》现今虽未延续下来，但也存在了 273 年，直到 1938 年因刊物干涉法律与神学事务等原因而停刊。因此严格意义上讲，《学者杂志》还不能称之为学术期刊，仅是统记传类的杂志，但其创办所产生的意义将永存于世界的学术界。戴·萨罗当时创办《学者杂志》的目的在今天看来似乎很简单，怎么也没有想到，他的这个手段，为人类开创了一个崭新的时代。据史料记载：1662 年 7 月 15 日，英国皇家学会成立，1665 年 3 月 6 日，学会里一个名叫亨利·奥尔登伯格的成员和其他几位志同道合者在晚于戴·萨罗《学者杂志》两个月的时间创办了英皇学会会刊《哲学汇刊——世界各地有创造才能者当前的探索、研究和劳动的若干总结》，他创办《哲学汇刊》时直接汲取了《学者杂志》的某些教训。早在1665年2月，罗伯特·莫里写信给惠根斯，告诉他奥尔登伯格计划办一个科学杂志，这个杂志将避免因为内容纠纷而导致像《学者杂志》那样被查禁。他说已经看到了《学者杂志》的样板，并且也已经发现其中的内容有不妥的地方。这杂志很有用，如果保证质量的话，奥尔登伯格给他们看了一份拟订的计划草案，奥尔登伯格准备办一份以哲学内容为主的杂志，如果能实现，他们倒希望他尽快开始创办这一杂志。他将不会干涉汉律与神学事务，不过，来自外国的哲学方面的资料报道除外。他将出版重要的实验报告。1665年2月底，皇家学会的职员们讨论了出版学会的会刊事宜。同年3月，理事会决定：《哲学汇刊》由奥尔登伯格负责，在每月的第一周周一出版，稿件由学会理事会根据许可范围来审定，再由理事会指定会员复审。《哲学汇刊》第1卷于1665年3月6日星期一出版，共16页的4开纸，其中有写着"准予印刷"的字样。其内容包括：罗马完成了光学玻璃的改进、英格兰观察到木星某个区域里为一个黑点、对最近彗星运动的预言、关于地球寒冷历史研究的许多新观察和新实验项目、关于温度计、一座奇怪而又巨大的冰山的一系列考察情况、德国的特种铅矿石、匈牙利的大药丸和亚美尼亚的大药丸效力相同、百慕大群岛的美国新式捕鲸船、海中测量经度的摆表制造成功、摆表专利权报道、在图阿劳斯的康塞劳尔出版的哲学书目录集等等。奥尔登伯格为创刊号特别写了导言，载于刊首。从中可知，这些稿件的学业科性质分别属于物理学、天文学、动物学、金属学、航海和时间度量技术等方面。《哲学汇刊》连续出版至今，已有330多年的历史，成为世界连续办刊时间最长的期刊，也被公认为世界期刊发展史上第一种真正用于学术交流的、真正意义上的近代第一份科学技术学术期刊。

同样，英国在1665年11月16日出版的《牛津公报》被公认为第一份大众化的刊物。而中国最早的期刊的出现则迟于这个时间100多年。

三　中国学术期刊的产生与发展

有学者提出，世界上最早的期刊是创办于中国明代的《朱翼》。他们认为，《朱翼》早在1616年就由安徽省原徽州府婺源县（现隶属江西省）一位叫江旭奇的学者创办，比《学者杂志》还要早49年。《朱翼》全12册，不分卷次，在每册每页中缝底部均刻有地支，现存的7册地支顺序是：子、卯、辰、巳、午、戌、亥。在仅存的7册中也只有亥册首尾较为完整，其他各册均有缺失。从所保留的7册图书中，可以看出它们篇幅大致相等。其中自序等4篇序言和篇目都不复存在了。因此，人们很难判断此书有没有凡例，这就对此书的研究带来了诸多的不便。《朱翼》的作者江旭奇一生治学勤奋，但始终不得志。唯一可令他安慰的是，当时的崇祯皇帝曾采纳过他的意见。

我国著名的目录版本学家王重民早在20世纪50—60年代就把《朱翼》定性为“期刊之先河”。他认为，不管早期期刊还是现代期刊，内容的多样性是它们的主要特征。《朱翼》的内容，上至天文历法，下至地理及国家的典章制度，古人的嘉言懿行，当时社会的新知识、新思想，是当时社会环境下最通俗、最受欢迎的读物。《朱翼》汇集了众多作者的文章，这些文章既刊载了自己的观点，又刊载了师生朋友的言论，而刊载最最多的，还是古往今来众多学者名人的学术思想与观点。比如，刊出内容涉及江旭奇祖父读诸葛亮《出师表》及韩愈《祭十二郎文》等所发表的议论，也有“朝贺”演变过程的记叙，载籍对十三经的论说。所以研究《朱翼》的学者认为，《朱翼》从内容到文体等都符合期刊的特征，将其定性为期刊原因在于一种期刊，无论它是早期期刊还是近现代期刊，都要反映新思想、新观念、新知识，这应是作为期刊的重要特征之一。如果一种期刊没有这“三新”就无法生存下去。许多新思想、新观念、新知识，最早都是由期刊传出的。经过期刊阐释后，人们获得的知识更完整、更充分。所以，王重民先生在《朱翼》提要中写道：“以《三国》《水浒》与《六经》子史等论齐观并非有意作怪论，盖正是一般读书人实际需要。”[①]戴上学者面具的人不肯说，像李卓吾这样不肯戴学者面具者破口说出便是大受欢迎。这些新思想、新观念、新知识在当时书籍中是不存在的，只有《朱翼》这种性质的期刊才具备。又因为要具时效性，所以期刊必须紧密联系实际。王重民先生在《提要》中也着重强调了这一点。万历四十四年，天主教士的译著在中国刚刚流行，中国的读书人有喜欢标新立异之说的习惯，《朱翼》正是为了适应这种新变化引用了利玛窦《友论》的数则内容，冯京序的两则内容，《七克》的五则等。而《七克》刻成于万历四十二年，一年之后《朱翼》即加以引用，可见《朱翼》反映时代心声之快、联系实际之紧密了。正是从这个意义上讲，王重民先生认为，此类小书正是“期刊之先河”。不过这种认为世界上第一本期刊诞生于中国的观点，还有待进一步考证。

尽管支持王重民先生观点的学者提出了种种理由来论述世界上第一本期刊

① 白化文：《人海栖迟》，北京燕山出版社2005年版，第171页。

诞生于中国,但认同的学者仍不构成主流。在中国乃至在世界范围内对这个问题存在的比较一致的观点是:期刊诞生于19世纪80年代。为了更好地阐明这个问题,有必要对“西学东渐”做一简单介绍,期望人们在这个问题上能够形成较为一致的看法。

“西学东渐”指从明朝末年到近代,西方学术思想向中国传播的历史过程,虽然亦可以泛指自上古以来一直到当代的各种西方事物传入中国,但通常而言,是指在明末清初以及晚清民初两个时间段,欧洲及美国等地自然科学、人文思想的传入。在这段时期中,以来华西人、出洋华人、书籍、新式教育等为媒介,以中国香港、通商口岸以及日本等作为重要窗口,西方的哲学、天文、物理、化学、医学、生物学、地理、政治学、社会学、经济学、法学、应用科技、史学、文学、艺术等大量传入中国,对于中国的学术、思想、政治和社会经济都产生重大影响。“东渐”过程大致有两个阶段。第一阶段是明末清初,也就是明万历年间,耶稣会传教士的到来,对中国的学术思想有所触动。此时,西方的科学技术开始迅速发展,而中国相对落后于同时期的欧洲。传教士在传播基督教教义的同时,也传入大量科学技术。当时中国一些士大夫及皇帝接受了科学技术上的知识,但是在思想上基本没有受到影响。这一阶段的西学东渐,由于雍正的禁教,加上罗马教廷对来华传教政策的改变而中断,但较小规模的西学传入并未完全终止。此时的西学传入,主要以传教士和一些中国人对西方科学著作的翻译为主。1605年利玛窦辑著《乾坤体义》,被《四库全书》编纂者称为“西学传入中国之始”。当时西学对中国的影响主要在天文学、数学和地图学方面,并且,由于只在少数的士大夫阶层中流传,而且大部分深藏皇宫,因而没有能够很好地普及。第二阶段是鸦片战争前后到五四运动前后。19世纪中叶前后,西方人再度开始进入中国,并以各种媒介带来西方的新知识。由于鸦片战争及英法联军的刺激,清政府在1860年开始,推行洋务运动,也推动了西方科学技术在中国的传播。当时的洋务人士,主要采取“中学为体,西学为用”的态度来面对西学,主要关注的是西方的先进武器以及相关的器械运输等,未试图对西方的学术思想加以学习。在这期间,学术思想方面的传入主要通过西方传教士创办的媒体,以及洋务机构中为军事目的顺道译介的书籍实现的。甲午战争以后,由于中国当时面临着国破家亡的命运,许多有识之士开始更积极全面地向西方学习,出现了梁启超、康有为、谭嗣同等一批思想家。他们向西方学习自然科学和社会科学的知识,政治上也要求改革。这一时期大量的西方知识传入中国,影响非常广泛。许多人以转译日本人所著的西学书籍来接受西学。进入民国时期,由于对政治的不满又进一步导致知识分子们提出全盘西化的主张，在五四时期这种思想造成了很大的影响。这一波的西学东渐，一直持续到当代而未止。

从西学传播的媒介看，相较于图书而言，杂志报纸扮演着更重要的角色。第一阶段的西学东渐，尚无期刊的出现。晚清早期的期刊多半是教会期刊。1815年8月5日，一份由传教士马礼逊和米怜编辑、中国刻工梁发刻印出版的名为《察世俗每月统记传》(*Chinese Monthly Magazine*)的中文刊物从马六甲古城带着浓浓墨香漂洋过海，来到沉睡的大清帝国。正是这份带有一定宗教色彩的出版物拉开了中国期刊史的序幕，成为中国最早的期刊。自此，中文期刊在国内外大量涌现，外国传教士与商人成为这一时期办刊的主体。

《察世俗每月统记传》为木板雕印，中国线装书式，每期5页，约2000字，初印500册，后增加至2000册。出版后一部分由专人带往广州分发，一部分在南洋华侨中免费散发。《察世俗每月统记传》自创办后到1821年停刊，共出版7卷80余期，发表有《论日居中》《论行星》《论侍星(卫星)》《论地为行星》《论地周日每年转运一轮》《论月》《论彗星》《论静星(恒星)》《论日食》等文章。许多文章从内容到形式已与当今科普文章无异。这是由外国人创办的以中国人为阅读对象的第一份中文近代报刊，是中国近代报的肇始。《察世俗每月统记传》的发行地主要在东南亚华侨聚居区，而于中国境内创办的第一份中文近代报刊则是1883年荷兰教士郭士立办的《东西洋考每月统记传》，地点在广州，内容介绍西方文化、新闻、文学等，侧重登载工艺、农业、动植物学等科学知识，如"火蒸车""水内匠笼图说""纤桥""推务农之会(指耕作方法)""求五绝(指急救方法)"。其后数十年间陆续有传教士创办各种期刊，但大多延续时间不长(五年已算长)，发行量、影响力也都较小。

1843年，伦敦布道会的传教士们在上海开埠后陆续前来，10年后洋人在华环境相对宽松，《六合丛谈》由麦都思在上海所创墨海书馆负责，主编亚历山大·韦烈亚力(Alexander Wylie)在阐述其宗旨时说："余今著《六合丛谈》一书，亦欲通中外之情，载远近之事，尽古今之变。见闻所逮，命笔志之，月各一编，罔拘成例，务使苍穹之大，若在执掌，瀛海之遥，如同衽席。"[①]《六合丛谈》是上海第一家中文报刊，属月刊。虽然《六合丛谈》创办于上海，但其目标却已经定向了全国，尤其是当时的五个通商口岸。韦烈亚力说："通商设教，仅在五口，而西人足迹未至者，不知凡几，兼以言语各异，政化不同，安能使之尽明吾意哉？是以必颁书籍

① 《上海新闻志》编纂委员会编：《上海新闻志》，上海社会科学院出版社2000年版，第339页。

以通其理，假文字以达其辞。”[①]但《六合丛谈》发行并未持续多久，一年多便告停刊。1853 年英华书院由马六甲迁至中国香港，迁港后办了综合性刊物《遐迩贯珍》。1854 年美国传教士玛高温在宁波创办《中外新报》。1862 年英国耶稣会士在上海创办《中西杂述》。英国人约翰·查尔默士 1865 年在广州创办报刊《中外新闻七日录》，报道内容遍及天文、气象、数学、物理、医学、工业技术等领域，刊有《日蚀月蚀论》《勾股弦幂论》《种牛痘》《气机论》等文章。截至 1867 年，已有 490 种中文报刊相继出版。也正是这一时期，许多中国知识分子通过参与期刊的编辑经营，逐步认识到期刊作为近代文明传播媒介的社会功能，纷纷开始了独立创办期刊的探索和尝试，并最终成为中国近代期刊业的主导力量。

1868 年由美国教士林乐知（Young John Allen）创办的《中国教会新报》（1874 改名《万国公报》），广泛介绍西方各种知识，其延续时间长、发行量大，是晚清传播西学的重要媒介。《万国公报》曾于 1876 年增出《益智新录》，是“为专言科学之姊妹刊”的科学月刊，介绍过哥伦布、哥白尼、牛顿等，还介绍天文、地理、医学、农业、化学、技术等内容。1872 年京都施医院在北京办的《中国闻见录》是北京最早的期刊。此外，1876 年由英国人傅兰雅（原名 John Fryer）在上海成立的《格致汇编》，是第一部专门的科学期刊，是我国最早的科技期刊，对西方科学知识的传入发挥了重大的影响力。《格致汇编》最初为月刊，后改为季刊，主要有论说、科学新闻和通讯等栏目，其主要宗旨是介绍西方科技成就，登载科技新闻，评介或摘译西方新出版的科技书籍，凡西方科学技艺均有涉及。《格致汇编》于 1892 年停刊（曾于 1878 年、1882 年两度中断出版数年），先后存在 7 年，出版了 60 期。

在此期间传教士所办的刊物，不是纯科学刊物，阐述科学问题只是刊物内容的一个方面，其基点在于普及科学知识。同时，传教士办刊不是传教士个人的行为，而是秉承教会旨意，对中国进行文化渗透和精神渗透的一部分，其办刊资金和资源均来源于教会，其刊物资产所有权也属于教会。传教士李提摩太在《给英驻上海领事白利兰的信》中说，只要控制住中国出版的“主要的报纸”和“主要的杂志”，就“控制住了这个国家的头和背脊骨”。《东西洋考每月统记传》的创办者郭士立曾说，《东西洋考每月统记传》的出版意图，就是要使中国人认识到我们的工艺、科学和道义，从而清除他们那种高傲和排外的观念，让中国人相信，他们需

① 王杨宗编校：《近代科学在中国的传播（上）》——文献与史料选编，山东教育出版社 2009 年版，第 288 页。

要向我们学习的东西还是很多的。

除传教士所办报刊外，中国人自己也有对报刊的尝试。在西方列强坚船利炮的侵略之下，大清帝国支离破碎、风雨飘摇。一些仁人志士们开始思考关于民族、民主、社会进步的问题。他们或著书立说，或政治实践，或借助报刊以启迪民智，以期达到他们改造旧中国的理想。近代政论类报刊成了向痼疾和腐朽开战的利器。国人利用所创的各种期刊，宣传西方政治思想及学术，最早包括康有为 1895 年创办的《万国公报》（与林乐知所创同名），1896 年创办的《强学报》，同年梁启超创办的《时务报》。这些刊物的发行量及影响力，都远超过早期的教会期刊。戊戌变法失败后，1898 年在日本横滨创办了《清议报》，1901 年因火灾停刊，又创立《新民丛报》。1905 年，革命派孙中山先生领导的革命党人在日本东京创办了《民报》。该刊宣传同盟会的革命纲领，同改良派刊物《新民丛报》等进行论战，使资产阶级民主革命思想得到广泛传播，激起读者们对于政治事务的热心参与以及许多西方政治经济社会理论的认识，为辛亥革命做了组织、舆论上的准备。后来辛亥革命的成功，使得晚清政治性期刊的热潮减低。1915 年成立的《新青年》，是一种新的代表，是以讨论文化为主要目的的期刊。《新青年》以及其他类似的期刊，对于民国时期西方思想的传入产生了重大影响。

与此同时，我国也出现了一股学习、介绍、研究西方科学技术知识的热潮。最早接触西方科学文化的新式知识分子、青年学生以及大批海外留学生，出于对现状的不满与改革当时的政治、经济及科学技术的要求，纷纷成立社团，创办科技期刊，以求“科学报国”“实业救国”。到 19 世纪下半叶，在社会各界的大力提倡之下，中国出现了以刊登科学技术为主要内容的报刊。

1872 年 11 月 11 日，《申报》创办《瀛寰琐记》月刊，内容涉及“日星地月各球总论”，后改名《四溟琐记》及《环寰琐记》，1877 年 11 月终刊。这是中国人自办的最早的科技期刊。1877 年，创办于汉口的《益文月报》，首论天文、地理、格致之学，还载一些新机新法及略选各省近事，末录诗词、歌赋等。木版印，每册 30 页左右。这与现代科学期刊的栏目编排十分相近。严复于 1897 年 2 月创办旬刊《国闻汇编》（《国闻报》的增刊），第一次全面地向中国人介绍英国生物学家赫胥黎的科学著作《天演论》，在国内产生深远影响。由湖南学政江标创办、唐才常主笔的《湘学报》于 1897 年 4 月 22 日出刊，这是一份以介绍新学、宣传变法为中心内容的综合性理论刊物，注重实学、新学，每册设史学、掌故学、舆地学、算学、格致等栏目。1900 年，杜亚泉在上海创办的《亚泉杂志》是中国人自办的最早的自然科学综合性期刊。该刊共出 10 期，载文 39 篇，其中化学 23 篇，数学 5 篇，物理4篇，涉及博物、地震、养蚕等内容的7篇。该刊最早在国内介绍元素周期律及新发现的氦、镭、钚等元素，创造的化学元素译名有的沿用至今。

五四时期，同样受“民主”和“科学”思潮的影响，其间创办的现代科技期刊，既重视科技知识和应用技术的介绍，又注重科学思想及科学传播方式的探索。中国近代科学奠基人之一任鸿隽创立的《科学》是这批期刊的代表，它不仅将国外科学技术系统地、及时地介绍给国民，还将西方科技期刊办刊模式介绍给中国的学会社团。如《科学》发表了竺可桢的第一篇论文《中国的雨量及风暴说》及杨铨翻译的《爱因斯坦相对论》，《中华工程师学会会报》发表了詹天佑的《京张铁路工程纪略》，《中华医学杂志》发表了伍连德的《陆海军参用中西医论》，《观象丛报》发表了蒋炳然的《实用气象学》，等等。

值得注意的是，在我国与综合性期刊同时问世的还有专业性学术期刊。1872年在上海出版的《徐家汇天文台观测公报》专门刊载地磁、气象、地震观测和研究方面的学术成果。美国传教士、医生彭约翰1880年在广州创办的《西医新报》，上海博医会1887年创办《博医汇报》以及陈虬在1897年在温州创办的《利济学堂报》等，都是介绍西方医学知识的医学类期刊。罗振玉在1897年在上海创办《农学报》，是中国第一家农学刊物，它辟有“古籍调查”“译述”“专著”等栏目。1907年专载天文研究的论著《佘山天文年刊》出版。1910年，张相文在天津创办《地学杂志》，传播地质、地理知识，有些论文反映了当时中国地学研究水平。1911年，中国人民推翻帝制，建立了共和政体，中国近代科学在艰难困苦中开始起步，其标志是科学研究体制化，即政府设立机构主办科学研究，民间科学家按专业组织起来，成立各种学术专业委员会，从而有力地推动了学术期刊的发展。

由学会创办和管理的学术期刊，也是“西学东渐”的产物，这与西方管理期刊的模式完全相同。出版专业性学术期刊的思想与梁启超“言政务者可阅官报，言地理者可阅地学报，言兵学者可阅水陆军报，言农务者可阅农学报，言商政者可阅商会报，言医学者可阅医报，言工务者可阅工程报，言格致者可阅各种天、算、声、光、化、电专门名家之报。有一学即有一报。其某学得一新义，即某报多一新闻”①之“有一学即出一报”的主张极为相似。

1915年是值得中国学术期刊界纪念的年份。这一年，中华科学会在上海创办了代表中国近代科学技术水平的《科学》杂志。同年11月，中华医学会在上海接手《博医汇报》，创办体现中国医学研究成果的《中华医学杂志》，它是今天《中

① 蒋含平、李新丽：《中国新闻传播史文选》，合肥工业大学出版社2016年版，第42—43页。

华医学杂志》及其英文版的前身，也是中国历史最长、影响最深远的医学刊物。

自1949年中华人民共和国成立后，我国期刊业的发展经历了逐步上升—停滞、恢复—迅速发展—稳步前进四个阶段，图2-1为中华人民共和国成立后到2011年期刊数量的相对增长趋势。随着时间的推移，期刊的发展逐步出现专业化、体制化、国际化趋势。专业化主要体现在：随着科学研究社会建制的形成，科学期刊承担的任务正在发生结构性的变化，它不仅是为了科学知识的普及，更是为了科学研究的开展、科学研究者之间的学术交流、科学水平的提高。这是学术期刊的核心价值所在。

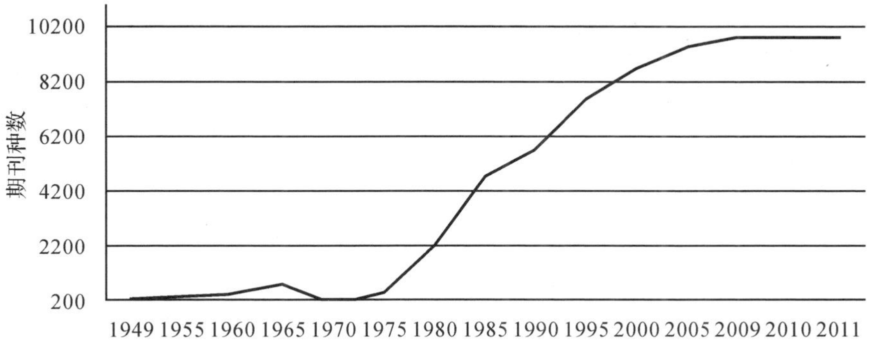

图2-1　1949年到2011年期刊数量的相对增长趋势

科学技术活动以知识的产生、发展、传播和应用为特征，具有其他社会劳动无法替代的特殊功能，同时，科学技术活动不断促进社会知识化，社会的知识化又不断提升了科学技术活动的重要性。科学技术事业成为社会构成中的一个相对独立的社会部门和职业部类的社会现象。它包括价值观念、行为规范、组织系统和物质支撑四大要素，是科学技术活动建构环境、存在形式和发展的条件。科学的体制化是从科学家创建科学学会（即现在的科学院）而发展壮大成的。技术的社会建制与工程教育、工程师社会角色的确立有关，这是科学技术活动的制度化过程。学术期刊所具有的社会功能，其体制化主要表现在：科学期刊的出版不再是出版者个人的行为，它是国家按照科学研究体制结构赋予社会科学组织的任务，是国家科学研究任务的体制化公布渠道。

其国际化体现在：在科学技术发展水平的不断提高、编辑的不断规范化和具有学术权威性国际化的编委会等方面，科技期刊不断与国际接轨；同时不断调整的我国科技期刊政策的导向，利于学术期刊的国际化，如前面提到的科学家团体"学会"，承担着学术交流的任务，其共同体成员已经走向了国际性联合。中国的科学研究已经逐步走出模仿学习阶段，探索自己的办刊行为，而且这种探索的成果开始受到国外科学同行的重视，并被国外的科学文摘系统跟踪。

四　中国大学学报的起源

关于中国大学学报起源的问题，学术界说法不一。一般人认为最早的学报创刊于20世纪30年代，也有人说是起源于20世纪40年代。我国早期学报是在五四运动前后，尤其是在五四运动后，随着中国新文化运动的兴起，陆续创办起来的。据资料归纳起来大概有五种观点。

第一种观点认为北京大学的《北京大学月刊》是中国最早的学报。中国最早的大学学报出现于1919年。据万泉在《辽宁大学学报》1981年第6期上发表的《我国大学学报史考》一文提出，我国早期大学学报是在五四运动前后，特别是在五四运动后，随着中国新文化运动的兴起，陆续创办起来的。创刊最早最有影响的是在五四时期新文化运动的中心——北京大学，《北京大学月刊》（见图2-2）是北京大学出版的第一个学术刊物，也是全国大学出版最早的一个刊物，它创刊于五四前夕的1919年1月。即创办学报最早、最有影响力的是五四运动时期新文化运动的中心北京大学的《北京大学月刊》。和北大月刊同时出版的，有该校学生（也有少数教员和校外人士参加）组织的“新潮社”所编辑的刊物北大《新潮》月刊。而《北京大学月刊》是由我国知识界卓越前驱、老教育家、北京大学校长蔡元培组织创办的。在北大月刊附编辑北京大学月刊缘起中有注：民国七年九月三十日，北京大学校长召集各学长及各研究所主任，提议编辑月刊。同时，在该刊发刊词里有述：“北京大学之设立，既二十年于兹。向者自规程而外，别无何等印刷品流布于人间。”①万泉认为在蔡元培创办的《北京大学月刊》的影响下，全国各大学的学术刊物也相继出版，先后为：创刊于1923年1月的《北京大学国学季刊》，1937年停刊，共出版6卷2期；创刊于1924年6月的季刊《清华大学学报》，1942年改为双月刊；创刊于1927年6月的《燕京大学学报》；创刊于1931年1月的《女师大学报》；

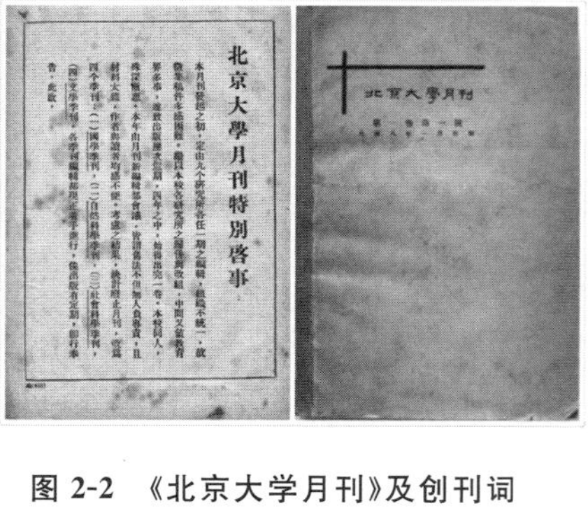

图2-2　《北京大学月刊》及创刊词

① 蔡元培：《蔡元培中国伦理学史》，吉林出版集团股份有限公司2016年版，第185页。

后面陆续出现了创于1931年的厦门大学的《厦大学报》、1932年创刊的《金陵大学学报》、1934年的《复旦学报》等等，其间有些刊物不断地变更刊期，或更名，或停刊又复刊。持《北京大学月刊》为我国最早的大学学报观点的还有谢振中，他在《陕西情报工作》1983年第2期发表的《中国学报的产生、发展与现状》一文中认为，创刊最早、影响较大的是五四时期新文化运动的中心——北京大学的《北京大学月刊》，它始创于1919年1月。

第二种观点认为苏州东吴大学于1906年6月创办的《东吴月报》是我国大学最早的学报。许周鹣在1987年第3期上发表于《苏州大学学报》的《东吴大学学报沿革考》提出《东吴月报》创刊于1906年6月，是全国创刊最早的高校学报。持这一观点的人有孙义清、沈晓艳等。孙义清在《江西社会科学》2001年第1期发表的《中国大学学报百年发展回顾》中认为，我国第一份大学学报是创建于1901年的苏州东吴大学于1906年6月创办的《东吴月报》(创刊号为《学桴》)。《学桴》在其创刊词中称其刊行目的为“表学堂之内容，与当代学界交换知识”。这里已约略透露出以后的中国学报的基本功能：展示科研成果，促进学术交流。沈晓艳在2004年《湖州职业技术学院学报》第2期发表的《中国大学学报源考略》中指出中国最早的大学学报为哪一家，创刊于何年，还有些争议。一般认为，1906年苏州东吴大学(苏州大学的前身)创办的《东吴月报》是中国最早的大学学报。《东吴月报》创刊号为《学桴》,《东吴月报》虽然没有以“学报”命名，却是学报界公认的我国最早的大学学报。《东吴月报》创刊号名《学桴》，先后用过《学桴》《东吴》《东吴季报》《东吴学报》《东吴杂志》和《新东吴》等刊名。1933－1938年期间，学报以一个学科的论文为专号出版。随主办者、刊名、刊期多次变更，但始终保持着出版的连续性，直至抗战爆发后于1938年6月暂时停刊。宋应离于1988年中州古籍出版社出版的《中国大学学报简史》，马宇红2013年甘肃科学技术出版社出版的《中国大学出版简史》上亦持如是观点。

第三种观点认为复旦大学《复旦学报》是中国最早的学报。中国最早的学报出现时间是1917年。李扬明在1983年《华东师范大学学报》第3期上发表的《中国大学学报史述略》中提出，复旦大学的《复旦学报》是中国最早的大学学报。李文认为，现据我们考查，上海复旦大学的《复旦》(季刊，一九三五年改为半月刊，并易名《复旦学报》)的问世更早。在上海徐家汇藏书楼存有一九一八年一月出版的第五期《复旦》，据此，其创刊号当在一九一七年。1935年本是《复旦学报》编辑部公认的创刊年，但据上海徐家汇藏书楼存有1918年1月出版的《复旦》，可认为其创刊号是1917年。

第四种观点是《河北农业大学学报》，其前身为“直隶高等农业学堂”创办的《北直农话报》，为中国最早的大学学报。中国最早的大学学报出现于1905年。黄金祥等认为，河北农业大学的前身“直隶高等农业学堂于清光绪三十一年(1905年)创办的《北直农话报》为我国北方地区创刊最早的农学刊物”①，“《河北农业大学学报》的创刊时间，理应追溯至清光绪三十一年(1905年)”②。河北农业大学的前身“直隶高等农业学堂”创办于1896年，据范朋欣的《清末直隶农业学堂考略》描述归纳如下：1904年1月13日，清政府颁布《奏定农工商业学堂章程》，规定了初、中、高等农业学堂的开设办法，1904年改为直隶高等农业学堂，成为我国诞生最早的高等农业学堂，为了更好地传承农业技术知识，1905年创办了《北直农话报》，1909年又创办了《农务官报》，1912年又改为直隶公立农业专门学校。《北直农话报》以振兴农业、开通民智为宗旨，“凡报内各门均演成白话，俾阅者易晓”，报分22门，每期10门，分为社说、肥料、蚕学、土壤、森林、畜产、作物、农艺化学、农产制造、气象、园艺、植物病理、病虫、格致、博物、算学、选录、谈丛、小说、纪事、调查，面向全国发行，使农民得到很多新鲜的农学知识。另外，徐颖、姚远等诸多学者在其相关的论著中都提到《北直农话报》是中国最早的大学学报。

第五种观点认为，中国最早的大学学报出现于1889年前后，系上海圣约翰书院创办的《约翰声》。姚远提出：“至迟在清光绪十五年(1889年)前后，上海圣约翰书院创办的《约翰声》双月刊为最早，并新补充1913年7月1日西安西北大学创办的《学丛》月刊为最早综合性学报之一。即认为《约翰声》《学桴》《学丛》三刊为我国综合性大学所办的三份最早的文理综合性大学学报。”③

更有学者认为，《北京大学月刊》《复旦学报》《北直农话报》《约翰声》都不能称为中国大学最早学报。否定《北京大学月刊》《复旦学报》的理由在于，如果从大学学报的属性和特性(后面将会再作详述)来看——无论如何，大学学报的本质属性应该是一种由高等院校定期出版的学术性刊物，在《复旦学报》或《北京大学月刊》创刊之前，还有更早的由高等院校定期出版的学术刊物。否定《北直农话报》是我国最早的大学学报，理由也很简单：1905年创办的《北直农话报》的直

① 亢小玉、姚远、宇文高峰：《〈北直农话报〉传入的格致学及强国论》，《西北大学学报》(自然科学版)2005年第4期，第487—491页。

② 黄金祥、姚远、李川：《〈河北农业大学学报〉创刊年代考》，《河北农业大学学报》2005年第3期，第104—106页。

③ 姚远、亢小玉：《中国文理综合性大学学报考》，《中国科技期刊研究》2006年第1期，第1—5页。

隶高等农业学堂并不是大学。单从大学学报史的角度看,对《北直农话报》和《约翰声》的研究确实很有意义。因为这些研究为我们揭示相关大学学报发展的前史。由此,完全可以对《北直农话报》和《约翰声》等刊物做大量的研究,但是研究的对象只应界定为"大学学报"的前身,而不是"大学学报"本身。

有鉴于上述的讨论,有研究认为《东吴月报》是最早的"由高等院校定期出版的学术刊物"的学者,理由陈述如下。其一,《东吴月报》是由东吴大学创办的刊物,在期创刊号中明确说明,本报命名《东吴月报》,是苏州东吴大学学堂所刊发的杂志。第二,《东吴月报》是定期出版的刊物。《学桴》之前,东吴大学还曾有过类似出版物,即 1903 年出版的《雁来红》。《雁来红》的出版为《东吴月报》的创办奠定了基础。《东吴月报》刚出刊时计划月出 1 期,唯暑假、年假之际停刊 2 期。全年共出 10 册。西历每月 1 号发行。清朝光绪三十二年(1906 年)六月出版《东吴月报》(创刊号为《学桴》),共出版 12 期。《学桴》创刊号内容丰富,涉及面广,这点从它设置有论说部、学科部、时事部、译学部、丛录部等编辑部门即可窥豹一斑。此刊的编排体例与现在的大学学报大体相似,主要包括"本报简章""东吴月报第一期目录""本报执事人"及"主体内容"等几个部分,主体内容部分主要包括:论说、学科、时事、译丛、杂志及各类告白等。1913 年改刊名为《东吴》,到 1917 年停刊。1918 年改名为《东吴季刊》,顾名可知刊期是季刊,同年 10 月停刊。1919 年 4 月,复刊并更名《东吴学报》,季刊。1925 年重新发刊,改名为《东吴杂志》。1926 年又更名为《新东吴》,季刊。何时停刊不详。1933 年重新发刊,名为《东吴》,季刊,自第 2 卷起,又改名为《东吴学报》,1936 年至 1938 年每年出 1 期。《东吴月报》刊名屡经变更,出版时间长达 30 多年,目前共存刊 19 卷 57 期 54 本。宋应离在《中国大学学报简史》中也有同样的介绍。姚远则有另外的说法:《东吴月报》刊名目前共存刊 21 卷 64 期 61 册。第三,《东吴月报》是学术性刊物。在《学桴》发刊词中开宗明义:"西士谋刊行月报,以表学堂之内容,与当代学界交换知识。"[①]在发刊词中还提到,"东吴学堂成立者逾五年,西士谋刊行月报……嘱教员某,名以《学桴》"[②],这说明《学桴》刊名是中国人所取。同时发刊词也交代了出刊《学桴》的目的是"以表学堂之内容与当代学界交换知识",以及《学桴》含义为寄冀东吴大学为过渡时代培养人才,亦揭示了《东吴月报》的学术性宗旨。《学桴》内容除"告白"外,还包涵新闻性、时事性、学科性等学术性强的内容。其中"学科"部分内容涉及心理学、天文地理学、化学、生物学等学科

①② 朱栋霖:《苏州文艺评论》,文汇出版社 2014 年版,第 158 页。

门类。另据宋应离研究,《东吴月报》的内容从第 1 期到第 3 期,分图画、论说、学科、时事、译丛和丛录 6 类,论说类和学科类刊登的是论文,约占 1/2 的版面,译丛是译文,其内容既与今天学报相似,又包容了新闻、时事,与现在的校刊相似。《东吴月报》自第 4 期之后去掉了时事性内容,增加了教育内容相关板块和学术论文的比例。

由此,《东吴月报》的创刊,揭开了中国大学学报的序幕,为研究大学历史及高等院校的学报史提供了珍贵史料。但与今天的学报相比,作为中国最早大学学报,自然不成熟。学者在研究时认为,这些不成熟之处主要表现在以下几个方面:评述和时事报道的文章占比重大,而学术性文章少,内容庞杂,即使有些文章属于学术探讨,其学术性也不强;周期不太固定,出版时断时续;作者受众面较窄,写稿人较少等。虽然如此,但我们也应看到,作为我国最早的大学学报《东吴月报》走过了一段漫长曲折的道路,经历了由不成熟渐到成熟的发展过程,在师生与编辑的共同努力下,在探讨学术真理,反映学术成果方面起到了积极的推动作用,也在办刊方面给后人做了奠基,为我们提供了许多可借鉴的启发。

五　产生学术期刊的必然

学术期刊的产生与一定的经济、政治、科技、文化的发展有关,也与人们对学术信息的需求息息相关。手抄信件既是报纸也是期刊的先驱。在学术期刊产生之前,图书、官方公报与私人信件都曾传递过科研信息,但它们的传递范围、速度、深度都不理想,也不能鼓励同行进行及时的评论、争辩。当人们想到把科学家的众多信件集中起来公开发表的时候,此时学术期刊便产生了。所以学术期刊是在社会发展过程中顺应科学技术的发展与人们交流学术研究成果的需要而产生的。需要指出的是,早期的学术期刊是以学会会刊的形式出现的。

从 17 世纪下半叶至今,学术期刊进入一个辉煌的发展时期。随着学术研究与人们的日常生活越来越密切,近代科学的发展也呈现出越分越细的特点。早期综合性期刊的办刊理念已无法满足形势发展的需要,因此发生了相应的变化。办刊人员不断地调整自己的理念,使学术期刊逐渐向专业性期刊方向发展。1778 年,世界上第一种化学专业期刊《化学会刊》创刊于英国,随后德国的第一种矿物学期刊《矿物学杂志》也于 1807 年创刊。1823 年和 1830 年,英国又先后创办了第一种医学期刊《柳叶刀》和第一种生物学期刊《动物学杂志》,同期的 1830 年,法国人创办第一种地质学期刊《法国地质学会通报》。为满足社会需求和开阔人们的视野，一些综合性期刊利用自己的社会影响力，也开始向专业化方向发展。在综合性期刊中出现一种母刊带子刊的增殖现象，开创了一种综合性期刊分辑出版多种专业性期刊的新局面。英国的《伦敦皇家学会哲学汇刊》从1887 年起开始分为 A 辑、B 辑出版，分别刊载数学与物理学、生物学领域的最新学术研究成果。创办于 1878 年的《美国机械工程师协会汇刊》，是以刊载应用力学、材料力学和机械工程科研成果为主旨的综合性刊物，到 1974 年又分辑出版了 9 种刊物，其中包括：A 辑动力工程杂志，B 辑工业工程杂志，C 辑传热杂志，E 辑应用力学杂志，F 辑润滑技术杂志，G 辑动态系统、计测与控制杂志，H 辑工程材料与工艺杂志，I 辑流体工程杂志，J 辑压力容器工艺杂志。这种期刊增殖现象，从一定的程度上说，既丰富了期刊的种类，同时也促进了学术向专业期刊方向的发展。

应该看到，学术期刊是随着科技文献迅速增长而不断扩大自己的队伍的。学术期刊品种与数量的增多给人们带来了一个意想不到的时间问题。面对浩如烟海、种类繁多的科技期刊，人们根本没有时间和精力来逐一阅读。如何使读者花费最少的时间和精力能及时而又全面地掌握相关专业的最新文献是摆在期刊界面前的一个新问题。于是，文摘类刊物应势而生了。1830 年德国创办了世界上第一种文摘刊物《科学文摘》，以物理、电工、计算机与控制三个专辑出版。1884 年美国创办了《工程索引》期刊，1907 年美国化学文摘社主办的《化学文摘》（*Chemical Abstracts*，简称 CA），这本期刊至今也是世界上著名的检索期刊之一。凭借它的摘录广泛、出版迅速、索引完备三个特点，至今仍为世界公认的检索整个化学、化工领域文献的最有权威的文摘杂志。特别是 1969 年，CA 兼并了 1930 年创刊的、具有 140 多年历史的德国《化学文摘》。至今在 CA 的封面上还醒目地写着：The Key to the World's Chemical and Literature（世界化学化工文献的钥匙）。这些期刊都属文摘类期刊，其传播的数据量是巨大的。比如，有数据统计，CA 收录报道了约 136 个国家用 56 种文字出版的 14000 多种期刊，同时还报道了 27 个国家及两个世界性专利组织（欧洲专利组织和世界知识产权组织）的专利文献。CA 近年来报道的文献量每年约 60 万篇以上，据美国化学文摘服务社称，这个量，约占世界化学文献总量的 98%。所以，在学术期刊的推广方面文摘期刊发挥了巨大的作用。

自 20 世纪 60 年代以来，计算机检索技术的推广使人们可以在最短的时间内以最快的速度查阅自己所需要的最新学术信息。这些简便的方式同时也推动了检索类期刊的创办与发行。据资料显示，至 20 世纪 60 年代前半期，西方国家出版的文摘、索引和附有文摘的检索刊物共有1885种，到80年代中期约有4000种，至今已经达到5000多种。科技期刊数量的增加是惊人的。据20世纪80年代后期所做的统计："科技期刊在欧洲的初期创刊率为平均每50年增加10倍。据英国《世界期刊目录》统计：1921年全世界的科技期刊有24028种。据《乌利希国际期刊指南》第16版报道，当时世界上有55000种期刊，其中科技期刊约占60%—70%，大约40000种，期刊登载的文章约占全世界每年产生的科技论文的一半以上。"[①]目前，科技期刊的数量已超过了10万种。有调查统计，我国2013年共有期刊9877种，其中科技期刊达到了4944种，占全国期刊总量的一半，数量已达到世界第二。我国科技论文的数量由10年前占世界的0.2%上升到10%，排名仅次于美国。同时我国科技期刊学术水平和在国际上的认知度不断提升，1987年时SCI数据库选用中国期刊仅为11种，到2013年收录中国大陆地区科技期刊达到139种。

由学术期刊的发展历程可知，学术期刊是因适应学术研究的交流需要而产生的，随着科研和出版事业的快速发展而壮大，充分发挥了登载科研成果、开展学术交流、发现培养学术人才、促进知识积累与创新的重要作用。任何事物的产生、发展与壮大不仅是因为受外部环境和内部条件的影响，还有其产生的必备条件。从这个角度来看，正如大多数学者所言，学术期刊孕育于社会新闻和科技成果的记录与交流中，产生于邮政制度的变革与学术组织的涌现中，发展于科学技术的进步与文献出版事业的发展中。其间，有许多学者不断地对学术期刊的发展规律进行探索，以学术期刊为统计源，总结出普赖斯文献增长定律、布拉德福文献集中与分散定律、加菲尔德引文定律、洛特卡定律、期刊文献老化定律等期刊量化定律，为期刊工作的实践提供了指导。如今，尽管图书、小册子、报纸、网络等传播方式各有千秋，但学术期刊在学术系统中仍占有极为重要的位置，仍是学术研究成果即论文发表的主渠道，是其他媒体所不可替代的，而且随着学术研究与科学技术的不断发展，各种媒体相互融合，已经出现了电子期刊、网络期刊，多版制的学术期刊协同发展必将会发挥更大作用。

六　学术期刊演进过程中的特点

学术期刊有其自身的办刊特点，但这里不针对办刊与刊发论文所应具备的

① 刘芳：《学术期刊的形成与发展研究》，延安大学学报（社会科学版）2014年第4期，第118—122页。

特点，只针对在学术期刊办刊、演进过程中客观存在的一些外在的现象、变化进行探讨。

首先，学术期刊应科学研究的需要而产生，也必然随着科学技术的发展而发展。科学发展一方面会导致新的期刊不断产生，另一方面又使原有的期刊愈分愈细。学术期刊的发展史如同科学发展一样，循序渐进，慢慢演变。早期学术期刊几乎囊括了当时被称作“自然哲学”的全部学科。到了 18 世纪，综合科学很快由化学、生物、物理等单独学科补充，接着化学又划分为理论和应用两方面，然后又进一步划分为有机化学与无机化学。有学者在研究中发现，现在对于外行来说只具有微小特征的层析法和糖类化学也各自建立起了自己的学科。在某一领域里工作的科学家不到 100 个，就能产生足够多的研究论文去维持一种杂志的持续出版。

其次，学术期刊是一定阶级在一定社会制度之下的产物，它必然反映一定的社会面貌和时代特征。在第二次世界大战期间，英、德、苏、日等国的科研教育经费普遍紧缩，但是各国为了取得战争的胜利纷纷采取严格的保密措施防止技术外流，使期刊的发展受到了限制。期刊普遍出现页码缩减、纸张质量低劣、缺期、停刊等现象。而随着现代工业的发展，城市环境问题日益成为人们关注的焦点。在美国仅围绕大气污染一项主题，每年的损失高达 100 亿至 150 亿美元。环保问题成为学术界的热门课题，于是有关污染危害控制的期刊相继问世。统计表明，1970 年世界有关环境问题的文章每月在 300 篇左右，到 1971 年每月增至 700 篇，近几年每月更是有上万篇的文章发表。

再次，学术期刊刊名变化多端，频繁更迭。有一种期刊 14 年中改变刊名达 41 次之多。为应付这种频繁的刊名更迭，1973 年图书馆界创办了种叫作《刊名变迁》的通讯季刊，用以相互提醒。此外，刊名省略也是一件令人头痛的事情。还有一些缩写，可以有几种不同的理解，更使人无所适从。

最后，学术期刊作为科技文献中一个庞大的分支，其出版机构也是复杂多样的，具体有如下情况。

1. 学术团体编辑出版学术期刊

这些学术团体主要指学会和研究院、所，包括国际性学术团体，全国性学术团体和省（州）、市一级的学术团体。早期的专业科学学会有 1560 年意大利那不勒斯成立的“自然奥秘学院”、1603－1630 年意大利罗马“猞猁学院”、1645 年英国伦敦“哲学学会”、牛津“实验哲学俱乐部”（波义耳称之为“无形学院”），1662

年英国皇家学会成立,是知识生产专业化的标志性组织,1665 年《皇家学会哲学会刊》出版,1666 年德国"柏林学会"成立(莱布尼兹主持),1766 年英国伯明翰成立"太阴学会"("月社")。

就时间而言,学术团体出版期刊具有悠久的历史。比如世界上第一本学术期刊《哲学汇刊》就是由学会创办的。英国的《化学会志》《剑桥哲学会报》也都是具有半百年以上历史的学术团体刊物。学术团体创办刊物的主要目的是为团体的成员提供发表研究性论文的机会。几乎每一种杂志都有一个由著名科学家组成的编辑委员会,有严格的审稿制度。因此,刊物质量较高,一般能代表一个国家在某一领域的学术水平。一些大型的学术团体通常都出版两种以上的期刊,如美国数学学会,除出版两种研究性期刊《会报》和《汇刊》外,还出版《通报》和《公报》这两种杂志。期刊的权威性往往代表了学会的公正性,因而在其会刊上发表的学术成果也具有挑战性,能够代表当时学术研究的领先水平。

2. 由政府团体各独立研究机构创办的学术期刊

学术研究推动了国家在各个领域的发展,从某种意义上说,它代表了一个国家在世界上的学术地位。随着各国政府对科学研究的日益重视,它们都加大了对科研经费的投入,这就扶持并促进了官方出版物的增长,特别是科学技术方面的官方出版物不断增加,彰显了一个国家强大的科研能力和综合国力。通过对学术期刊的综合治理和分析可以看出,各国政府部门及其所属机构出版的期刊,主要刊载的是该部门的研究任务、研究成果和研究动态。比如美国国家标准局的《美国国家标准局研究杂志》、澳大利亚联邦科学和工业研究组织的《澳大利亚生物科学杂志》、加拿大国家研究委员会的《加拿大化学杂志》等。这些期刊尽管官方色彩比较浓厚,但在某种意义上确实反映了一国在某领域的研究实力。在一些发达国家,还有一种由独立财团资助的研究机构。这种研究机构集中了一批乐于从事某一学科研究的人才,围绕一个特定的主题开展研究工作。这类期刊主要有美国的《巴特尔技术评论》《纺织研究杂志》等。它们针对性强,目的明确,所刊登的研究成果有较高的应用价值。

3. 由商业出版社创办期刊

商业出版社是指专门经营出版业,不依赖于政府机构或学会、协会的独立出版社。在诸多期刊中,属于这类出版社出版的期刊所占比例很大。一些学术团体因某些因素有时也将自己编辑的期刊交由商业出版社出版。从世界范围来看，各国都有很多商业出版社。根据西德文献出版社1977年出版的《出版商国际指南》统计，那时世界各国的商业出版社就达3700余家，可想而知，现在就更多了。出版商为维护自己的声誉，取得竞争上的优势，一直比较重视期刊所发表文章的学术水平。这说明，期刊的质量依赖于所发表论文的学术水平，学术水平对期刊的发展乃至出版社的声誉有着决定性的作用。

4. 由公司和厂商出版学术期刊

有学者认为，这类期刊的情况比较复杂，但是从影响上讲，这类期刊无论是从内容上还是从权威方面而言，都足以与学术团体的杂志相媲美。有的公司和厂商所办的期刊则专门刊登简短的消息、报道，没什么价值可言。总的来说，公司、厂商出版的期刊可以分类为两种情况：第一种是技术杂志，这类杂志用来发表某公司研究人员的技术性文章和研究成果，其中相当一部分是期刊编辑部的专职技术编辑撰写的，水平较高，技术性多于学术性，主要读者对象是职业科学家、工程师或者技术管理人员，诸如美国通用电气公司、美国无线电公司、德国西门子公司、荷兰飞利浦电子集团等都创办了这样的技术期刊；另一类则是行业杂志，主要用来介绍各种产品的规格、性能、特点、用途及使用说明，还经常刊载各种产品信息等，这类期刊商业性多于技术性，新闻性多于专业性，早已超出学术期刊的范畴，因此不能作为学术期刊看待。在国外，一些实力雄厚的个人或声名显赫的科学家也常以个人名义创办期刊，过去这种情况在德国较为流行。

5. 由大学创办的学术期刊

这类学术期刊包括大学学报和大学内院系所办的各种专业类学术期刊。各大学强调学报的权威性，又照顾各专业的特点，同时与院系出版的刊物区别开来，一般采取同一名称和分版出版的方式。比如，在冠以某大学学报的基础上，分出哲学社会科学版、自然科学版、医学版、理学版等。大学学报在中国具有特殊的功能，是学术期刊与中国特色相结合的产物，是一种具有中国特色的学术期刊。分析学报的属性与功能，其在高校及学术界的作用也是显而易见的。

学报是高校学术水平的重要标志之一，是教学科研人员发表科研成果，进行学术交流的重要平台。高校学报以丰富和发展现代科学技术成就为主旨，与整个科学技术乃至社会经济的发展息息相关。它为本校的教学科研人员赢得了学术发言权，为他们提供了一个展示自己科研能力的舞台，创建了一个与校外科研院所进行学术交流的平台。所以说学报作为高校的学术橱窗为开展科研、学术争鸣提供了园地。各种高校学报普遍实行了校际间以及与相关专业期刊的交换，这种交换所带来的信息交流强度和密度相当大。学报也对科研具有积极的导向作用,更是传递和交流科研信息的重要平台，它保持了活跃的思维,注意发现捕捉科学技术的“新观点”“新情况”。学报对于促进新兴学科的建立、发展和完善,发挥了独特的功能,能合理引导学术讨论,使科学研究向纵深发展。同时,高校是培养人才的摇篮,学报既然是展示科研成果的重要园地,其对组织科研队伍、引导科研方向、发展科研事业都是不可缺少的重要力量,是学校学术水平和研究实力的集中体现。高校学报是整个教育和科学事业的一个重要组成部分。学报及时发表科研成果,传递和交流科研信息,既促进了科学研究的发展,又充实与丰富了教学内容,提高了教学质量,从而促进科研工作的发展。高校教师既要利用学报发表科研成果,又要不断地从学报中了解学术研究动态,丰富资料,开拓思路,吸取学术营养,充实和更新研究内容。尽管目前有些人对高校学报发表的论文水平表示怀疑,但毫无疑问,高校学报在培养知名专家教授方面起到了不可替代的作用,这些人的发展成长离不开高校学报这块沃土。而高校的教学科研工作是一个高校学术水平的象征,是提升学校层次的重要途径。没有科研成果,就没有学报的正常发展。高校科研课题和教学成果很广泛,每年都会有大量的科研项目以论文的形式作为阶段性成果和结题成果,这就为学报提供了丰富的稿源,为学报提高学术质量奠定了坚实的基础。因此,学报与教学科研工作二者相互支撑、相互作用,共同促进和提高学校的整体水平,学报的出版要跟上时代的步伐,适应新形势的要求。

作为高校学报编辑在完成本职工作的同时,更应该思考如何以学报为阵地,为本校的教学和科研提供更优质的服务。首先,要扩大学报的社会效应,提高学报的学术水平和编辑质量,正确定位,形成学报自己的个性与特色。其次,要不断改进与发展管理机制和运行策略,在坚持办刊宗旨的前提下,必须深入研究宣传策略,严格审稿制度,全面发挥学报的宣传功能。学报的宣传内容在不断丰富,不仅限于发表各种论文,还可以设立新栏目对本校的科研实力、科技成果进行全方位地宣传(包括本校的科研机构、科研队伍、科研条件以及开发的产品等),目的就是扩大学校的影响力,提高学校的知名度和美誉度。再者,学报应争取入围国内外重要的检索期刊。国际论文数据采集自 SCI(美国科学引文索引)、EI(美国工程索引)和国际会议的 ISTP(科学技术会议录索引)三个国外检索系统,高校学报都以能进入 SCI、EI 为主要目标,当然难度是相当大的,尤其是 SCI。国内重要的检索系统是北京大学图书馆的《中文核心期刊要目纵览》、中国科学院文献情报中心的《中国科学引文数据库》来源期刊及中国科学技术信息研究所的《中国科技论文统计源期刊》(中国科技核心期刊)。也就是通常所指的"核心期刊"。能入围"核心期刊"不是容易之事，要努力提高学报质量，积极争取入围"核心期刊"。在进入"核心期刊"前，则应早日被《中国学术期刊(光盘版)》《中国期刊网》《中文科技期刊数据库》《万方数据库》等常用的数据库全文收录。这样可以扩大学报的影响，加快学报的信息传播速度，提高学报的被引用率，促进学术交流，推动学校科研工作，提高学报和学校的学术地位与知名度。同时使本校的科研成果得到广泛的传播。第四是加强办刊人员的素质教育。办刊人员须不断加强素质培养，强化业务技能，努力提高学报质量，从而推动科研进程，为促进科技成果转化尽一份力。编辑要牢牢树立编辑意识、质量意识、学术意识、开放意识和创新意识，同时，学报编辑部队伍建设应重点促进规范化管理，加强政治理论、道德素养、形势教育学习和法律、法规研究，并尽可能多地选送人员参加业务理论和技能培训以及学术研讨会，以提高编辑人员业务水平和学术水平，从而促进科学研究再上新台阶。第五，要出台更好的政策，引导学报更好地发展。高校学报为我国的科学研究发展做出了卓越的贡献，任何其他期刊无法替代它的作用。有关期刊管理部门应制定合理的政策，引导它进行适度的改革，使其朝着更能促进高校科学研究的发展与交流、在科技转化生产力方面发挥更大作用这一方向发展，这才是当前高校学报工作的重点。只要有政府的保护和管理，只要我们用好用足国家给予的政策，高校学报就一定能够发展、成熟、壮大。

七　中外学术期刊发展中的诸多差异

中外学术期刊的比较研究可以多角度多方位进行探讨。比如，有学者从期刊的名称入手，有学者从出版语言、期刊的评价方式、学术论文的评审方式、栏目设计与版式入手，还可以以某一学科为切入点，展开讨论题名、栏目设置和作者信息等方面的比较研究。考虑本文写作范围，仅就相对宏观的几个方面予以阐述。

(一)刊名比较

有学者从中英文刊物使用的名称本意上对中外学术期刊进行了比较，认为我国的学术期刊通常称为"杂志"，这与供大众阅读的非学术性期刊的名称是完全相同的。但在英文中表示期刊的词有四个：periodical，journal，magazine，serial。一般来说，前三个词意义较接近，可以互换，但三词并举时，含义有所区别。有时 periodical 可以包括 journal，magazine。periodical 源于希腊文，意为天体星球转一匝的周期，后引申为所有期刊的定期出版刊物。而 journal 则源于拉丁文 diurnalis，拉丁语词根 dies一意为每天，比如 day，diary，都来自于这个词根，其本意是“日记账”，按时间顺序记载交易的原始分录的记录，对所经过程的记录，即是记录下自己的人生经历中重要的、有考查价值的事情、认识和想法。后来更多用来表示某一专门领域研究性质的最新资料的出版物。而 journal 和大众化的 magazine 又有着本质的区别。magazine 源于阿拉伯文，原意为仓库，翻译为杂志，收录的可以有论文、杂文、故事、诗歌、图画等，一般是为普通人提供的大众化的出版物，如《TIME》《读者》等。journal 和 journey 在词根上相似，使用上有交叉，用在学术期刊上，就是对某一学术领域中所发生的事情以及新的认识和想法，按时间顺序记录下来，以供后人查考。在英美国家，journal 出版的出发点就是准确地记录有意义的事情和想法，使其具有日后查考的价值。分析英美国家称为 journal 的学术刊物可以看出，它们所遵循的就是这种原则。而我国的学术期刊则不同，大多只体现事情本身，而不管其是否有意义或有价值。对于造成这种现象的原因，唐红丽于 2014 年 11 月 7 日发表于《中国社会科学报》的《学术成果问题根源于“评价体系”》一文中，对中国 100 多位学者进行了“学术成果问题反思”调查，结果显示，当前科技工作量考核是评价有关科研工作量的必要环节，而科研考核主要依赖于现有的学术评价体系。学术评价不规范是不争的事实。在国外，有的学术刊物并不以记录某一领域发生的有价值的事情为基本目的，而是以讲座如 Clinics of north america 系列刊物为内容。这类刊物不以 journal 称著。讲座与报告形式占较大比重的刊物同样称为杂志。所以笔者认为将学术刊物称为“杂志”是不严谨的。在我国 20 世纪 30 年代，杂志一词使用很普遍，不但指大众性的通俗期刊，而且有时指学术期刊，香港、澳门、台湾等地区还在沿用这种用法。1949 年以后，在中国大陆期刊一词的使用逐渐增多，目前期刊已是规范用语，各种文献标准、正式文件等都用期刊。杂志一般可看成是期刊的俗称，常见于新闻出版、编辑界，有时又指期刊中的通俗期刊。

(二)出版语言的选择

国外多数国际上相对有名的学术期刊出版语言都以英文为主，即便是荷兰、德国的出版集团，所在国家并非以英文为母语，但均以出版英文期刊为主。其中荷兰的 Elsevier 的出版就是“二战”后凭借英文期刊打开国际市场，成为世界出版巨头之一的。德国的 Springer 不仅出英文期刊,也出本土语言的德文期刊,但其出英文期刊的数量超过一半,值得一提的是,被 EI 等国际著名检索系统收录的期刊几乎全部是英文期刊。而我国的学术期刊出版主要包括三种形式:一是期刊内容全部英文出版;二是仅选择学术论文的题目、摘要英文出版;三是全中文出版。而前面提到,被国际著名检索系统收录的全是英文期刊,因此,我国的学术期刊想要立足国际,出版英文学术期刊已成为主要手段。

英语之所以能成为世界通用语言,也是有一定的社会历史原因的。16 世纪,当时所谓的“日不落帝国”英国向海外扩张,建立了很多的殖民地。随着殖民地社会经济的发展,英语顺势就成为当地的官方语言,被称为“日不落语言”。虽然之后英国的逐渐衰退和德国科技事业的迅速崛起,使得德语一度超过英语成为世界科技交流的主要语言;但“二战”后,美国的经济、科技和学术等方面迅速发展,成为超级大国,再加之美国向来奉行自由贸易,使得英语成了主流语言,甚至人类史上第一个无线广播电台的开播也是用英语广播的,并且当时的技术发明多是在美国完成的,许多的文献资料也是用英文写的,其他国家为了学习美国先进的理论必须要学会英语,因此,许多国家的学术期刊都无形中开始向英文期刊转变。直至今日,世界的文字与音像出版物有 85%以上是用英语出版的,而各种会议、集会等也形成使用英语的惯例,英语不知不觉形成了霸权的地位。在英语强势霸权背景下,英语霸权即是一种文化同质化,就是一种单一的全球语言文化模式,其作为一种强势语言,将自身作为摹本在世界范围内强行推广,以自己的文化生活方式、信仰、价值观标准来衡量其他文化模式,从而导致霸权主义。而诸多非英语国家,如中国在学习英语的过程中,过分地强调英语的社会文化能力,而忽视了母语的社会文化能力,于是在不知不觉中接受西方文化,特别是英美文化,使得自身的价值观无形中受有西方价值观的影响。对中国科研工作者来说,英文期刊的写作无形中增加了发表学术成果的难度,何况目前中国出版的英文期刊又是中国式英文,导致国内市场与国外市场都不讨好的局面,成为没有受众的期刊,前景就不言而喻了。众所周知,国际化与本土化原是一枚硬币的两面,二者不可缺一,但由于英语霸权的形成,英语国际化失去了各国民族文化的特殊性,有的只是单向的输入,没有信息与文化的双向互动。这是不平衡的国际化。对于中国的学术期刊国际化出版,不宜简单地认为只是以出版英文期刊为主。

(三)期刊评价体系

目前国内期刊的评价理论与实践都起源于国外,主要有两个方面:一是期刊的评价标准；二是期刊的评审制度。1985年，美国情报学家加菲尔德创办了美国科学情报研究所，相继开发出收录了世界范围内各个学科的核心期刊的三个检索系统——SCI、SSCI和A&HCI。这些数据库为科研工作者及相关的人士提供学术评价服务。这三个数据库一直坚持收录全世界最有影响力的学术期刊，对编辑出版、期刊评审制度、出版的国际性与规范化有着严格的审查，也正因此，能否被收录为“来源期刊”成为衡量学术期刊水平高低的重要标志，能否在国际学术平台上发表学术成果也被视为衡量学者能力的重要标准。在这种情况下，我国学者大量地给在国际上公认的检索系统里收录的期刊投稿，学术期刊也期望加入这些检索系统行列，并为之奋斗。然而很多被SCI等国际著名检索系统收录的学术论文与期刊数量虽然大增，但其影响因子却很低，如此与期刊的高品质的国际化目标仍有很大差距。更何况，中西本身的差异性，使国际化与本土化不能相辅相成。因此，把西方的评价标准作为我国的学术期刊评价的参考，可以取之我们适用的，而不能生搬硬套作为教条来执行。

同行评议评审是科学共同体内部评价的一种常用方法，也是国际科学界公认的科学评价的重要方法，国外期刊目前采用最多的是同行评议制度。所谓的同行评议从广义上说，是指某一或若干领域的一些专家共同对涉及上述领域的一项知识产品进行评价的活动。从期刊评价角度看，指的是学术论文所在的学科或研究方向的专家对论文的学术质量、学术成果进行评议，评议结果作为水平高低、影响力大小等一系列关键决策的基础。跟学术期刊源起于西方一样，同行评议也是源于西方。1416年，威尼斯共和国在世界上率先实行专利制度，它在对发明者提出的新发明、新工艺等进行审查，以确定是否授予发明者对发明的垄断权时，就采用了邀请同一行业或最接近行业的有一定影响的从业者帮助判断的做法。而有记载的最早的同行评议可追溯到1665年英国皇家学会的《哲学汇刊》(世界上第一本科学期刊)，该期刊只发表经过皇家学会审查的论文。17世纪后，西方各国逐渐把同行评议制度用于科技论文评价中，发展至今已成为国际通用的学术评价制度。20世纪30年代，美国率先把同行评议引进到科研项目经费的评审工作中。随即，这一做法为欧美国家广泛采用，成为国际学术界通用的学术水准评价手段。20世纪50年代初，美国国家科学基金会采用同行评议评审科研项目，首开同行评议在科研管理中应用的先河。以此为标志，在美国形成了一套比较完整的同行评议评估体系，它是同行评议制度发展的比较完善的国家之一。NSF(美国国家科学基金会)、NIH(美国国立卫生研究院)等重要的科研资助机构都普遍采用这种评审方法。在德国，DFG(德国科学基金会)的基金资助率达到了60%以上，除了重大项目要进行实地考察和答辩，一般项目的评审多采用2+1的通讯审评方式。英国的ABRC(英国研究院顾问委员)研究理事会是资助基础研究的主要机构，在资助项目的做法上，他们强调选择评议委员会委员的首要标准是考虑同行评议专家在某专业领域的权威性，同时选用国外和国内评议专家进行评议。其他如瑞士、新加坡、韩国等国家都极大程度地采用了同行评议，这次多数评审专家的产生都不再考虑其国籍背景，而只考虑其在本研究领域的地位。在我国，国家基金委员会创办的同行评议制度经多年实践，已积累了一定的经验。我国于1982年设立中国科学院科学基金，1986年2月成立国家自然科学基金委员会，这标志着一个在学术共同体内，由专家民主决策科学基金分配的同行评议机制正式引入我国。经过多年的发展，作为"一种有组织的用于评价科研工作的方法"，同行评议在我国亦为科学界对科研成果评价的主要方法之一。

对学术期刊而言，最初的评价主流是"三审制"，即在编辑部内部完成编辑的初审、编辑室主任复审和主编(总编辑)的终审工作。这与我们的期刊发展史有着密切的关系。我国最早的期刊是由传教士创办的《察世俗每月统记传》，期刊的审稿、编辑与著述一起完成，形成了审、编、著"三位一体"的特点，且期刊内容主要以传教为主，同时介绍并普及西方文化和科学，因此不需要同行评议。随着时代、科学事业的发展，评价制度也在不断地更新完善。政府部门也通过制定专门的政策来提倡同行评议制度。国内很多期刊也在一定程度上建立了规范的同行评议程序。但在国外行之有效的评议制度在中国却发生了异化，综合诸位学者的分析，这种异化主要由几个方面造成：首先是权力部门过多的干涉，期刊评议对象的选定、程序安排、专家的选择等各个环节，都由管理部门(负责人)一手操控，同行专家的评议并没有处于重要位置；二是在期刊评议上表现出对学术问题并非以标准或原则为主，而是在一定程度上表现出人情化；三是学术评判标准体系不完善，还没有建立科学、公正的评价体系，严重影响着同行评议效果的发挥，尤其是对独创性的成果，对其学术成果的评议往往是低效率和非共识的。因此，从学术期刊评价体系构建的整体上看，不管是国外科学学术评价标准还是评审制度，学术评价是一项系统工程，如要达到预期的评价效果，并要有可持续的长远的发展前景的话，建立科学、公正的学术期刊评价体系是首要之务。

(四)影响因子认同程度

在学术期刊影响因子的认同上，国内外有着不同的认识。据考证，影响因子概念也是源起于美国。早在1975年,美国科学信息研究所每年都会发布上一年度其所收录期刊的引证报告(Journal Citation Reports,简称JCR)。JCR是对学术期刊影响力评估的各项指标的概要,其中的一个核心指标就是期刊影响因子(Journal Impact Factor,简称JIF)。报告将期刊按引证的频次和影响来划分等级。期刊影响因子也因其作为JCR重要的标杆,而被一些研究机构作为科研评估的指标之一所采用。根据汤森路透的初衷,期刊影响因子所具有的优势是直接反映了科学家和学者自己对于最值得关注和有帮助的科学研究的判断。根据汤森路透的定义,期刊影响因子即某期刊前两年发表的论文在第三年中平均被引次数。例如,某期刊在2014年的影响因子为4.25,说明这本期刊2012年和2013年发表的论文在2014年平均被引用了4.25次。根据影响因子的定义,其作为衡量期刊影响力的常用指标,应予以恰当的应用,把它作为评估作者、论文本身或机构的替代品都是不合理的。期刊影响因子仅仅是单一数据点,必须严谨地并且联系实际情况加以考虑,因为很多因素都会影响论文在不同学科中的引用情况。尽管有不合理处,但目前也没有别的更好方式来代替它,改革或完善并不是一蹴而就的。2015年6月18日,汤森路透公布了年度期刊引证报告JCR,今年的JCR报告涵盖了来自82个国家的237个大类的11149本期刊,其中自然科学领域收录了8618份SCI杂志。今年有272本杂志第一次被收录,与去年相比,53%的杂志影响因子增加。Ca-Cancer J Clin(《癌症临床杂志》)、NEJM(the New England Journal of Medicine,简称NEJM,《新英格兰医学杂志》)以及CHEM REV(Chemical Reviews,简称CHEM REV,《化学评论》)再次包揽了榜单的前三甲,影响因子分别为115.84、55.873、46.568。

早在20年前,在国外对影响因子的研究与使用处于热潮时,我国学术界还很少有人了解这一概念,更不用说应用了;但在今天,我国却对影响因子过分重视,认识程度远远超过欧美国家。在我国,人们只看发表论文的刊物而不看论文品质如何,这种做法是那些不懂行的管理者对学者的评价标准的一种延伸,尤其是在评定职称上,他们把论文发表的数量作为评价学者能否评定更高一级职称的主要标准。这种评价标准不仅对学者不公平,而且对我国的科研水平也是一个巨大的损失,浮躁在学术界已普遍存在。在欧美国家,JIF一般仅用来考察这本刊物对整体学术界的大概影响。从本质上来说,JIF应该是只针对具体专业而言才更有实际意义,在同一专业的刊物之间才有一定的比较价值。比如,在具体的学科中,某些学术期刊因引用周期较长或是本领域论文较少,影响因子较小,但其实这些杂志对本领域的发展所起到的核心作用也是巨大的,学术界公认这些学术期刊的作用，和其他高影响因子的学科期刊不具有可比性，更不能使用共同的标准。因此，在国外有关影响因子问题上，极少有人给予高度的关注与讨论。相比这种状况，我国的学术界，对影响因子的关注度比较高，有的编辑还要求作者在参考文献中引用自己所编刊物刊载的论文，规定在本刊上发表的论文，至少参考多少篇的量，最常规的措辞是“请尽量引用《××××》的相关文章作为参考文献”。用这种人为手段去提高影响因子，这种做法有违学术期刊办刊目的，是一种不良的学术之风，对学术浮躁具有推波助澜的作用，应予以遏制。可喜的是，在汤森路透发布的 JCR 涵盖期刊中，会关注期刊参考文献的自引率，如果自引率过高，他们会将其剔除在外，比如，在 2013 年 JCR 新增了 379 种期刊的同时，也剔除了 33 种期刊，因为这 33 种期刊的自引率过高。

(五)数字化规模

数字出版分为期刊产品的数字化和出版流程的数字化。当前，不管是大型国际商的出版集团，还是学会出版社或大学期刊出版社，都已经完成了数字化进程，他们的科技学术期刊、数据库都已经数字化，期刊数字出版流程也已经实现数字出版。国际出版集团都已经有相应的数字出版平台、数字采编系统及相应的数据库网址。中国也在加速实现数字化出版，当前国内大多数期刊产品内容数字出版多是依托于中国知网、万方数据、龙源期刊网和维普网四大数字出版平台。据出版统计，这四大数字出版数据库垄断了国内 90％以上的期刊数字出版市场份额。

从整体上看，国外出版集团的数字化出版模式大致有以下模式：单个学术期刊自己提供电子期刊的单刊模式、学术期刊代理商或中间商提供门户服务的群刊模式、数据库或文摘索引服务机构购买期刊版权进行独立发行的综合集成数据库或开发存取的交叉模式。而我国期刊数字出版主要有两种模式。一是加入某数字出版平台。前面提到，我国的数字出版几乎被中国知网、万方数据、龙源期刊网和维普网四大出版平台所垄断，期刊社或出版集团只能被动接受其建库模式与标准和利益分配等规则，它们只是提供传统的数字发行渠道，而数字产品的质量，还需要期刊出版者来进行保障。通过对比国外出版发现，国外的数字化出版都是在产权明晰的状况下的市场行为，而我国的学术期刊由于是政府提供财政支持，多数期刊社并不具有独立的市场主体地位，因此，在与数字出版平台机构进行市场合作时，对自身的利益不够重视，不会争取市场，将大量的学术期刊版权以低价甚至是免费方式全刊资源售卖，不重视期刊的版权，也没有争取原应属于作者与编辑的稿费、编辑费等。二是期刊社、出版集团等出版机构自建网站。目前我国期刊的主办单位大多数都有网站与采编系统。网站上有对自身期刊的介绍、编辑部介绍、期刊订阅、在线期刊目录、在线论文浏览及下载等，有些较大的期刊网站有在线办公系统，集作者在线投稿、专家在线审稿、编辑办公为一体。但由于多数期刊规模小，没有更多的资金用于各自网页的个性化开发，所建网站大多由一些软件开发公司以一定的模板套用而来，功能与界面多有雷同，导致网站效果不理想。在没有明晰的市场主体地位、市场竞争意识，加上编辑部人力不足，财力不支等情况下，网站得不到及时更新、维护和保障。而在国外，稿件的采编系统种类众多，而国内的信息软件公司也研发出了诸多的稿件采编系统，如玛格泰克稿件远程处理系统、勤云远程稿件处理系统、三是期刊采编系统、中国知网集团研发的 CNKI 腾云期刊协同采编系统等。这些稿件采编系统基本上实现了作者远程投稿与查询功能、专家远程审稿功能、编辑办公管理和网站发布等功能，利用自身独特的优势弥补了传统出版方式的不足，从而实现期刊出版的数字化。

（六）学术论文的审稿方式

在学术期刊的审稿方式上，我国与欧美国家也存在着一定的差异。由于国外学者对自己投稿本身有较高的自我要求，因此，编辑部不会出现稿件堆积的情况。与国内同类期刊相比，国外学术期刊编辑部收稿数要少于国内的平均数，所以，编辑在每一稿件上所花费的时间更远大于国内每篇稿件所用的时间。再者，国外学术刊物的主编常常是以办刊为主要工作，一般是所办学术期刊涉及领域内较有声望的科学家或学者；而国内不少学术期刊则是以编辑部主任，甚至是专职责编代替了主编的日常工作。在国外，主编是个实职，主编和作者、审稿人发生直接的联系，同时，主编作为这一领域的专家直接看稿、改稿并决定取舍，这就从体制上对刊物质量提供了保证。国外除综合性很强的刊物有一组编辑人员外，学术期刊编辑部的事务仅由几个人来处理，不需要太多的人员，而主编则需要花大量的时间来决定稿件的取舍以及和作者的联系上。在欧美国家，论文的修改是作者、主编、审稿专家三者之间密切互动的结果，他们会在某一篇拟定采用的稿件上花费大量的时间。他们给作者提的修改建议最长的一般在 4 个英文页码，少的也有 2—3 页。即使对退稿的论文，一般也要写出 2—3 页左右的退稿理由寄给作者，告诉作者本刊不发表该论文的原因，以便作者阅读后有所受益，在今后工作中注意哪些方面。欧美国家学术刊物的编者、审稿者都清楚地意识到自己和作者的来往是一个学术交流和引导的过程。这种交流对从事这方面工作的青年学者或是刚涉足该领域的人起到一定的教育作用。他们很乐意充当默默无闻的老师，实际上这些老师往往是这一领域的绝对权威。这些权威对年轻学者的指导，不仅是一种知识的传递，同时也是一种敬业精神、甘于不计名利得失的奉献精神的熏陶。为专业期刊审稿在国外是无偿的，作者收到的审稿意见（或是修改建议），是一份这一领域的大权威所送的礼物，可以想象，对立志走学术道路的青年学者而言，这将是无价之宝。审稿专家在建议中，除对研究内容的增减提出自己的建议之外，还会严谨到对具体用词、哪一句话用另外的表达方法更好、几个句子之间连接平滑与否、参考文献引用是否得当、何处要加参考文献、参考文献内容在某处不应当用及应换成什么文献等进行仔细地指正与建议。可以说，一篇好论文的每一句话都会经过作者、审稿人、编辑人员数遍的锤炼，直至科学意义、方法、用词以及文字应用的优美这几个方面均满意才会最终印刷出来。在欧美，作者对学术刊物所投的稿件通常需要数个来回的审稿、修改，每一遍修改后再寄给审稿人看是否回答了所提出的问题，是否达到审稿人的要求，审稿人是否有新的建议，这些再反馈给作者，作者被反馈 2—3 次甚至更多次是常有的事，直至审稿者和主编同时认为可以接受为止。这种作者、审稿者和主编之间的互动，在我国学术期刊中也有存在，但认真、严谨程度就大打折扣了。

第三章　学术期刊的种类

所谓学术期刊分类，是指研究学术期刊分类工作理论与实践的科学。我国有图书分类法，这是目前我国图书馆图书分类的依据。对于期刊而言，其品种与数量仅次于图书，但期刊所拥有的读者量却超过了图书，由于期刊承载的信息量大，读者所需要的信息有70%以上要从期刊中获取，所以期刊的地位与作用是其他任何类型文献都无法替代的。现在有些图书馆期刊藏量甚至已占馆藏文献总量的一半及以上，其数量如此之多，地位又那么重要。学术期刊的分类，是期刊工作的重要组成部分。期刊分类虽然重要，但人们对此的认识并不充分，甚至不够重视，很多图书馆都没开展期刊的分类工作。而在开展这项工作的馆中，有不少期刊分类工作质量也不高，比如，有的馆至今仍将期刊随书分编和入藏，有的只将其分到一、二级类目中，至于辅助分类就更不用说了。

不难看出，我国期刊分类工作较为落后，大家对其工作的理性认识跟不上。期刊分类工作开展得很晚，1987年，以《中国图书馆图书分类法》为蓝本，结合期刊特点的《中国图书馆分类法·期刊分类表》(以下简称《期刊分类表》)，才诞生。综观我国期刊管理工作的历史，期刊分类工作经历了从无到有，从各自为政到逐渐统一标准的过程。

一　图书馆系统对期刊的分类

1955年，云南图书馆编印的《期刊分类法及连环画图书馆分类法》《云南省图书期刊分类表》等，是我国图书馆界自编的较早的期刊分类法，它的出现反映了期刊分类工作新的发展趋势。1987年，我国正式出版了专用于期刊分类的第一个分类表《期刊分类表》，结束了我国期刊分类借助于图书分类法的历史。1993年，在此表的基础上，出版了第2版。《期刊分类表》被大多数图书情报单位所采用，对期刊分类工作的标准化、规范化起到了重要的作用。

与此同时，自80年代初开始，我国图书馆界持续开展了期刊分类工作的研究讨论，1979—1988年，发表有关期刊分类论著68篇，1989—2000年发表期刊分类文章有117篇。这些研究主要历经三段时期：初期论文绝大部分是经验介绍、具体方法的讨论和一般性问题的讨论，研究只是停留在感性认识上；80年代中期出现了探讨分类特点、原则或标准的文章，同时也有学者探讨《期刊分类表》的优点、不足及应改进的措施，这期间，还有不少人写的是一些理论研究、综述述评方面的文章，研究从纯感性认识上升到初步理性认识；80年代中后期研究的热点是期刊是否需要进行分类及对刊次号编制法的争论，讨论一直延续到90年代初期；90年代以来，各方对期刊分类问题日益重视，主要是围绕期刊应依据何种分类表进行分类、期刊分类的深度、对《期刊分类表》的评价等问题展开的，这期间的研究，涉及面广，理性研究占主导地位。

前面讲述了期刊分类历程的一些情况，下面就编辑学角度对期刊分类的依据及图书分类上对期刊分类的考虑做一些介绍。我国目前有关中文期刊分类的讨论大致可归纳为三种倾向。一是认为期刊分类表应与图书分类表出自同一分类体系，《中国图书馆图书分类法》已被认定为全国统一分类法，那么期刊分类表应以这个分类法为母本，结合期刊分类的特点，对相应的类目进行适当增删，以符合期刊分类的需要。《全国报刊索引》中的分类表就是按这种方法编制的。二是中国图书进出口公司编制的《外国报刊目录》的分类表，这个分类表汲取了《中国科学院图书分类法》的长处。《中国科学院图书分类法》是获得国家科委颁发的科技情报成果奖和中国科学院颁发的科学技术进步奖的分类法，主要被科学院系统图书馆、国内其他一些科学研究机构和高等学校的图书馆采用，1979年时其使用单位就已达1000多个，其分类号被印在北京图书馆和上海图书馆编制的统一编目卡片上。《外国报刊目录》因博采《中国科学院图书分类法》的优点，又考虑了期刊分类的特点，根据期刊情况做了相应的调整与修改，比较受学者的欢迎，通用范围也较广。我国许多大中型图书馆、高等院校图书馆以及情报科研部门都采用这一分类方法。三是认为书刊虽同属文献，但属性迥异。中文期刊既不同于图书特点，又与国外期刊的社会背景和语言文字有本质区别。《中国图书馆图书分类法》不能代替期刊分类学；《中国标准刊号》是粗分类方法，不能直接用于排架检索等。因此，借用任何一种分类法来分类期刊，都无法准确反映期刊内容综合性和分散性的特点。专业性图书馆或情报科研部门应根据自身馆藏的性质、任务和读者对象的特点来编制期刊分类表。

有图书馆学者认为，套用《中国图书馆图书分类法》类分中文期刊虽无不可——而且无须另行编制分类标记系统，只需按《中国图书馆图书分类法》的要求选定相应的级次即可——但是由于《中国图书馆图书分类法》主要是按着狭义图书的特点编制的，对期刊种数少、内容覆盖面广等特点无法顾及。从理论上讲，期刊分类应与期刊中的文集内容相一致，而借助《中国图书馆图书分类法》类分中文期刊就会使大量的期刊集中在一、二级类目下。若要对期刊的论文进行再分类，还得采用专门的复分表。比如根据叶树声等学者的观点，若干年的图书与期刊分类工作实践表明，用《中国图书馆图书分类法》理论编制的期刊分类表只能对期刊进行归类，不能对期刊内容进行分类。再者，利用《中国图书馆图书分类法》选用类分期刊级次时还会出现分类等级参差不齐的现象，使多者过多，少者过少。比如教育类期刊，分三至四个级类目，还是不足；而自然科学中的航空、航天、交通运输类，由于期刊出版种类少，所以分类时选定级次只能在一至二级类目上。至于《中国图书馆图书分类法》的 A 大类马克思、恩格斯、列宁、斯大林及毛泽东著作、生平事迹及研究，却几乎没有什么中文期刊可以归入。此外，报纸、画报、学报和目录索引等都要求特殊分类，但《中国图书馆图书分类法》对这些实践性很强的问题却不能予以圆满的回答。所以，根据《中国图书馆图书分类法》派生出的《全国报刊索引》中的分类表就由于在各方面的不足而很难适应期刊分类的需要。至于中国图书进出口总公司的《外国期刊目录》的分类表，它是该公司在 1961 年借助《中国图书馆图书分类法》的基本大类和主要类目，结合国外期刊特点做了调整编定的。它沿用了《中国科学院图书分类法》的分类标记，其号码分为两部分：第一部分为顺序数字，即用 00—99 标记 5 大部类 25 大类及主要类目；第二部分为“小数制”，即在 00—99 两位数字后加一小数点“·”，小数点后基本上按小数体系编号，以容纳细分的类目。类号排列时，先排顺序数字，后排小数点后的层累数，例如：11.1，11.11，11.12，11.13，…，11.2，11.21，11.22，11.23，…，11.29，11.3，…，12，13，…。其特点是：第一，自然科学类目比较详细；第二，采用交替、参见等方法，较好地解决了相关类别的图书在目录和藏书组织中既可集中又能分散的问题；第三，标记符号单纯、简洁，易于排检；第四，编有相关索引。而《外国期刊目录》则所有号码都是 3 位数字，若上位类目是两位数字，则其后加 0，凑足 3 位，共 230 个子目。因为是外国期刊目录，在考虑编制时主要是考虑外国期刊的特点，对于在完全不同历史背景下的中文期刊兼顾甚少，所以用它来分类中文期刊仍有不足之处。不过它的成功经验对今年编新的中文期刊分类还是有积极意义的。

国内还有一些出版机构为了工作上的便利，利用图书分类的原理，结合本单位的工作特点和需要，编制了适合本单位需要的各种中文期刊的分类表。这类期刊分类表一般都比较简便，没有标记符号，没有复分表，适用面也较窄，如《国内中文期刊简介》一书中的分类表。它除了全面地介绍了我国目前出版的各个学科领域的各种期刊外，还为便于读者翻阅而将所有期刊分类编排。它的分类体系除了按学科内容分类外，也有根据出版形式或刊名形式区分的，如单独设置了画报和学报等大类，但由于《中国图书馆图书分类法》中的人文社会科学类目被删减过多，根本无法满足期刊分类的要求。因此，这种编制方法也不太科学。1985 年的《中国邮发报刊大全》，借鉴了《中国图书馆图书分类法》的分类原则，结合报刊特点对报纸与杂志进行分类。但有学者从分类角度认为，该大全中分类目录的设置是重复交叉的。考虑按学科内容、文种形式、出版形式或是区域形式来分，其分类的结果都会不同，或是有交叉。这样的分类表在图书馆界很难普及，并会引发各自为政的局面。

事实上，到目前为止，期刊的分类研究是不尽人意的。从目前情况看，我国期刊分类理论研究基础薄弱滞后，没有期刊分类学的指导是使这项工作落后的原因之一。要做好期刊分类工作，首先应明确一部好的期刊分类表应集思想性、科学性和实践性于一体。因此，编制期刊分类表一定要从期刊本身的实际出发，能容纳一切期刊，使任何期刊都有类可归，有据可依。二是期刊类的规范化、标准化直接关系到期刊数据库的质量和期刊资源的共享。随着网络化的发展，对期刊分类标引数据标准化的程度要求也会更高，树立期刊分类标准化的观念，统一期刊分类法，实行在版编目将是期刊分类工作努力的方向。三是期刊分类的计算机化。面向 21 世纪的文献分类发展目标应该是：出版与推广分类法机读版、制定机读数据分类标引规则、研究制定规范化的分类法机读格式、建立标准化的分类规范文档、编制适用于云平台的信息组织和检索的统一分类体系。这将是 21 世纪期刊分类工作的发展趋势。

二　图书馆系统对大学学报的分类

我们再看看图书馆系统对大学学报是如何分类的。大学学报是由高等院校主办、以反映高校教学及科研成果为主的综合性学术期刊，出版形式主要有人文社会科学版、自然科学版、综合版，随着社会的发展，高校规模的扩大，有的学校还出版医学版、农业工程版、理学版、教育科学版等形式的期刊。大学学报的特点表现在内容的学术性、学科领域的综合性、功能的扩展性及对主办单位的依附性上。如何对大学学报进行分类？这一问题的争论焦点集中在关于综合性学报的归类问题上。围绕综合性学报的归类问题主要有三种观点。第一种是主张集中归类。将高校的学报集中归于“Z3”综合性学报类，并通过注释采用组配符号“：”进行复分，使高校出版的人文（哲学）科学版、自然科学版学报分别用“Z3：C”和“Z3：N”来标识。这种标识方式在一定程度上反映出学报的学术性、综合性和高校性特点。集中归类的另外一种方式是将综合性大学的社科版归入“C一社会科学总论”，将自然科学版归入“N一自然科学总论”类目。第二种观点认为把大学学报都集中于某一目录下的做法不便于检索，与期刊分类的实用性原则相背，主张分散归类。分散归类原则上是按照大学学报内容的学科属性归类，这与学报的学科属性比较相符。对于比较专业的单科性学报，直接归入相应的学科类目，更适合这种分类法。第三种观点是要结合本馆特色，或集中或分散。综合性图书馆由于阅读对象广泛，学报种类繁多，分类宜相对集中；对于具有较强的馆藏特色的专门性图书馆和专业性较强的读者，则宜突出重点分类。

以上观点只是针对给综合性学报归类的见解，还有图书馆的学者提出期刊分类的主要标准应是期刊内容的学科性，即以学科的属性归类，把其他的学术性、综合性、扩展性等特点作为辅助的标准。一般情况下，能较为全面地体现大学学报特点和期刊分类规则的应该是大学学报分类标准的前提和基本原则。大学学报是期刊中学术期刊的一种，其分类的基本原则应以学报内容的学科属性为依据。在这个前提下，再按学报特点及编辑性质、学报性质、读者对象等因素进行再次区分。

按前面所说，《中国图书馆图书分类法》是全国统一的唯一的分类法，那么学报的分类也就依据《中国图书馆图书分类法》的一般做法，将大学学报分为综合和单一学科两类。综合性学报中，社科版综合学报入“C03”类，自然科学综合版归入“N03”类，综合版学报归入“Z3”类；单一学科（含单一学科为主）的学报归入相关各类。这种分类方式即是集中与分散的统一：综合的按综合考虑，单一的按学科归入各类。大学学报的发展趋势是专题化，也有人认为专科化更为贴切。一些图书馆学者认为，学报由综合性滋生的各种弊端已相当明显，创办专题化学报已势在必行。专题化指的是以本校或服务于区域的学术研究强项为焦点，兼顾本校本地区资源和学报形成的特色，分学科，分专题。因此，专题化或是说专科化是学报实现可持续发展的必由之路。在中国的港台地区、苏联、美国的高校所办的学报中，只有专题性、专科性学报，而没有像我国的学报这么繁多复杂。例如“台湾大学”的《工程学刊》、苏联的《苏联高校通报·数学》，美国高校绝大多数期刊从内容上看也是单一专业学科领域的研究。据此一些学者提出，随着学术研究分工越来越细，学术研究日益向深度发展，大学学报的归类方向和趋势应是强化专科性、弱化综合性，按学报专业内容归类的要求就更显得重要迫切。据有关资料统计，我国大学学报约有1200多种，普通高校主要有11类，约有1020所。其中，综合性院校74所，理工类院校278所，师范类院校232所，合计为584所。从近年来的情况看，由于大学学报数量较多，种类各异，对其归类问题，首先要将大学学报的学科内容作为分类的主要标准；其次再加以考虑其他特点，而且要尽量做到分类粗细得当。只有这样，才能有更大的涵盖范围，发挥出分类的最大效用。

从图书馆的角度讲，期刊分类是组织分类目录和分类排架的先决条件，是按学科系统提示和推荐馆藏期刊、满足读者从某一学科或专业获取知识信息的主要手段。期刊和图书记载的都是知识，发挥着知识传承的作用。从本质上讲，期刊分类和图书分类都是对书刊中的知识进行分类，二者的分类原理和原则都是一致的，都是以学科分类（揭示期刊或图书的主要内容）和知识分类归入最大用途和最切合其内容的目的为基础，再辅以考虑坚持归入的一致性、系统性、逻辑性和专指性要求。二者的目标都是为了科学管理图书或期刊，以方便读者查询利用。

三　学术期刊的级别划分

每种学术期刊从创刊伊始，便有明确的办刊范围与办刊宗旨。办刊宗旨是期刊运行发展的指导，带有方向性的内在规定，具有主体性、实践性、持续性、方向性等特点，对期刊的发展起着导向作用。办刊范围则是对期刊本身的一种界定，同时也是一种社会分工的产物与体现。为了自己的生存，每种期刊都会设定自己的领域、方向，精心计划和建设自己的办刊特色，这是期刊发展的必然要求，也是社会发展分工的必然趋势。前文说过，按照人们对客观世界规律的认识，把客观世界划分为互相联系和互相对立的两部分：以人为中心的人类社会和以自然为中心的自然界。人们对世界的认识就相应分化为两种独立的科学，即人文社会科学和自然科学，于是，学术期刊也归为两类，即人文社会科学类学术期刊和自然科学类学术期刊。这是对学术期刊涵盖面最广的分类。但是，随着社会的发展，由于科研评价等政策、学术评价机制及政府部门诸多因素的干预，对学术期刊的等级划分也各有说辞。

至2013年我国目前期刊达到了9877种,这众多的期刊在学科、主办单位、主管部门、质量、服务等方面千差万别,尽管国家行政管理部门声明从未从行政角度对现行期刊进行过级别划分,但期刊之有级别的观念早已深入人心。而且9800余种期刊没有级别上的区别是不可能的,不现实的。实际上期刊从来就有级别,这几乎是政府有关机构、期刊主办机构和作者的共识,只不过期刊级别的认定比较复杂,至今尚无全国统一的标准和共同的分级目录。关于期刊的分级,最传统的是按期刊的主管部门分级,1991年国家科委和新闻出版署联合颁发的《科学技术期刊管理办法》就据此将期刊分为全国性和地方性期刊,这两种分类又逐渐演化成现在人们常说的国家级、省部级和地市级。70年代,核心期刊理论开始传入我国,到90年代,核心期刊已为学界所熟知。与此同时,各种与期刊评价有关的大型数据库开始建立,由此得出多种期刊排行榜,很多高校科研机构也研究制定为己所用的核心期刊(或称重点期刊等),政府有关职能部门组织了各种期刊等级评比。上述各种对期刊的分级评价——排行榜、各种期刊表和奖励——实质上也是给期刊分级。由此可见,期刊分级的观念早已深入人心(如英国的《自然》和美国的《科学》就是全世界公认的一流水准的学术期刊,浙江大学医学院的科研奖励中规定,在《科学》和《自然》杂志上发表学术论文,每篇奖励10万元),而期刊分级的研究与实践更是越来越丰富,越来越多样化。

(一)期刊等级的几种划分

1.按期刊的主管部门分级

按照期刊主管部门来分级,期刊自然被分为国家级、省部级、地市级,这是期刊分级最传统的方法,也是目前仍在使用的主要方法。所谓国家级期刊,一般来说,即由党中央、国务院及所属各部门或中国科学院、中国社会科学研究院、各民主党派和全国性人民团体主办的期刊及国家一级专业学会主办的期刊。另外,刊物上明确标有"全国性期刊""核心期刊"字样的刊物,也可视为国家级刊物。所谓的省级刊物,即由各省、自治区、直辖市及其所属部、委办、厅、局主办的期刊以及由本、专科院校主办的学报(学刊)。所谓的地市级刊物是指由地市级行政区政府的新闻出版局主管主办的刊物。

这种分级的特点是:简单明白,容易确认;以出身定级,只要主管部门不变刊物便享受终身级别;只要主管部门平级,各类期刊(学术期刊、消息报道、工作指导、知识普及性期刊)都属同一级别,无法区分。所以,这种分级方式只适宜在已经划定了某个特定层次、特定区域的期刊中进行(如严格的学术期刊),而不适宜在大范围内笼统采用,不然就会出现《中国社会科学》(中国社会科学院主办)和《中国音乐教育》(教育部主办)平级的滑稽现象。

2. 按期刊是否公开出版分级

按此标准,期刊分为公开发行和内部发行期刊。人们习惯所称的CN类刊物是指我国境内注册、国内公开发行的刊物。而刊物刊号前标有ISSN(国际标准连续出版物号,International Standard Serial Number,简称ISSN)字母类刊物是指在我国境地外注册,国内外发行的刊物。现在许多杂志同时具有CN与ISSN两种刊号。一般认为,在主办者级别相同的情况下,公开发行期刊要高于内部发行期刊(有保密要求或非学术因素暂不便公开的除外)。与第一种分级一样,这种分级也只有在某个特定层次或特定区域的期刊中进行才有合理性。

3. 以期刊质量分级

以质量分级是最具有学术价值的一种分级,主要表现为期刊获奖或入选某种目录。核心期刊的理论传入我国后,情报学界终于有了替代传统的以行政级别分级的较为科学合理的新方法。国际公认最有影响力的引文索引期刊,能进行科学统计与科学评价的主要有《科学引文索引》(*Science Citation Index*,简称SCI)、工程索引(EI)、科技会议录索引(ISTP),其中以《科学引文索引》最为重要。SCI是1957年由美国科学情报研究所(ISI)尤金·加菲尔德创办出版的一部世界著名的期刊文献检索工具。它收录全世界出版的数、理、化、农、林、医、生命科学、天文、地理、环境、材料、工程技术等自然科学各学科的核心期刊3700多种。通过严格的选刊标准和评估程序来挑选刊源,使得SCI收录的文献全面覆盖全世界最重要和最有影响力的研究成果。SCI从来源期刊数量划分为SCI和SCI-E。SCI指来源刊为3500多种的SCI印刷版和SCI光盘版(SCI Compact Disc Edition,简称SCICDE),SCI-E(SCI Expanded)是SCI的扩展库,收录5600多种来源期刊,可通过国际联机或因特网进行检索。SCI涵盖学科超过100个,主要涉及农业、生物及环境科学,工程技术及应用科学,医学与生命科学,物理及化学,行为科学。另外,随着ISI的研发,还陆续出版了《社会科学引文索引》(SSCI)和《艺术与人文引文索引》(A&HCI)。它不仅是一部重要的检索工具书,而且也是科学研究成果评价的一项重要依据,是目前世界上可以用来对不同国家和地区的社会科学论文的数量进行统计分析的大型检索工具。1999年SS-

CI 全文收录 1809 种世界最重要的社会科学期刊，内容覆盖人类学、法律、经济、历史、地理、心理学等 55 个领域。收录文献类型包括研究论文、书评、专题讨论、社论、人物自传、书信等。选择收录（*Selectively Covered*）期刊为 1300 多种。1988 年，我国的兰州大学仿照《科学引文索引》（Science Citation Index，简称 SCI）的"期刊引文报告"的方法，选定我国出版的学术水平最高的 10 种自然科学期刊为依据，用各刊所载论文的参考文献，每年编制引文索引卡片，分散编印成册，名为《中文自然科学引文索引》，并从中选出 104 种自然科学中文核心期刊。这是我国第一个利用引文研制出的较具权威性和学术影响的自然科学中文核心期刊。1990 年中国科学院文献情报中心根据国外主要检索工具列出的 110 种中国科技期刊和兰州大学提出的 104 种期刊，又收录了国家自然科学基金委员会公布的重大项目中所列中国（不含港台）大学的学报，经专家评议后提出 286 种科技核心期刊。1991 年中国科学技术情报研究所"中国科技论文统计与分析"课题组重新选出 1230 种期刊作为国内"学术榜"的统计源。这几次有影响的期刊分级都限于自然科学，说明一方面自然科学期刊的分级在理论和实践方面都先于社会科学，另一方面，80 年代末开始的期刊质量分级，还缺乏学科的全面性和系统性。

1992 年，《中文核心期刊要目总览》（以下简称《总览》）出版和全国优秀科技期刊评比，标志着期刊质量评价和期刊分级研究进入一个新阶段。《总览》由北京高校图书馆期刊工作研究会组织，北京地区 41 所高校 200 多人参与编制，历时两年，从 1 万多种中文期刊中筛选出核心期刊 2156 种，出版了 165 万字的《总览》。《总览》在社会上产生了广泛的影响，图书情报部门将此书认定为订购期刊的主要参考，很多杂志社（编辑部）据此在自己的刊物上标明"全国中文期刊"等字样。《总览》之所以有这么大的影响，主要是因为：第一，它是第一部公开出版的大型核心期刊目录，大部分图书情报机构都能得到；第二，学科齐全，共 131 个核心期刊表，对各种类型的图书馆和各学科都有较好的适用性；第三，书中既阐述了核心期刊的研制理论和方法，还较详细地报道了各学科核心期刊的研制过程和基本数据，大量学科专家的参与鉴定，使整个研制程序显得完备而规范，具有较高的学术价值；第四，该书由北京高校图书馆期刊工作研究会研制，由北京大学出版社出版，此点亦有相当的权威性。《总览》在社会上的广泛影响，使得"核心期刊"这个原本是图书情报专业的专用名词日益深入人心，成为学界评价、衡量期刊质量的基本词汇和基本标准。

1992 年，国家科委、中宣部、新闻出版署联合举办全国优秀科技期刊评比活动，从全国3500种科技期刊中评比出351种优秀期刊，其中一等奖50种，二等奖100种，三等奖201种。由于这次评比的规格高，涉及面广（所有科技期刊参与评比），评选严格、科学、规范，评选结果合理（在国内有一定影响的期刊几乎全部获奖），有极高的权威性，在科技期刊界产生了广泛而重要的影响。除以上评级外，其他的相关各级政府职能部门，各类学术机构和很多高等院校，也对期刊进行了多次评奖和分级研究。这些评奖或分级可分为以下三个层次：一是全国性的奖，如国家期刊奖、全国百种重点社科期刊、中国科学引文数据库来源期刊、中国人文社会科学核心期刊要览入选期刊、中国学术期刊综合评价数据库来源期刊、中国人文社会科学引文数据库来源期刊、中国科技论文统计源等等。二是省级的奖项，如某某省一级期刊、某某省十佳期刊、某某省优秀期刊等。三是跨省区级的奖项，如华东地区优秀期刊、华北地区优秀期刊等。此外还有一种是由高等院校制定的期刊分级，如南京大学核心期刊、湖南大学国内权威刊物目录、湖北大学一级和重要学术期刊目录等。

1995年，中国科学院文献情报中心创刊了《中国科学引文索引》，创刊号以我国出版的351种重要的科技期刊作为来源刊。该索引利用《中国科学引文索引》数据库研制了“被引频次最高的中国科技期刊500名排行表”，显示出对我国科技期刊质量的评价作用。

由于期刊是发表科研成果的主要园地，因此期刊的级别涉及期刊管理、编辑，作者的评奖、入选、职称、晋级等很多方面，在实际生活和工作中，对期刊级别的划分，比上文提到的要复杂得多。如某省高级职称评审条件中涉及期刊等级就有如下多种提法，比如，省级以上刊物、国内外专业学术刊物、国内外权威学术刊物、省级以上学术刊物、省级刊物、国家级报刊等诸多提法。

（二）期刊级别的认定机构

1.政府认定

政府认定是一种最权威的认定方式，因为政府可将其对期刊级别的认定纳入政策文件中，如职称评审、科研评奖等。虽然到目前为止，国家尚没有一种从质量、学术、技术水平等方面综合为期刊定级的规定，也没有统一的期刊定级表，但政府职能部门制定的许多文件中都有涉及期刊定级的内容，如国务院学位委员会办公室和国家教委研究生工作办公室1995年3月颁布的《学位与研究生教育中文重要期刊目录》。上文提到的职称文件中的规定都是政府对期刊级别的抽象认定，由于政府文件具有政策性和强制性，涉及面广，因而具有无可置疑的权威性。

政府认定还有另一种方式，即政府组织的评奖。评奖在广义上也可看作是一种级别认定，如由国家新闻出版署组织的国家期刊奖的评选，第一、二届百种重要社科期刊的评选，由省级出版管理机构组织的评选都属此类。

2. 学术机构的认定

政府的认定具有统一性和强制性，而学术机构的认定则具有多样性和专业化的特点。学术机构的认定对社会虽无强制性，但通过媒体的宣传可以在很大程度上对社会产生影响，从而达到社会部分认可或全部认可的效果。学术机构认定期刊级别的权威性主要来自学术机构的权威性和它所采用的科学的认定方法。

目前我们所了解到的认定期刊等级的比较权威的学术机构有：北京大学图书馆、北京高校图书馆期刊工作研究会《中文核心期刊要目总览》(1992 年第一版)，南京大学、香港科技大学共同研制的《中文社会科学引文索引》来源期刊(2000 年 5 月)，全国高校文科学报研究会主办的全国高等学校社科学报评奖(2000 年 1 月)，中国学术期刊(光盘版)电子杂志社、中国科学院文献情报中心、中国社会科学院文献情报中心、北京大学图书馆研究确定的《中国学术期刊综合评价数据库》来源期刊、《中国科学引文数据库》来源期刊、《中国人文社科引文数据库》来源期刊(2000 年 2 月)，中国社会科学院文献信息中心《中国人文社会科学核心期刊要览》(2000 年 3 月)，各重点大学研制的期刊定级目录，等等。

上述学术机构认定的期刊等级已被有关期刊广泛地用于自我宣传。

(三)期刊级别认定的方式

期刊级别的认定方式包括两个方面的含义：一是期刊分级过程中所采用的方法；二是以某种方式表示期刊分级的结果。由于资料和篇幅所限，本文涉及的认定方式仅指第二个方面。目前我们所看到的期刊级别认定的方式主要有以下几种。一是评奖。评奖方式的一般特点是期刊的主动参与(参评期刊须提供原始材料参与竞评)和只涉及少数期刊、对未评上奖的期刊不做任何认定。由于评奖的操作机构不同，故评奖的程序、规范性和严格性也各有不同。严格、规范、完备的评奖至少应具备这么几个条件：(1)有公开的、规范的申报评审条件和程序，有权威的评审组织；(2)有明确的指标限定；(3)有评选周期的规定(不是一次性的或无期限的，因为期刊的质量是动态的），如国家期刊奖规定每两年举办一次。评奖因主办机构不同而分为政府类和非政府类。前者如国家新闻出版署主办的“国家期刊奖”“全国第一、二届百种重点社科期刊”的评选，由国家科委，中宣部，新闻出版署联合主办的首届全国优秀期刊评比（1992 年）以及其他各级政府或政府职能部门举办的评奖。另外，还有非政府类的评奖，如全国高校文科学报研究会主办的全国高等学校社科学报评奖。二是列入核心期刊目录。“核心期刊”在这里是个统称，包括以其他各种称谓表示的期刊分级，如重点期刊、一流期刊、一级期刊、权威期刊、A 类 B 类期刊等。这类分级主要在学术期刊中进行，供学术研究机构、高等院校使用。如《学位与研究生教育重要期刊目录》《中文核心期刊要目总览》《中国人文社会科学核心期刊要览》《湖南大学校定国内权威刊物目录》等。三是列入各种数据库来源期刊。近几年我国一些权威科研机构研制了几种与期刊和文献评价有关的大型数据库，选定数据库来源期刊是建立这类数据库最基础的工作，也是保证数据库质量的重要环节之一，选定的来源期刊必须在其学科领域内有权威性、代表性，有较高的学术质量。因此，选定数据库来源期刊也可看作是期刊质量分级的方式之一。主要的数据库来源期刊表有“中国科学引文数据库来源期刊”“中国学术期刊（综合评价数据库）来源期刊”“中国人文社会科学引文数据库来源期刊”等。

（四）期刊分级的级次和称谓

期刊分级的主要目的是为了从所有的期刊中提取突显少数优秀的重点期刊，故一般分级层次不多，大多为 2—3 级，少数在 4 级以上。如 2 级分层，分核心期刊与非核心期刊、来源期刊和非来源期刊；3 级分层，则分为国家期刊奖、国家期刊奖提名奖、非获奖期刊（以获奖与否划界，也可看作是 2 级）或一级期刊、核心期刊、其他期刊或一级期刊、二级期刊、三级期刊；4 级分法，分为全国高校社科学报双十佳、全国高校社科学报百强、全国高校优秀社科学报、其他社科学报或者一等奖、二等奖、三等奖、未获奖。

期刊级次的称谓也有很多种，归纳出来主要有：（1）按主管部门划分为全国性期刊和地方性期刊；（2）按是否正式出版分正式期刊和非正式期刊；（3）核心期刊，如《中文核心期刊要目总览》；（4）一级期刊、二级期刊、三级期刊，如四川省第二次期刊质量考评，评定 1998 年全省期刊质量为一级期刊 179 种，二级期刊 93 种，三级期刊 6 种；（5）优秀期刊，如 1999 年中国社科院举行的期刊评奖活动中，《文学遗产》等 8 种刊物被评为“优秀期刊”；（6）一等奖、二等奖、三等奖，如 1992

年国家科委、中宣部、新闻出版署联合举办的首届全国优秀期刊评比中，设优秀期刊一、二、三等奖；(7)十佳期刊，如江苏省社科类十佳期刊，首届全国高校社科学报双十佳；(8)来源期刊，如中国科学引文数据库来源期刊；(9)国内权威刊物，如《湖南大学校定国内权威刊物目录》；(10)重要学术期刊，如《湖北大学一级和重要学术期刊目录》。

由于给期刊定级的机构、院校很多，定级的出发点、目的和标准各不相同，期刊分级的称谓也就显得五花八门。需要指出的是，由于期刊的主办者越来越重视期刊分级的结果，对分级中获得的好成绩往往在刊物醒目位置予以标注，而称谓的复杂多样使得读者难以辨明。如“优秀期刊”，在某次定级中可能是最高级别，而在另一个定级中可能是第二级或第三级，最典型的如全国高校社科学报评奖，在“优秀学报”上还叠着两级，分别是“百强”(第二级)和“双十佳”(第一级)。

(五)几种主要的期刊定级简介

1.《中文核心期刊要目总览》

该书由北京大学图书馆和北京高校图书馆期刊工作研究会联合编辑研制。1992 年 9 月第 1 版，共载核心期刊 2174 种，分为 128 个学科。1996 年 8 月第 2 版，载核心期刊 1596 种，分为 130 个学科。2000 年推出第 3 版，载核心期刊 1571 种(其中 270 种为新入选的期刊)，分为 75 个学科。至 2016 年，其间还出版 2004 年版、2008 年版、2011 年版，目前已出版到 2014 年的第 7 版。该版大规模使用文献计量学方法对中国大陆 2009—2011 年间出版的中文期刊进行了全面的统计分析研究，经过定量评价和定性评审，从我国正在出版的中文期刊中评选出 1983 种核心期刊。北京地区 28 所高校图书馆和研究机构的 115 位专家和工作人员参加了研究，全国各地 3779 位学科专家参加了核心期刊表的评审工作，采用多指标筛选法，以中文现刊作为统计研究对象(港、澳、台期刊未计入)，筛选指标包括期刊被索量、被摘量、被引量、载文量、被摘率、影响因子，经过综合筛选，最后由专家对筛选方法、统计数据及筛选结果进行评审鉴定(根据专家意见做个别调整)，产生出各学科的核心期刊表，适用于期刊部门、科研管理部门和国书资讯部门的选刊工作，是读者、作者、科研工作者推荐各学科使用率和影响力较高的学术期刊。随着《总览》的出版和广泛采用，“核心期刊”的概念已走出图书情报领域，被其他行业的人们所认识和接受，产生深远的社会影响。

2.《中国人文社会科学核心期刊要览》

《中国人文社会科学核心期刊要览》由中国社会科学文献计量评价研究中心、中国社科院文献信息中心研制。该中心从1996年开始建立中国社会科学论文统计分析库，根据几年来的研究成果和对大量数据的统计分析，确定了1999年度中国人文社会科学核心期刊并编制出《中国人文社会科学核心期刊要览》，共收入506种人文社会科学核心期刊，基本覆盖了我国人文社会科学的主要学术期刊，反映了我国人文社科类论文的学术水平，是中国社会科学院认定的学术研究核心期刊，也是我国人文社会科学学术成果统计分析和文献评价研究的重要信息基础。社科院每年将对核心期刊进行更新补充，并淘汰不符合核心期刊入选标准的期刊。

3.《中国科学引文数据库》来源期刊

《中国科学引文数据库》(CSCD)由国家自然科学基金委员会和中国科学院共同资助，中国科学院文献情报中心承建开发。CSCD第1版(1996年)收录期刊315种，第2版(1997年)增加到582种，后又经过几次扩充，2000年收录1500种。该系统全面参照美国"Science Citation Index"(SCI)的编制体系，它按照"二八规律"(即80%的主要文献分布在20%的核心期刊中)遴选了我国4000余种自然科学期刊中具有较高水平和编辑质量的核心期刊。利用本库可以查找核心期刊中发表的论文及引文，更重要的是其评价功能，利用其引文数据可评价个人、实验室、学术机构的学术水平与学术地位、期刊质量等。

另外，《中国学术期刊(光盘版)》、中国期刊网编委会与中国科学文献计量中心确定3500种期刊为"《中国学术期刊综合评价数据库》来源期刊"，900种人文社科类期刊为"《中国人文社科引文数据库》来源期刊"。

4.《学位与研究生教育中文重要期刊目录》

1995年3月，国务院学位委员会办公室和国家教委研究生工作办公室颁布《学位与研究生教育中文重要期刊目录》，共收443种期刊。

5.国家期刊奖

由新闻出版署和科技部组织，每两年一届。首届"国家期刊奖"于2000年元月颁奖，《求是》等48种社科期刊和《中国科学》等64种科技期刊分获首届国家期刊奖,23 种社科期刊和 22 种科技期刊获得国家期刊奖提名奖。需要特别指出的是,国家期刊奖中科技类期刊学术性专业性更强,社科类则很驳杂,49 种获奖期刊中只有 12 种是学术研究期刊,著名的有《中国社会科学》《经济研究》《北京大学学报》《文艺研究》《文史哲》《江海学刊》等。

6. 第一、二届百种重点社科期刊

由新闻出版署组织评选,每两年一届,1997 年第一届,1999 年 12 月评出第二届。第二届评选由各省、自治区、直辖市新闻出版局和中央单位期刊管理部门筛选推荐参评社科类期刊 272 种,经过专家评定,共 108 种期刊入选,其中学术期刊 20 种,约占全部期刊的 1/5。

7.《中文社会科学引文索引》(CSSCI)

由南京大学与香港科技大学合作研制。1997 年,南京大学提出研制开发电子版《中文社会科学引文索引》的想法,并于 1998 年被作为重大项目在南京大学正式立项。1999 年该项目被列为教育部人文社会科学研究重大项目。2000 年 5 月,《中文社会科学引文索引》(1998 年)光盘正式出版。该数据库选用了我国大陆出版的中文人文科学、社会科学期刊 496 种,该数据库的出版解决了长期以来我国社会科学研究、社会科学学术期刊缺乏定量、科学、客观评价方法和手段的困境,填补了国内外的一个重要的空白。CSSCI 系统可提供我国各社会科学研究机构,高校、地区乃至学者个人的发表论文数量,期刊、论文、学者个人被引用情况以及各种排序,由此可定量评价研究机构、高校、地区、学者个人的科研生产能力、学术成果、学术影响,评价社会科学学术期刊的质量和学术地位。

四　两大类别的学术期刊

作为从事理论研究的学者或者是科学家,其研究对象从宏观上分析可以分为自然、人和人类社会,进而在科学体系的划分上可分为三个不同层面:研究自然的为自然科学、研究人的为人文科学、研究社会的为社会科学。但是作为学术期刊而言,它只能分为两大类:人文社会科学学术期刊和自然科学学术期刊。自然科学的界定很容易划分,但是作为研究人的人文科学、研究社会的社会科学的划分就有些含糊。为此,谨就人文社会科学学术期刊问题提出一些看法。

人文科学和社会科学都是研究社会现象的科学。自 19 世纪下半叶起就有学者仿效自然科学模式并借鉴自然科学方法，去研究复杂的社会现象，进而形成了政治学、经济学、社会学、法学、教育学等诸多社会科学学科，开创了社会科学多侧面、多视角对人类社会进行分门别类研究的新视野。在研究中社会科学家力图通过对人类社会的结构、机制、变迁、动因等层面的深入研究，来把握社会自身及其运行规律。在研究的同时，也发现自身研究领域所存在的缺陷。与人文科学相比，社会科学的科学性较强；而与自然科学相比，社会科学的科学性又相对较弱。人文科学、社会科学、自然科学三大知识领域的科学性依次递增。要找出人文科学与社会科学的界线，作为学者，也是心有余力不足。有研究认为，人一开始就是社会的人，人类精神文化活动就是在社会场景中展开的，本身就是一种社会现象；同时，社会现象又源于人类精神活动的创造。人文现象与社会现象都是由人、人的活动以及活动的产物构成的，这是人类生活的内在统一性。人文科学与社会科学的研究对象是同一个社会生活整体，它们从不同的侧面以各自不同的方式反映现实的社会生活。瑞士哲学家、心理学家皮亚杰对此有深刻的见解：在人们通常所称的“社会科学”与“人文科学”之间不可能做出任何本质上的区别，因为显而易见，社会现象取决于人的一切特征，反过来说，人文科学在各个方面的表现都是社会性的。只有当人们能够在人的身上分辨出哪些是属于他生活的特定社会的东西，哪些是构成普遍人性的东西时，这种区分才有意义。没有任何东西能阻止人们接受这样的观点，即“人性”还带有从属于特定社会的要求，以至人们越来越倾向于不再在所谓“社会科学”与所谓“人文科学”之间做任何区分了。正因为如此，现在人们把相对于自然科学而言的知识领域，即人文科学与社会科学统称为人文社会科学，有时也简称社会科学。这里的“人文社会科学”是在承认人文现象与社会现象、人文科学与社会科学之间差异的前提下学科融合的产物，这一趋势充分体现了学科综合的时代特征。

厘清人文科学与社会科学的关系后，另一个现象就是如何解释人文社会科学与哲学社会科学之间的关系。在我国的学术期刊中，有的将自己的学术期刊称为哲学社会科学版，这种现象在学报界表现尤其明显。有人认为，我国学术界多用“人文社会科学”一词，而行政管理部门习惯用“哲学社会科学”，这都属于正常现象。但在学术氛围里，如大学学报尤其是重点大学学报上，哲学社会科学一词仍然用得比较多。其实两者的差异不仅是字面上，更重要的是在内涵的取舍上。有学者认为，哲学社会科学的称谓是基于哲学的抽象性、统摄性和基础地位，把哲学从自然科学和社会科学中抽取出来，原因在于哲学是关于世界观的学说，是高度抽象的意识形态，对人类认识和实践活动具有高度的规范和指导作用，因而与社会科学研究有特别密切的关系。将“哲学”与“社会科学”并行，并统称为“哲学社会科学”，是较为容易被人们接受的。但是，也有人认为，社会科学并不能涵盖人文科学，哲学学科本身的涵盖面亦是如此，它所能包含的范围并不包括除哲学之外的其他人文科学。而对人文社会科学来说，则相对较为宽泛，其外延几乎涵盖了除自然科学以外的所有学科，因此将哲学纳入人文社会科学的范围内是顺理成章的事。讨论至此，就很明白，既然哲学是关于世界观的学说，是高度抽象的意识形态，对人类认识和实践活动具有规范和指导作用，具有抽象性、统摄性，处于基础地位，那么，很显然，把自然科学以外的科学统称为人文社会科学是合乎情理的。

第四章　学术期刊的功能

《现代汉语词典》指出，“功能”语出《汉书・宣帝纪》，“五日一听事，自丞相以下各奉职奏事，以傅奏其言，考试功能”[①]。“功能”是指事物发挥的有利作用，或称效能。学术期刊的功能，是指学术期刊运行过程中行使的效能。纸质期刊自1665年1月世界上第一本期刊诞生以来，已经走了350多年的历程，历史上学术期刊在促进科技进步、推进人类文明和经济发展中所做的贡献，已有很多学者专家有过精辟论述。众所周知，学术期刊是出版物的一个重要组成部分，它以探索、积累和传播人类知识、先进思想为基本特征，从而增进人们对于科学技术的了解，并将其运用于社会实践，促进社会进步和发展。作为“知识”这一特殊商品的学术期刊从来都是随着社会进步而发展的，它不断为社会提供创新的技术信息，又不断地调整自身的功能与作用。随着社会的发展、学科领域的不断扩大，还会有更多更新的期刊面世。在新的社会经济发展模式下，学术期刊作为记载、传播和积累的载体，将不断地与科技创新系统、知识传播系统、知识的应用系统进行交互互动，并为社会发展发挥更大的作用。

一　自然科学类学术期刊的功能

这里所说的自然科学类学术期刊指的是发表于自然科学研究领域内的具有原创性、前瞻性、学术性研究成果的期刊。据此界定，自然科学学术期刊包括了与自然科学研究领域有关的所有期刊。我国的自然科学学术期刊可分为三类：一是由科研机构或专业学术团体主办的期刊，如《数学学报》《物理学报》等，其对传播学术信息发挥着一种最迅速、最重要的载体功能，发表的学术论文往往反映其所属学科的学术水平、研究方向及发展趋势；二是由高等院校主办的如大学学

① （汉）班固：《汉书今译》，王继如主编，凤凰出版社2013年版，第145页。

报中的自然科学版等学术期刊，其学术水平往往与主办院校的科研水平相当，在一定程度上反映高校的教研水平，且一般是多学科、综合性的；三是科技推广和普及部门所在地主办的，常在具体的学科前冠以域名的期刊，如农业、卫生、机械类的期刊等。有学者认为，自然科学期刊不应包括一般科技类期刊，这是不科学的。问题在于，科学研究和科学普及的关系该如何解决，实际上两者是一个不可分割的整体，是一个问题的两个层面。我们进行学术研究的目的是更好地认识自然，探讨和解决人与自然之间的关系问题，研究是认识问题，推广是解决问题，推广和解决问题是自然科学学术期刊的任务和目的。因此，自然科学期刊和一般科技期刊只是因自然分工导致的不同层面的问题。

自然科学学术期刊基础是科学研究。科学是有继承性的，总是随着新的研究而不断向前发展，而这些新的研究工作又总是建立在前人研究成果之上，并从中得到启示和激发。往往新的科学研究成果是通过学术期刊的确认、整理、加工、发表而成为历史性的科学文献，被人们接受和造福于人类的。有学者分析科学研究的全过程，认为一项科学研究成果的取得，始于文献资料的收集整理，经过课题的提出、论证和规划的实施、实验资料的分析，最后完成于论文的写作。这个过程看似简单，实际上，要完成某项对人类的认识领域具有重大意义的科研成果，不知要科学家或学者付出多么巨大的努力。科学家通过论文发表的形式宣告自己的研究成果，这就涉及一个首发权的问题。如果同类的研究被别的学者抢占先机，那么该科学家或学者多年的心血会付诸东流。这是一个很残酷的现实。能否公平地对待这些科学家的努力成果，学术期刊起着至关重要的作用。那就是必须保证科学家的有关思想和信息迅速进入传播领域，保证传播的时效性，并被验证、引用，或产生效益或引起争鸣。另外，对科学家首发权的尊重只是问题的一个方面，学术期刊在对学者、学术负责的同时也要对自己负责，原因在于科学家、学者常常是从自己的角度来审视和欣赏自己的成果，即使再严谨的科学家、学者也难脱俗，因为他们是按习惯的思维方式分析问题，遗漏、疏忽或推理判断失误对任何人来讲都是在所难免的，学术期刊可以求全但不能责备。在某种程度上，科学家的论文可以通过学术会议、通信等形式进行交流，但这种形式在学术界终非主流。早在 20 世纪 40 年代，英国科学史家贝尔纳就说过当时世界上科学成果发表的主要方式是依靠 33000 多种科学期刊。由此认为，在人类不断告别愚昧、认识自然的过程中，科学学术期刊担当了重要的学术交流媒介。因而这种成果带有很大的不确定性，并且其传播范围狭窄，还无法充分显示其价值，所以无论是从被社会、科学界认可的程度，还是其思想传播范围的广度，都是有限的。

学术期刊的地位对科学家而言,至少在相当长的一个时期内,是任何新的传播方式都无法取代的。它不仅仅是一个出版周期问题,更重要的是,学术期刊在期刊出版过程的编辑活动中,一般都要由编辑人员和造诣较深的、特定领域的专家就其科学性、创新性、价值性进行全面而认真的审查,提出质疑,指出缺点与不足,甚至帮助其修改。然后,编辑还要对稿件进行进一步的规范化加工,规范出版,使其具有可读性和传播性。科学论文一经发表,就可以进行广泛的交流和传播,成为社会共知共享的精神财富。自然科学学术期刊的任务就是要不断地向社会推出自然科学领域具有前沿性的研究成果、先进的学术理论和思想。在这样的形势下,自然科学期刊尤其需要遵守两个原则:一是创新性原则,就是要将新的知识与旧的知识加以区别,让对生产和科学发展有作用的新观点、新方法、新成果及时发表,以及时促进学术成果的交流与应用;二是要遵守快捷性原则,要将科技信息以最快的速度传播出去,以保障科学家的首发权。自然科学类学术期刊的稿件主要是科研论文,而科研论文通常要在大量的研究工作的基础上产生,其周期相当长,而且科学家在其成果发表前都是保密的,所以期刊很难制订出周密的选题计划,许多优秀的学术成果稿件都是在自由投稿或调查研究中发现的。在这种情况下,期刊编辑对学科前沿、信息捕捉的敏感性起着重要的作用。这些要求自然科学类学术期刊编辑能充分掌握科学研究动态,密切关注所涉及学科,并具有分析新信息的能力。

科学研究是对自然界的直接发现和探索,是一种创造性劳动。而自然科学学术期刊则是对这种创造性劳动的识别、选择、完善和提高,为科学研究的社会化创造条件。因此,科学学术期刊自然就承担着对科学研究与成果的传播、导向、催化、控制和人才培养等诸多功能。

第一,对科学信息的传播功能。学术期刊以探索、积累和传播科技知识和先进科学研究为基本特征,因此,传播功能是最主要、最直接的功能。作为文献信息,自然科学学术期刊是一个强大的信息系统和信息源。前面说过,早期的科技期刊萌发于科学家之间对课题感兴趣的交流,那时候人们对科技知识的需求与现在相比不可同日而语,"知识"几乎只为上层或"兴趣"人士所享有。所以早期的科技期刊所涉及的领域和期刊数量很有限。在19世纪,人类知识翻一番的周期约为50年。随着人类社会不断改造自然的迫切愿望,近代科学革命的爆发和一大批学术团体、科学研究机构以及政府资助科学事业出现,逐渐形成了科学研究群体,科学知识的读者群也开始形成。这就使科技期刊逐渐演化为科学交流的主要媒体。随着人类社会、经济的发展，经历了从农业社会、工业社会到信息社会的发展历程，与之相适应，交流和传播成了期刊的核心功能。特别是现代信息时代大数据背景下，期刊媒体融合发展，蕴涵着科技理论、思想和方法形式表现的高层次知识，以大量数据和观察资料表现的科技信息，有了更大的利用价值。

第二，对科技发展具有文献导向功能。科技学术期刊对科学信息的导向功能表现为期刊对某前沿学科讨论的热点问题、学者普遍关注的问题、期刊所设置的栏目、所发表文章的学术氛围。在科研工作中，人们常常会利用已有的思想、方法和成果，而科技期刊所载的科技论文，恰恰能及时反映相关专业、学科、各种技术等新动态、新成果、新数据以及进一步的研究方向，已然成为科学研究工作者选题的方向盘。科学工作者通过跟踪科学技术研究前沿，围绕科学技术研究前沿进行组稿和选题，可以为科技工作者及科学家们及时提供研究导向，促进科技创新等。如果没有过去的科技学术期刊，就没有科技的发展；没有现在的科技期刊，没就有将来的科技发展。科技学术期刊因为它所记载的多种多样的科学事实、数据、理论、技术、方法、构思和假设，是科学宝库的珍藏和人类智慧的结晶。通过阅读与参考较多的科技期刊，可以开阔科研思路，避免孤陋寡闻，提高科技选题方向的准确性和针对性。例如，美国原计划发展核动力飞机和核火箭，由于对材料和部分技术估计不足，最后相继终止，为此耗费了 10 亿美元。也就是说，为避免这些技术方向上的错误，专家们必须拓宽查阅期刊的范围。显然，科技期刊是许多科学见解的源泉。这些科学信息所带来的财富经过社会发展与时间的洗礼，不断淘汰，又不断更新，周而复始一代又一代地传承，切切实实地反映了科技发展的轨迹，是人类社会发展进程导向与体现，反过来又促进了科学技术向更高层次的发展。

第三，促进社会生产力发展的催化功能。进入 20 世纪以后，社会经济的发展不再是简单地依赖大量自然资源，而是主要靠科学技术的进步。在农业社会，知识对社会经济的贡献率最高为 10％，而这一时期，知识对社会经济的贡献率高达 50％。科技期刊在承担了传播功能的同时，又在科技成果转化为社会现实生产力过程中起到了催化作用。事实证明，科技创新的传播主要是通过科技期刊，科技信息传播的速度和质量直接影响到科技的发展与科技成果的转化，这正是期刊催化功能的表现。在新的科技成果转化为现实生产力的过程中，期刊担当着重要的角色。据英国学者推算，科技知识的年均增长率：20 世纪 60 年代为 9.8％，70 年代为 10.5％，90 年代增加到 20％。即科技知识每 5 年更新一次，20

世纪末则为3年更新一次。高速发展的生产力对自然科学类学术期刊的桥梁作用也将提出更高的要求。

第四，对科学信息的控制功能。期刊对科学技术的传播与交流使它在人与人之间、团体与团体之间、民族与民族之间，科学家或学者群体与科学社团组织之间形成了一种物质上和精神上的聚合、凝结和支持作用，这种信息的聚合、凝结，其实是期刊在发挥着对信息的选择、优化、集中和组织的功能的同时，对信息进行有效控制。期刊编辑通过自己劳动，提升信息的有序化程度与价值，有效地控制科技信息的传播及流向，这种作用是其他传播媒体无法比拟的。有学者研究，在科技知识对社会发展的贡献率高达70%—80%的时期，可以说，科技知识成为当下社会发展的原动力，是21世纪人类迈进互联网信息时代、社会经济发展的关键，因此，充分发挥期刊对科学信息的控制作用显得尤其重要。这种控制功能还可表现在通过科技政策、法规的宣传、管理、监视、控制、维护社会正常物质生产与物质生活，维护社会的和谐、统一及社会经济与科技的协调发展等方面。

第五，为社会培养人才，提供教育阵地。“可持续发展”是21世纪最热门的话题，提供可持续发展的人才是社会可持续发展的条件之一，因为社会的可持续发展是建立在科技能力、管理能力、人才和教育的竞争上的。今天的科技期刊除了是传播知识的媒介、知识向现实生产力转化的桥梁，还担当着更重要的功能，即它是国家知识创新工程的重要组成部分，是技术创新者创新思维的源泉。西方发达国家能够保持科技和经济的领先地位，主要得益于对教育的重视和对人才资源的开发。我国幅员辽阔，人口众多，沉重的人口负担如不能有效转化为巨大的人力资源，经济建设和实施科教兴国战略就会有障碍。而期刊是人类知识和智力资源的源泉，在某种程度上为社会的发展提供了智力保障，对社会劳动生产力的提高发挥重要的作用。在新世纪，自然科学技术类期刊对科学技术及人才的教育与培养方面的作用将得到进一步发挥，从而为未来经济可持续发展奠定坚实的基础。

二 自然科学期刊反映了国家科技力量的强弱

从“科学技术是第一生产力”思想的提出，到“科教兴国”战略方针的确立，标志着科技成为我国经济发展主导力量之一的时期的到来。科学技术通过各种复杂的过程不断地转化为生产力，从而服务于经济的发展。这一过程中的作用因素很多，有体制、政策、市场等方面，但有一个因素不容忽视，这就是科学技术期刊在科学技术中的作用。科学技术的高速发展，使学术期刊也面临着前所未有的重大而又深刻的变革。一个国家的进步与强盛，主要取决于科学技术发展的程度。科学技术发展，国家就进步、兴盛，否则就落后、衰落。学术期刊可以作为衡量一个国家科技发展水平的尺度，标志着这个国家的生产力高低及科学文化事业的发达、兴旺程度。伴随着现代文化兴起的学术期刊是人类知识传承和学术积累的重要载体，学术期刊的历史已成为现代学术史的重要组成部分。1665年，法国《学者杂志》与英国《皇家学会哲学汇刊》相继出版。学术期刊的出现，改变了古代学者通过书信通信交流学术的方式，为学术交流提供统一的平台，促进学术共同体的形成，推动学术成果的传播，指引科学探索的方向，为现代自然科学和人文社会科学的发展奠定了基础。

在人类现代学术史上，学术期刊的发展水平，标志着一个时代的文明水平，是一个时代认知能力和时代精神的重要体现。没有学术期刊，就没有现代科学；没有优秀学术期刊的民族，就没有先进的科学和文化。“文革”期间，我国的学术期刊绝大部分停刊，许多科研处于停顿状态，到1997年以后，才逐渐复刊。改革开放后，我国的科学文化事业迅猛发展，科研硕果累累，学术期刊出现了空前的繁荣。党的十八大报告明确提出：全面建成小康社会，实现中华民族伟大复兴，必须推动社会主义文化大发展大繁荣。改革开放以来，我国哲学社会科学事业成果辉煌，为中国特色社会主义道路的发展提供了坚强的理论支撑和智力支持，我国学术期刊始终是社会主义文化大发展大繁荣的推动者和见证者，在中国特色社会主义道路上发挥着不可替代的作用。中国改革开放和思想解放的精神，往往是通过学术期刊而得以系统、深刻地表达出来的；最引人注目的优秀学术成果，往往是通过学术期刊而得以最先展示出来；最尖锐而深刻的学术讨论，往往是通过学术期刊而得以展开和推进的；最优秀的学术人才，往往首先在学术期刊发表成果、崭露头角，进而受到学术界的关注。学术期刊不仅成为展现学术成果的窗口，更引领着中国学术的未来，甚至关乎民族的文化血脉。自20世纪至现在，科学技术已渗透到社会生活中的每个角落和人类的每一项活动中，科学技术价值成为人类最宝贵的资源与财富，决定了社会经济快速增长的因素。在社会实践中，科学技术作为一种具有强大说服力的精神产品，对人们的思维方式、文化传统、道德伦理和社会心理等产生着重大影响，促进了社会的全面发展。在激烈的国际竞争中，谁最先获取并合理应用科学知识，谁就能占领经济发展和社会进步的制高点。学术期刊在学术上，既要敏锐地关注国内外相应学科发展的新动态，深入科研项目的目标和要求外，还要以最新、最多、最快的方式加工出版新成果，更要关注新知识的积累，用来服务于新学科的出现。在应用上，既要关注当前社会的需求，又要看到科技创新未来的应用价值。自然科学学术类期刊是一个开放的学术园地，它容纳百家，发表最新的研究成果，是始终站在“前沿阵地”传播并发现“新亮点”的最新科学技术信息的载体，让读者进行广泛深入的交流、探讨和争鸣，为新的科学探索做好奠基。在学术上，自然科学类学术期刊和人文社会科学类学术期刊都应该排除学派门户之见，应该打通，允许交叉与融合，以期更好的探索与发现未知领域。对学术期刊编辑而言，他们应该有自己的学术观点，但学术期刊的使命必须要求编辑把自己的工作作为一种职业，是职业就要遵守职业的道德规范与职业操守。恩格斯曾经说：“当我们在德国创办一种大型报纸的时候，我们就有了现成的旗帜。”①刘少奇同志提出：“编辑工作是一种高级创作。”②因此，遵守编辑应遵循的包括职业意识、职业态度、职业纪律和职业作风等行为准则和要求，这样学术期刊才能获得更大的发展。

科学发展到今天，学科分类日益交叉，新学科不断地产生。据统计，世界上自然科学类学术期刊的种类数以万计，并呈现逐步上升之势。世界竞争的主流是经济发展规模与程度，而经济的发展在表现形式上主要是科学技术的竞争。许多诺贝尔自然科学奖获得者都以他在权威性的自然科学学术期刊上发表在科学界具有里程碑意义的论文而崭露头角，如爱因斯坦、温伯格等知名科学家。利用学术期刊成功推广应用的科技成果案例也很多，比如日本精工钟表公司将 20 种报纸和 50 种钟表杂志整理成《每日快讯》《每日技讯》和《调研报告》等，从而普及钟表知识，大大提高企业生产力；西安飞机公司的《西飞科技》登载的《提高飞机铆接质量的高精度铆接工具》一文，为西飞公司创造了可观的经济效益，也为国家节约了许多外汇。所以，要想在众多学术期刊中脱颖而出，成为专业期刊中至高无上的权威性期刊，学术期刊就必须敢于并善于在国际竞争中取胜。

自然科学期刊的生命力，莫过于其捕捉科学创新点的敏感度和是否能获得国际学术界公认的权威性。*Nature* 期刊注重创新，*Science* 则注重对自然或理论提出新见解，要求发表的论文内容激动人心并富有启发性，具有广泛的科学兴趣。美国《流体工程学报》主编认为，创新和实用是学术期刊在实现国际化生存竞争中𠭁胜的关键，他呼吁每个作者和读者都要为提高期刊的独创性和实用性

① 童兵：《马克思主义新闻经典教程》，复旦大学出版社 2009 年版，第 379 页。

② 宋应离：《宋应离出版文丛》，河南大学出版社 2013 年版，第 21 页。

做出贡献。美国自然科学学会主办的全国性核心期刊，大多数得到国际学术界的承认，受到了世界上富于创造能力的学者、专家的特别青睐，他们都以能在这些刊物上发表论文为荣。如美国ASME的《传热学学报》，每期刊登的论文来自世界上10多个国家和地区，其作者遍及全球，由此可见其在国际学术界的地位。

学术期刊的质量和影响力是反映一国科学研究水平的重要标志。美国自然科学期刊之所以能取得如此辉煌的业绩，正是由于美国的科技实力和美国科学技术的大国地位，这是吸引世界上顶尖科学家和最新的科学技术成果流向美国的重要原因。中国的学术期刊除了自身的努力外，更重要的是要仰仗我国科技发展水平的提高，以引起世界科学家的关注。否则，即使是具有顶尖科研成果的论文在我国一些学术期刊上发表，也难以引起世界科学界的关注。据报道，目前中国学术类期刊五六千种，数量不可谓不多，但在国际学术界被接纳和认可的只占其中很少一部分。《工程 · Engineering》创刊后，面临的最大问题就是约稿难。只有约到高水平的论文，期刊的影响力才能得到提升，也才能吸引到好稿，形成良性循环。中国很多英文期刊已经被SCI收录了，目前没有被收录的期刊如果想完成这一“跳跃”，最可行的办法是采取“专题约稿”的方式，在全球范围内寻找特定主题的最好稿子——这样投稿人比较容易接受，也有助于整体稿源水平的提升。参加讨论的汤森路透科技信息服务公司业务总监宁笔这样建议。近年来，我国科技水平不断提高，科研领域的投入也在持续增长。这将是推动中国学术期刊走向世界的科技支撑。但是除了提高科技实力，还需要辅以推广和宣传。如举办邀请*Science*(《科学》)、*Nature*(《自然》)等国外期刊团体参加的会议来吸引最优秀的稿源。中国的期刊要学习借鉴这些经验，努力做大做强自己的品牌。国家要从整体上提高我们的科研实力，使众多科研领域走向世界的前列，紧跟世界目标，创办国际一流的学术期刊。只有有了世界一流的科研实力，才会有世界一流的学术期刊，才能吸引世界一流的科学家向我们提供一流的科研成果，进而办出世界一流的自然科学学术期刊。

三　人文社科类学术期刊的功能

人文社科类学术期刊具有学术性和政治性两个基本属性，它们制约和影响着社科期刊的发展。所刊论文作者大都有哲学、政治、经济、历史、法学等各个社会科学领域专业研究背景，他们通过对上述学科领域中的有关问题进行长期、深入、细致的分析研究，形成自己的独立见解和观点。可见，学术性是社科类期刊的基本属性，也因此有别于政治宣传、时事新闻等类型的期刊。社科类学术期刊为社会科学各领域交流新研究成果、传播新观点和新方法提供了良好的平台，对繁荣社会科学研究做出应有的贡献。同时，社科类学术期刊涉及的学科领域及其性质决定了社科类学术期刊还具有政治性。在上述哲学、政治、经济、历史、法学等各个社会学领域中，不可避免会直接涉及阶级、政党、国家、民族、宗教等关系中的现实政治问题，研究成果带有作者的价值倾向和政治倾向。同时党的理论宣传为期刊发展注入了新的活力，也有力地促进了期刊特色的形成。高校学报占地利之便，开社科期刊聘请专家学者为栏目主持人的先例，一批由学者主持的栏目获得了较好的声誉。其他社科类期刊纷纷效仿，如《南方文物》聘请长期致力于古陶研究和陶瓷考古工作的故宫博物院研究馆员王光尧主持“土与火的艺术”栏目。

人文社会科学类学术期刊被定义为刊载研究人类社会生存、发展和思维科学的学术期刊。人文社会科学期刊的作用在于运用学术期刊自身的特性，发现、引导、组织学者，积极关注人类社会生活与社会实践活动，发表学者的最新研究成果，进而发挥自身独特的、指导人类生活与推进社会实践的活动。其主要功能表现为文化、政治、社会管理和决策咨询等方面。

有学者认为，“人文”就是人的文化，就是人的认识能力与精神境界不断提升的过程。人文社会科学隶属于文化范畴，并构成整个社会文化的重要组成部分，在社会生活中发挥着塑造人、推进思想文化建设的功能。其实，在社会实践中，就微观世界而言，文化反映的是地域的独特性和社会生活的特殊性。就此而言，文化教育是一个宽泛而又具体的概念和范畴，是一个优劣并存的社会现象。文化始终处于一个不断发展的过程中，同时也处于一个不断扬弃的过程中。就宏观而言，人类社会实践中纷呈的表现形式皆可称之为文化。即是说所有的人文现象都是人文社会学家所研究的内容，人文社会科学期刊所推崇的就是人文学家的最新研究成果。值得一提的是，在发表这些最新研究成果的同时，应谨防那些在主观上为批判人类文化的劣根性，而客观上又起到宣扬这种劣根性效果的研究。泛文化现象的存在尤其应该引起学术期刊编辑的关注，这种现象的主要表现是一切拿文化来说事，把所有社会现象都当为一种文化来进行大力的宣扬或者是批判，进而显示自己的敏锐和精深。其实，这是一种故弄玄虚和浅薄的表现。作为严谨的人文社会科学类学术期刊，应保证文化的纯洁性和严肃性，不应该为这种现象提供平台。

人文社科类学术期刊所承担的责任是多重的，如传承文明、传承学术、提炼问题、培育学术研究之新人、为社会发展战略的确立和政府的科学决策提供智力支持等等。人文社会科学期刊发表关于人文社会现象及其规律性的学术成果有以下几个作用。第一，人们通过对这些成果的学习和运用，可以提高自己解决人生和社会问题的能力，进而使心灵得以升华。人是社会现象的复杂统一体，社会上任何现象的产生和发展，都将对人产生难以预料的影响。人文社会科学所宣扬的思想、价值观念、行为规范等直接影响着人们处理和驾驭人类个体同外部世界的关系，促进人的社会化。第二，人文社会科学具有关怀人生、塑造人格的功能。弘扬真善美，是由人文社会科学学术期刊之“人文科学”和“社会科学”的性质所决定的。这一点在市场经济条件下显得尤其重要，它可以矫正市场经济条件下所产生的负面作用。人文社会科学期刊在发表人文社会科学研究成果的过程中，对这些成果的甄别极为重要。发表那些适应人类社会发展、具有积极精神的研究成果，是学术期刊关怀人类、塑造健康人格的体现。毫无疑问，人文社会科学是在人类精神文化活动的基础上形成和发展起来的，它创造和阐释了人文社会世界的意义与价值目标，对人具有社会启蒙作用，是人类精神产品的创造者。而人文社会科学学术期刊的目的就是要推广这些优秀的精神产品，为人类创造出一个丰富多彩的精神世界，并且要维护好这个精神世界的纯洁性。将人文社会科学学术期刊称之为人类的精神家园一点也不为过。第三，从政治学的意义上讲，人文社会科学期刊依靠自己所拥有的理论平台，以潜移默化的形式，全方位地影响着一个国家或民族思想道德的价值取向。一个民族人文社会科学研究能力的高低，在一定程度上反映了这个民族的精神风貌和发展能力。人文社会科学期刊是人类文化建设的重要组成部分。

人文社会科学学术期刊的另一个重要作用在于能够有效地提升人文精神。所谓“人文精神”，正是从各门人文科学中抽取出来的人文领域的共同问题和核心方面——对人生意义的追求。人文社会科学家认为，人文精神关注人的审美情感、道德理想、人格完整和终极关怀等。人文精神是整个人类文化的灵魂，它以追求人类精神的最高境界为核心，以人的全面发展为目标，在人类生活中发挥着不可估量的作用。这也是人类社会科学学术期刊的价值所在。对于生活在各种价值观充盈的现代社会中的人们来说，人文关怀极其重要。因此，在人的活动中，从认识人生意义、提高人生意境，鼓励积极向上，迈向怀廓坦荡、超然物外之境界的价值准则出发，在人的生命活动之意义层面上，努力奉献范仪当世、轨训将来的原则或建议，是人文社会科学学术期刊义不容辞的社会责任。

四　人文社会科学引领着自然科学前进的方向

人文社会科学首先要回答“人是什么?”“人活着为了什么?”“人的存在究竟是什么？其意何在?”“认识你自己!”等人生最根本、最基本的问题。人文社会科学作为科学与价值相统一的宏大的知识体系，就是帮助人们正确地认识与改造人、社会和世界，它包含着有关世界观、人生观、价值观等根本问题的丰富内容，为人的活动提供科学认识、价值观念和行为规范，培养人们形成正确的世界观、人生观和价值观，同时也为教育人们树立正确的理想、信念和信仰提供必要的手段与知识源泉。人文社会科学是人创造的，是人类追求自由向上本质外化的结果，它服从于人，又服务于人，既要为人们提供这方面的知识与答案，又有益于人类自身精神情感的充实、丰富和净化，从而在文明的阶梯上不断向上提升。因此，人文社会科学担当着养心、育魂、励志、树人这一重任。而自然科学虽能从物理、生理上告诉我们人是由基因、细胞、蛋白质等物质构成的，却不具备回答人生最根本问题的功能。

在人文社会科学中，哲学曾被古希腊人称为“最高智慧”，也被一些人称为“科学之科学”。因为哲学面对的是人类、自然、社会或说是世界整体，研究的是最大的整体、最普遍最根本的东西。古人有“形而上者谓之道，形而下者谓之器”的说法，就是把“形而上”作为高于具体事物的另一境界来加以追求的。自然科学研究和处理的是物质世界的具体问题，是“人与物”的问题，属于“器”的范畴。人文社会科学尤其哲学处理的是“形而上”的问题，是“人与人”“人与社会”“人与自我”“人与无”之类的问题，属于“道”的范畴。“道”虽比“器”虚，却是高于“器”并统摄“器”的，换句话说，形而上学是统摄形而下学的，精神是统率物质的。科学家钱学森在构筑他的科学体系时，曾把多门科学按其普遍性的高低分为若干层次，他明确地把哲学列入最高、统领一切的位置，这是非常有见地的。科学家爱因斯坦认为:科学是一种强有力的工具。怎样去使用它，是给人类带来幸福还是带来灾难，完全决定于人们自己，而不是取决于工具本身。他深知工具虽重要，却得听命于人，服务于人，这样才能造福于人。所以他虽重视科学，热爱科学，但同时也强调个人的生命只有用来使一切有生命的东西都生活得更高超、更优美时才有意义。他认为关心人本身及其命运，应当始终成为一切技术上奋斗的主要目标;关心组织劳动和产品分配这个重大的尚未解决的问题才能保证智慧的产物会促进人类幸福，而不致成为祸害。在大家埋头于图表和方程式中时，千万不要忘记了这一点！据此，我认为真正的人文社会科学不是创作物而是创作人，它的根本使命就是培养人的人格和精神，塑造人的灵魂，是“育人”和“立人”，就是按照人自身的规律教化天下，使人们追求真善美的文明程度不断提高。相比较而言，自然科学则是创作物。因此，属于形而下的自然科学就得接受形而上的人文社会科学的引导。人们常说，科学是一种革命性的力量。谁都知道，科学技术的高歌猛进，既给人们带来巨大的福利和进步，同时也不可避免地带来了许多负面作用。如向自然开战，造成了对自然的践踏——生态破坏、环境污染、水土流失、土地荒漠化等。又如科技的迅猛发展，挤压人文，导致人的物欲膨胀，伦理与科技严重分离，技术取代感情，平庸取代理想，违背了人的存在意义和人生的价值目标，给社会带来严重的消极后果。科技在大踏步前进时，也甩给人类一系列的问题与后患，人们处于失去生活意义的危机之中。因此，对任何一种自然科学理论，都需要以人文社会科学的情怀为尺度加以衡量和规范，去检查它究竟在多大程度上影响和改变了人类的行为、生活方式以及生命存在。在科学发展越来越快、科学化程度越来越高的时代，必须有一种可以遏制或是平衡的力量，才能使它不至于失控。人文社会科学就是能够遏制科学失控的力量。孟子说：天下溺，援之以道。道就是人文社会科学，就是天地万物都必须遵循的道理和法则，它能作为精神养料给心灵空虚的人以滋润和支撑，能启发民心，劝导世人，唤醒每个人的良知良能，帮助人们修身炼性，恢复自然本性。它的“人是人的最高目的”“以人为中心”的价值取向能给科学技术活动提供一个正确的方向。它的预警作用能减弱人们对科学技术的一味盲从，消化科学技术急速发展可预见及不可预见的后果，使其负面影响被控制在最低限度。

爱因斯坦早就说过：“科学虽然伟大，但它只能回答‘世界是什么’的问题，‘应当如何’的价值目标，却在它的视野和职能的范围之外。”①“应当如何”就是人文社会科学的职责和使命所在，它负责对科学的引导、调控和利用。因此科学的方向如何选定或者如何正确应用科技成果，必须要靠人文社会科学为科学做出前景预测、蓝图描绘和目标确立，去引导自然科学家对自己科学技术活动的价值方向做出选择。正确引导科学技术造福于人类，防止它的不恰当应用给人类造成灾难性或毁灭性的后果。萨义德认为，应该把知识分子的职责想成是时时维持着警觉状态，永远不让似是而非的事物或约定俗成的观念带着走。这其实就是有良知的人文知识分子的神圣职责，同时也是人文社会科学的神圣职责。

---

① 余卫国：《高度重视和大力发展哲学社会科学》，宝鸡社会科学 2003 年第 1 期，第 4—6 页。

张炜也主张，真正的社会整体化科学思维大概是：社会科学第一，理论科学次之，应用科学再次之。没有社科工作者，特别是大量艺术家、诗人来平衡这个社会强大的技术主义，我们的民族会跟随西方，盲目走进一场危险的现代游戏中。美学和其他人文社会科学作为帮助人们走向自由的手段之一，能以真善美的道德精神去指导和约束人类的一切科学活动、经济活动，促进科学精神与人文精神由分离到交融的发展。

人文社会科学负责研究社会，增强和优化国家的社会管理能力，掌握社会发展的主动权，增进对人类行为的了解，能够为科学的民主的决策服务（这决策包括政治决策、经济决策、科学决策、文化决策等所有的决策），为社会发展提供理论和方法论基础。它致力于人的素质培养和开发可靠的智慧知识，旨在指导公众思想，明智处理人类社会存在的重大社会问题，解决人类关系的各种矛盾，为社会勘测和标画安全航行的航道，以促进社会福祉。它往往以社会批判的方式向人们提供清醒的观点和多种改革的方案，使社会向更公正、理性、合理的方向发展。一个社会只要有了健全的人文精神，就一定能通过奋发努力，改变经济、科技落后的状况，而崛起于世。它从精神和文化传统的层面构筑中国人的人生准则与价值观，并凝聚为贯通各民族心灵的伟大精神——中华民族精神，这种重要作用是一切自然科学所无法达到的。

同时，人文社会科学对于增强综合国力，提高民族凝聚力具有无可估量的作用。谈到综合国力，许多人只注意到它所包含的硬件方面，如经济、军事和科技实力，忽略了它还包含着社会向心力、民族凝聚力等软件方面。江泽民同志曾指出，国力包含经济实力、军事实力、民族凝聚力。这三力中，关键是民族凝聚力。因为经济、军事这类力量固然重要，但它只是基础，是一种缺乏目标的散力。必须有一个统领，一个共同目标，将它们聚沙成塔，合而为一，共同奔赴一个目标，才不致成为一盘散沙，不会相互掣肘。古人说："天时不如地利，地利不如人和。"人和就是大多数人们利益、愿望与奋斗目标的融合一致，就是向心力、凝聚力的综合一致，这就取决于大众对人文文化的认同，对共同目标的接纳。

在人类文明发展史上，任何一种新运动的兴起、新制度的诞生、新事业的推进，都离不开新思想、新观念、新理论的指导。人文社会科学就是引导和推动社会前进的强大精神动力。人文社会科学并非空泛的教条、炫目的摆设，而是思想的利器、行动的指南。人文社会科学中的先进文化，代表着时代前进的方向，担负着建立新的价值体系与行为方式，并使之成为全体社会成员普遍认同的日常价值取向与行为准则的重压，为新时代的到来提供着源源不断的思想动力。以马列主义为例,马克思列宁主义无疑是当今人文社会科学中最优秀最有代表性的一种,它注重对实践经验的理论抽象、对事物发展规律的深入揭示、对未知世界的预测探索,因此,它能够使自己的理论,化为千百万无产者的自觉行动,使社会主义实现了从空想到科学,从理论到实践,由一国实践到多国实践的飞跃,极大地改变了世界历史的进程和面貌,引导人类社会不断走向进步。

江泽民总书记曾一再指出,社会科学研究的方向明确与否,社会科学发展状况如何,对人们的思想意识和社会道德风尚、经济建设、社会稳定和发展都会产生巨大而深刻的影响,甚至关系到中华民族的兴衰和社会主义的命运。这是从总揽全局的高度,阐明了社会科学的地位和作用,实在是值得每个人深刻记取的。

众所周知,自然科学作为技术之母和首要生产力,为人文社会科学的发展提供了直接的物质基础与技术条件。但自然科学的顺利发展又何尝有一刻能离得开人文社会科学的帮助。比如,科学生存于一个什么样的社会环境、文化环境之中?是受人尊崇、热爱与鼓励,还是备遭压抑、禁锢与摧残?这是科学能否正常生长、健康发展的首要条件。良好的社会文化环境则是孕育科技创新的温床,是滋养科学蓬勃发展的风水宝地。其次,自然科学人才的培养、战略的选择,处处需要人文社会科学为其制定相关的政策,营造良好的社会环境、社会氛围,提供各种服务与保障。再次,人文社会科学是自然科学特别是科学技术转化为生产力不可缺少的中间环节,它在从科学到技术、技术到产品的转化过程中,始终起着支撑和导引的作用,随时在为科学技术在实践中的运用提供着合理性的论证,为自然科学的发展提供必要的知识与理论。只有综合运用自然科学和人文社会科学的知识以及先进的技术手段,加强对整个人类社会的必要干预和调控,才能找到解决这些重大难题的最佳方案。在当前条件下,应大力发展哪些科学技术、暂缓发展哪些项目、限制或禁止开发哪些项目,都需要经“价值评判”“可行性评估”“战略决策”等人工选择,绝不是仅仅取决于科技本身。科技需与人文结合,听取来自人文社会科学方面的意见。科学的产生、发展取决于从事科技的人、决策者、相关者的思想、情感与精神世界,取决于他们的世界观、人生观、价值观、发展观和人文社会科学理论等深层次的问题。要想达到经济、社会、环境、资源、人口、教育全面协调发展,不仅要处理好人与自然的关系,还要处理好人与人、人与社会的关系,不断提高人类自身的素质、胸怀与眼界,只有真正提高了人的科学素质、思想素质和道德素质,多管齐下,全方位努力,一切才可望能妥善解决。

上述观点主要是想通过分析人文社会科学的功用来强调它的基础地位和核

心作用，来促进人们对人文社会科学的重视，决非要用人文社会科学去压制或取代自然科学。只有真正把人文社会科学的效用弄清说透了，才能让全社会的每一个成员、每一个团体、每一级组织都自觉地重视它，用科学态度对待人文社会科学，并努力提高它在整个科学中的地位和作用。其实，科学与人文本身就是两种联系紧密的力量。科学中有人文的因素，人文中也必然含有科学的因素，想把两者截然分开是很困难的。没有人文的科学，是无头脑无灵魂的科学。两者之间的沟通交流、相互结合、互补互动，既是人类社会发展的需要，也是它们自身发展的需要。只有相互促进、推动，才能求得各自的新拓展。在新的21世纪里，科学对社会和人类的影响越来越大，科学发展的整体化趋势也愈演愈明，自然科学与人文社会科学的相互渗透、相互作用、相互转化也越来越深刻。因此，我们要用辩证精神注意两个方面的相互影响及其变化，探索符合自然科学与人文社会科学的总体发展规律，不能顾此失彼。

五　具有特殊功能的大学学报

大学学报在中国具有特殊的功能，是囊括大众、网罗众家的高等学校的学术产物。高等学校拥有众多的研究人员，在学术研究中要公布、发表、推广和应用研究成果，这个功能需要有个特殊的载体来承担，同时，为了谋求学术研究的进一步发展，就要有专门的平台，使研究人员就学术问题进行交流、探讨与争辩，并借此了解相关学术发展的前沿与动向。在这样的背景下，作为发表大学师生研究成果的学术刊物——学报，就应运而生了。所以，学报既是大学学术研究成果的结晶，也是学术研究发展需要的必然产物，是高等学校学术成果的集中和反映，这种集中和反映，必须是为了谋求学术的发展和社会的改造。因此，对学术期刊的研究，不能缺失大学学报这个重要的环节。大学学报是学报的一个分支，是一种由高等院校定期出版的学术性刊物，它是在中国近代的大学和学报逐渐兴起的基础上产生的。是学术期刊与中国特色相结合的产物，也是历史的见证。

对于一个大学来说，它是一面旗帜，也是一块学术争鸣的阵地。由于它经常发表一些最新的学术研究成果，在传递科研信息、进行学术交流、传播文化科学知识、保存古籍和历史文献方面都有不可忽视的作用。一些优秀的论著经过学报刊出，就会得到社会的承认，一些重大的发明创造和一些新见解、新技术，一旦被社会某些部门采纳，就可以转化为生产力，产生经济效益和社会效益，成为繁荣社会主义文化科学、建设两个文明的重要力量。五四时期蔡元培在北京大学创办的《北京大学月刊》，对推动当时新思想、新文化的传播，促进北京大学的学术研究起了很好的作用，也为后来许多大学学报的创建提供了有益的经验。因此，办好学报理应是学校的一个重要工作。如何正确认识学报，学报的属性与特征是什么，也是需要我们着重关注的问题。

学报是学术期刊的重要组成部分，属于学术期刊的范畴，这是被学术界公认的。关于大学学报的属性和特征，学术界已有比较深入的讨论。之所以能引起关注，原因在于：一方面，对高校学报性质的认识影响办刊方针；另一方面，与高校学报的快速发展特别是不同类型学报的发展有关。针对这一问题，有人认为学报的主要的、突出的特性就是其学术性和内向性；也有人说，学报的第三个特性，即覆盖学科的综合性；还有人提出，读者对象的有限性也应该被承认是学报的一个特性。有学者指出："对于学术性，所有的研究者都没有分歧，再继续找出学报与其他刊物相区别之处，就可概括出学报的特性。"①徐久刚将学报与其他刊物进行比较，得出的结果是："学报与其他刊物相区别的是其高校性。高校性中的全校性把学报和学校的系、所办的学术刊物相区别，高校中的内向性把学报和其他受有关学会委托而由学校承办的不具有明显内向性的学术刊物相区别，高校中的全面性把学报和由学校主办的专门性学术刊物相区别。总之，学术性、高校性是学报缺一不可的两个根本特性。"②徐镇强同志提出：作为具有一定权威性的学报，自然也必须克服其内向性，实现其开放性，这才是根本。在这个多媒体融合发展的时代，开放是一个发展的趋势，但将其作为大学学报的根本特性，有失偏颇。不管怎么说，大学学报的本质属性应该是一种由高等院校定期出版的学术刊物。笔者认为，任何事物都是由许多特性组成的统一体，只有从多角度多层面上分析，才会对它有全面准确的把握，对学报属性研究也不例外。

不能否认许多学者在学报定性问题上所表现出的热情和执着，以及为学报性质问题所做的努力。学报是学术期刊，这已是人们达成的共识。但是，学报的内向性仅仅是学报的表现形式之一。之所以有内向性，原因在于"西学东渐"之后，我国早期的学术期刊皆为科普和专业性期刊。由于其种类较少，造成涵盖面相对局限；又由于其专业性比较强，所以难以出现像大学那么广泛的学科门类，这样，大学教师的科研成果就很难发表，他们也就少了与其他学界同仁交流的机会。另一方面，高校学报是高校主办的，以发表本校教研人员的学术成果为主，

①② 王国平、熊月之：《最早的中国大学学报——东吴学报创刊号〈学桴〉解读》，《苏州大学学报》（哲学社会科学版）2006年第3期，第7—11页。

这是学报区别于其他期刊的内向性特征——以内稿为主,自我为主。把内向性作为高校学报的基本特征,来区别于其他学术期刊、科普文教学刊,在服务本校科研教学等意义上是对的,但作为学报的基本特征,就不见得准确。自《北京大学月刊》创刊之始,就没有排斥外稿,目前情况下完全不使用外稿的学报更是寥寥无几。而一些综合类期刊则主要以普及和推广西方科学为主要目的,很难接受比较晦涩难懂的学术成果。所以大学学报是为满足本校师生教学与科研的需要,顺应历史发展潮流而自然产生的一种学术期刊。这也是人们在概括学报本质属性时所说的学术性和内向性。至于徐久刚同志所谓的高校性、由高校定期出版的学术刊物之类的定性,应该说是一目了然的事,思路是正确的,虽然我不完全同意他所得出的结论。诚然,目前我们还不能洞悉事物更深层次的规律,不能将事物科学地、规律地完全分类归纳出来,但我们知道,大学学报大类上归为出版物,在出版物这个大类中归属于期刊,在期刊中它又属于学术期刊。这样一划分,根据同类事物中各个事物间的共性和个性的法则,隶属于学术期刊的高校学报,必然要具有学术期刊区别于其他期刊的根本共性:学术性。基于这一思路,再找出学报区别于其他学术期刊中的个性,就可以较为圆满概括出学报的特性了。

首先分析一下诸多学者提出的内向性问题。学报的"内向性",即学报应以反映和发表本校的教学和科研成果为主,甚至有些学者提出学报的内外稿比例应是内稿占 2/3,外稿占 1/3。其实,以现实和发展的眼光看,就各个高校的不同情况而言,对这一问题有必要进行重新认识。我国大学学报,在创办之初确实是以反映和发表本校的科研成果为主的,具有极为明显的内向性。但随着人们对学报学术性的重视,随着信息化手段的不断普及,学报的内向性严重束缚了学报的发展。在现代"知识爆炸时代""信息社会""地球村""互联网+"的社会大环境下,学报的办刊人和广大的科研工作者的"入世"意识不断增强,随着学报的发展和学术质量的不断提高,许多学报相继被国际上著名的数据库收录,且在数量上呈上升趋势。例如,截至 2011 年底,国际上通行的索引机构,如波兰《哥白尼索引》(Index Copernicus,简称 IC),对收录期刊的地域分布以及收录中国期刊的变化,特别是收录中国高校学报的 ICV(Index Copernicus Value 简称 ICV)情况表明:《哥白尼索引》2004—2011 年 11 月底累计收录中国期刊 557 种,其中大陆地区 540 种,香港地区 11 种,台湾地区 6 种;活跃期刊 455 种,包括 114 种高校学报;德国 Zentralblatt MATH(《数学文摘》)是当今数学领域内持续时间最长的文献检索服务系统,收录世界大约 3000 种系列期刊。我国进入 Zentralblatt

MATH 系统的期刊有 130 多种，其中高校学报为 73 种。世界各大检索系统及收录期刊数据库有很多，在此就不一一列举了。虽然这些数字化数据不能准确表示我国学报的发展方向，但却肯定了我国学报取得的瞩目成绩。学报的内向性发生了根本的变化，它的开放是全方位的。

其次，再来说说综合性问题。对以发表科研成果为主的学术期刊来说，“综合性”本身就是一个模糊的概念。科学发展的今天，各学科之间的渗透都很厉害。尤其是在社科类学术期刊中，那种只研究一两门学问的单一期刊很少。而学报则从创办之初的综合性里走出来，为适应社会的需要，逐渐缩小其包容性，突显出几个重点学科的特色。这种专门的学术期刊综合化，使综合性难成学报的特性。

作为有一定权威性的学报，不断从内向性走向专业的综合性与开放性，这是必然的。而大学学报区别于其他期刊的特性除了它作为学术期刊所具有的共性学术性外，还具有什么样的根本属性呢？从大学学报的历史和现实角度分析来看，依托性才是其根本，是区别于其他学术刊物的属性。原因有两点。首先，学报必然也必须依托于本校的学科与科研。学报依托于学校的特色学科，确定选题，组织稿件，形成办刊特色。既要让本校的“精华”走向社会，也要让社会的“精华”走进本校，促进学术研究的发展。从这个意义上来说，内外稿的比例问题不再重要了。只要把握住依托性，将办刊方向导向自己所依托的本体，办出学报特色，学报的生命力就会越来越强。其实，这种依托性从学报的产生就已经存在了。比如属社科学术期刊的《北京大学月刊》，它在创刊时有极强的综合性，但它的重点还是在北京大学科研成果突出的文学、史学、哲学等几个学科。《北京大学月刊》正是依托这几个学科，形成了自己的特点。《国学季刊》更是如此。它依托于北大强有力的国学研究队伍，广泛联系国内外的国学人才，形成了自己的办刊特色。新中国成立后，在 50 年代初期以《文史哲》为代表的一批学报，还有现在的学报，也无不是依托本校的特色学科，联系社会，走向社会。其次，学报的依托性也表现在它对所在地特色的依托上，服务于地方的区域特色。由于所在地不同，学报必然受到不同政治、经济、文化、历史的影响。

写到这里，学报的特性应该已经非常清晰了，即学报是学术期刊的重要组成部分，是依托于学校与地方特色的以发表科研成果为主的平面媒体。

第五章　人文社科类学术期刊的影响力

一　何为学术期刊影响力

随着知识经济的兴起以及国际学术交流的进一步深化，作为知识传播和成果报道主要载体的学术期刊的作用正得到日益充分的展现。作为一种重要的文化现象，我国的学术期刊经过了300多年的发展，数量大幅增长，目前已有9800多种，质量也有不同程度的提高，学术期刊的功能得到越来越全面的发展。与此同时，学术期刊的学术影响力测评也呈现出从政府主导的行业评比到今天的用科学指标评价的发展过程。众所周知，学术影响就是在学术方面产生的影响，包括对人和对该学术专业的理论和实践等的影响。学术期刊的学术影响力可以简洁表述为期刊在其专业领域的地位或影响力。它是以学术期刊的学术水平、学术特色为根本，以社会信誉度与读者认可度为标志所体现出来的一种综合性效果，它与学术期刊的质量、特色以及社会信誉度和读者认可度密切相关。它既属于哲学认识论或科学社会学的概念、范畴，同时也可以是文献计量学的概念、范畴和指标。当从后者来定义和解析时，一般通过概率论、矩阵分析、网络分析、图论和聚点分析等数学工具对期刊数、论文数、引文数进行定量分析和研究，评估学术文献及其载体——学术期刊所体现的学术水平和发展趋势，揭示科研热点、前沿课题和前沿学科。目前通行的学术期刊影响力的评价指标一般有影响因子、期刊总被引次数、平均引文率、他引率、期刊被引半衰期等，它们从文献计量学的角度出发，测度和评价了学术期刊的学术影响力，反映出学术期刊在科学发展和文献交流中所起的作用，其结果微观上会影响办刊思想以及科研人员的投稿取向，宏观上会对科学文化技术的发展与交流产生重大影响。

学术期刊的质量与学术期刊的影响力之间关系密切。学术期刊的质量尤其是学术质量是学术期刊产生影响力的基础和动力源，决定着学术期刊影响力的有无及其大小。一份学术期刊的质量尤其是学术质量愈高，愈易受到学术界的关注，愈易被更多的专家、学者阅读、接受，其影响力就可能愈大；反之，一份学术期刊的质量较低，无人问津，就很难或者根本无法产生影响力。所谓学术期刊的质量，主要是由该期刊刊发的学术论文的学术水平、创新价值决定的；学术期刊的质量是内在的东西，而学术期刊影响力则是其外在的显现，是其客观效果。

学术期刊的特色也与学术期刊的学术影响力关系密切。学术期刊不仅应刊发高水平的学术论文，而且还应彰显其人无我有或人有我优的独有的学术特色；有无学术特色及特色鲜明与否，也在某种程度上决定着学术期刊影响力及其大小。大量事实表明：一份有学术特色、内容与众不同的学术期刊，愈容易受到读者青睐，愈可能产生较大影响力；相反，一份学术期刊如无内容上的重点，或有重点不能持续开展研究，各学科、专业研究平分秋色，面面俱到，就很难产生学术影响力。

学术期刊影响力不仅以学术期刊的学术质量、学术特色为立命的基础和前提，而且也以其学风、文风的端正、严谨所塑造的品牌为保证。一份学术期刊只有坚持学术创新、求真求实、严谨治学，严格审稿把关、精细编校，保持学术高品位，文字表述生动、准确、流畅，才会在读者中、社会上形成良好形象，从而为读者所信任、接受。反之，如果一份期刊不讲质量，不守学术道德规范，不严格把关，发表关系稿、人情稿，甚至刊发剽窃、抄袭他人成果的文章，文字表述粗疏、漏洞百出，就难以被读者、社会所认可，就难以产生影响力，会被大家所唾弃。

学术期刊影响力在很大程度上也决定于学术期刊的社会信誉度与读者的认可度。作为一种精神文化产品，学术期刊影响力应当也有必要接受读者、市场的检验，以专家、学者等读者受众欢迎不欢迎以及学术评价机构、同行专家是否认可作为其是否具有学术影响力及影响力大小的重要标志。学术期刊的学术影响力是根本，是第一重要的、内在的东西，而其社会影响力和读者认可度则是学术影响力的派生物，是由学术影响力决定的。学术影响力的大小决定着社会影响力的大小：学术影响力大则社会影响力就容易大，学术影响力小则社会影响力小。

二　学术期刊影响力的构成要素及评价

（一）学术期刊影响力的构成要素

关于学术期刊影响力的构成要素，学术界尚未见人专门研究。但有关观点可以从对核心期刊以及各种学术期刊质量或学术期刊影响力评价标准的研究中见出。对此，目前学界有不同的看法和做法，有学者从学术期刊评价标准的角度将其概括为两大体系，即多指标体系与单指标体系。多指标体系以北京大学中文核心期刊与中国社会科学院核心期刊评价体系为代表，称为北系；单指标体系以南京大学《中文社会科学引文索引》(CSSCI)评价体系为代表，称为南系。北大与中国社会科学院的评价体系认为，构成学术期刊影响力的要素有被索量、被摘量、被引量、他引量、被摘率、影响因子、获奖或被检索系统收录情况、基金论文率、web 下载量等 9 项。南大系统采用被引指数评价学术期刊的学术质量与影响力，该系统对被引频次、影响因子、半衰期、影响广度四项进行测评，从中可以见出南系关于学术期刊影响力构成要素认定。

综合各机构与学者的研究，总结构成学术期刊影响力的要素包括以下三个方面。其一是学术期刊的学术影响力，包括两项：一项是体现在学术期刊的被引率、影响广度、转摘率、获奖率以及高影响力论文率等客观数据上的学术创新水平；另一项是特色化办刊的效果。学术期刊无论是专业性或是综合性的，都存在一个在本学科专业领域或相关多学科专业领域内形成本刊内容特色，以至成为有关学科研究人员研究某一问题必读的文献，即形成自己的品牌栏目、有影响力的研究领域。这是决定一份学术期刊是否具有影响力以及影响力大小的一个十分重要的因素。其二是学术期刊的社会实践影响力，主要体现在学术期刊发表论文的观点、理论是否为经济、社会发展提供了理论支撑，或提出的意见、建议是否被政府采纳或作为决策参考等。其三是学术期刊的社会信誉度与读者认可度：社会信誉度包括期刊获奖数量及等次，选收核心期刊及国内外重要数据库的情况以及有关媒体机构与同行专家的评价等；读者认可度包括期刊印刷版的国内外发行量、中国知网等电子媒介国际国内传播情况以及网上访问量等。

(二)学术期刊影响力的评价

关于影响力的评价，国外学者对期刊学术影响力的研究方法主要有两种，即主观评价与客观评价，国外学者称之为状态偏好研究(Stated preference studies)和显示性偏好研究(Revealed preference studies)。

按照状态偏好研究的观点，人们对同一事物的感知状态是不同的。因此，被测试的反应者(Respondents)对出版物质量的不同认可程度可以被用来对期刊做出评价。专家意见调查法是这类研究的主要方法，该方法通常向一些专家发放调查问卷，征询他们对期刊的评价意见。Coe 和 Weinstock 在 1969 年对管理科学期刊率进行综合评价时,率先采用了专家意见调查法。他们还于1984年评分排名16种期刊论文的作者成就时采用过同样的方法,当时有188个AACSB立案机构的管理系主任收到了他们发出的调查问卷,事后,依据回收的114份有效问卷,16种期刊的名次得以被排出。客观地讲,作为主观研究方法的专家意见调查法,个人喜好等主观因素难免对最终评价结果产生影响。比如,某些被调查者可能只对自己感兴趣领域的期刊熟悉,另一些被调查者会对自己曾发表过论文的期刊给予更多的积极评价,同时习惯于认为更低的论文接受率是期刊高质量的原因(Extejt & Smith,1990)。不难看出,专家意见调查法中个体认知态度的差异难以通过调查设计来避免。有鉴于此,20世纪90年代以后这种方法已经较少使用了。

显示性偏好研究通过可观察到的行为来确定一个合理性的原则,在评价期刊质量时,依靠特定期刊文章对已出版文献的引用,以克服状态偏好研究的主观性。20世纪50年代,受苏联发射第一颗人造卫星的刺激,美国政府的科技情报收集和研究工作得到了进一步加强,科学情报研究所(Institute of Scientific Inform,简称ISI)得以成立。其创始人之一加菲尔德(E. Garfield)博士为了创立一个引文索引系统,认为在选择一些被引率高的刊物时应该有一个比较简单的方法以比较不同期刊之间的好坏,“影响因子”(IF)参数于是得以发明。除此之外,科学情报研究所还设计了两个重要参数:“即年指标”(Immediacy Index)与“被引用半衰期”(Cited half-life)。1963年,上述参数被ISI首次运用于对科技期刊的评价分析中,发布出版了《科学引文索引》(*Science Citation Index*,简称SCI)。此后,20世纪70年代,该评价体系被ISI进一步拓展应用,开始对不同国家和地区的社会科学期刊进行评价分析,发布了《社会科学引文索引》(*Social Sciences Citation Index*,简称SSCI)。

与专家意见调查法相比,应该说上述引文分析法要客观得多。因此,对学术期刊学术质量的评价越来越多地开始采用引文分析法。得益于ISI庞大而全面的引文数据库以及科学客观的评价体系,ISI每年定期出版发布的SCI和SSCI在国际上具有很大的影响力。不过我们需要看到,引文分析法虽比专家意见调查法客观,但偏差仍然难以完全避免。比如,选择的来源期刊不同,会直接影响到引用资料。如果来源期刊覆盖的范围不够,其必然会对期刊影响力的评价产生制约;期刊的排名结果也会由于研究者设计评价指标的不同而不同。

除了美国的科学情报研究所以外,一些其他研究者也经常使用引文分析方法。1984年,Sharplin和Mabry在对两种最重要的管理科学期刊(ASQ和

AMJ)1980—1983年刊登论文引用文献的分析基础上，以引用次数作为评价指标，评价出前20名的管理科学期刊，并以此作为样本，对这些期刊各自的影响指数(The article impact index，即A index)和影响效率指数(The impact efficiency index，即E index)分别进行计算。2008年，Markpin等人设计出“论文—计数”影响因子(Article—count impact factor，简称ACIF)，其目的是比较影响因子的值，因此过去两年的数据也就成为ACIF的计算依据。Markpin等人通过比较发现，和影响因子相比，ACIF的结果和变化趋势几乎完全一致，但如果对影响因子相同或类似的期刊质量进行评价时，ACIF的优越性就会变得明显。

总的来看，有关期刊评价，国际上目前通用的一些标准主要包括：(1)期刊是否是公开出版物。筛选来源期刊时，为了确保编辑质量，必须具有国内统一刊号与国际标准连续出版物编码(ISSN)；(2)期刊的主办方；(3)同行专家评审制度；(4)编委成员的组成以及他们是否在本刊上发表论文和论文数量；(5)各类文献的刊载数量；(6)获得基金资助的论文数量；(7)期刊的流通利用情况；(8)期刊刊载的论文被引用情况；(9)SCI、SSCI等世界权威检索工具对期刊的收录情况。

而在国内，对于学术期刊的评价(包括学术期刊影响力的评价、学术期刊质量的评优尤其是对学术期刊核心期刊的遴选等)的研究成果也颇多，观点分歧也较大，如有学者就对近年来比较流行的以量化评价为主的期刊评价方法颇有质疑，甚至持尖锐的批评态度。我认为评价学术期刊的影响力，最关键的是在构建一个相对科学、合理、可行的评价标准及评价指标体系。总结、梳理近年来学术期刊影响力评价指标的有关研究，有以下三种有代表性的观点。

第一种观点，认为要有效构建学术期刊影响力的评价体系，应引进学术辐射力和市场占有率两个主要指标。有学者认为，学术辐射力可以通过总被引频次(从期刊创刊至今发表的论文在统计当年被引用的总次数)、即年指标(某种期刊当年发表的论文被引用的总次数与当年发表论文总数之比)和基金产文率(该指标为期刊中基金资助项目的论文与论文总数之比)等主要指标综合评价学术期刊的学术水平和学科地位。而市场占有率表征学术期刊对用户的作用，是体现学术期刊在市场竞争中地位和可持续发展潜力的一个重要指标，可用市场有效容量表示。市场有效容量等于某刊实际发行量与本学科领域同类期刊当年发行总量的比值。读罢该文，我们认为有两个问题需要加以讨论。首先，从大的评价体系着眼，将学术期刊影响力的评价指标仅仅局限在学术辐射力与市场占有率两项，有失偏颇。根据多年编辑学术期刊的体会，笔者认为评价学术期刊的影响力，除上述两项指标外，起码还应包括社会实践影响力以及学术期刊的社会信誉度等方面。其次，仔细分析论者的上述观点，其有关学术期刊学术辐射力和市场占有率两项指标的内涵亦存在不妥之处。一是学术辐射力仅局限在被引频次、即引指数、基金论文产出率三项，显然不够全面且不尽科学合理。其不全面之处在于缺漏了公认的影响因子、论文转摘率、获奖率及高影响力论文率等表征学术期刊学术水平和影响力的重要指标。二是以市场占有率评价学术期刊的学术影响力，应是十分重要的指标，但是从其具体内涵看，缺漏和局限性明显。事实上，决定学术期刊在读者、社会上的地位和影响力，除了其用户、发行量等市场占有情况外，还应看其是否受到同行专家（包括学科专家、期刊专家）的认可和肯定性评价以及被国内外核心期刊、重要数据库收录情况，政府及行业机构组织的期刊评优中的获奖情况等，应做多方面的考察、评估。另外，“市场有效容量”仅以发行量多寡做依据，未包括中国知网等网上传播情况以及读者点击率、下载率等，访问量也显得过时。

第二种观点，认为学术期刊影响力的评价应采用国际上通用的指标，提出高影响力学术期刊应具备三点：一是读者群和发行量大；二是被国际权威检索系统或数据库收录；三是刊载的论文被引率高。由于该文主要是对我国学术期刊的国际影响力做分析的，故并未对一般（或普遍）意义上的评价指标做深入具体分析，如讲检索系统或数据库收录，只提到国际权威机构而未涉及国内核心期刊或相关来源数据库。作为对学术期刊影响力评估的指标体系，该文所提出的三项标准虽能抓住重点，击中要害，但却缺乏全面、系统及应有的概括高度，缺项漏项较多，如对能体现学术期刊学术影响力的重要指标只以点代面，仅提到被引率，而对论文转摘率、获奖率、基金论文产出率、高影响力论文率以及学术特色化的程度等均未涉及，对学术期刊的社会实践影响力也未涉及，这些都需要做大的补充、完善。

第三种观点是认为学术期刊影响力的评价指标体系应包括两方面内容：一是被引用情况，具体指数可采用南大的《中文社会科学引文索引》的四组指数，这种方法可以较为客观地反映学术期刊的学术影响力；二是被采纳（或采用）及其实践效果情况，具体指标内容或数据采集处理有待进一步研究。该文提出以学术期刊的学术影响力和社会实践影响力作为评价学术期刊影响力的指标，可以说是抓住了学术期刊影响力评价的关键指标，但所提出的具体内容或不全面，或模糊笼统，需要再研究并补充。

针对以上观点，我认为对建构学术期刊影响力的指标应是科学、全面和具有可操作性。具体应包括三个大项。

第一，学术影响力。具体体现在两个方面：一是学术创新水平，这是决定学术期刊影响力的基础，也是根本。学术期刊影响力来源于其学术水平，尤其是学术论文的创新观点、新颖资料、深刻而充分的论证等等。一份学术期刊刊发的学术论文如无学术创新价值和一定的学术水平，其学术影响力就无从谈起。所谓学术期刊的学术水平、学术价值，如做客观评价应主要体现在其刊载的论文的转摘率、被引率（包括被引频次、影响因子、五年影响因子、当年即引指数）、获奖率以及发表的高影响力论文的数量及比率。在对学术期刊质量的评价中，能够决定一份期刊学术水平或学术影响力的最重要的指标应是其发表的高影响力论文的状况。关于高影响力论文的标准，我们可以从组织基金论文、跟踪课题等方面入手，因为基金论文多是科研团队共同研究的科研成果，往往具有观点新颖、方法科学、结果可靠、结论正确，具有被引用、推广和应用的价值。好的基金论文会引起该学科内的巨大反响，提升学术期刊的影响力。另外也可关注科研院所、重点高校具有高质量成果产出的条件支撑，跟踪这些部门的课题进展和科研人员的动向，吸引博士生导师、国家级人才计划、重点实验室带头人及学科带头人的原创性实验论文，以提高学术期刊在国内、国际的知名度与影响力。二是学术特色。这也是决定学术期刊影响力的重要指标。它包括学术期刊内容上的特色以及装帧设计和印制等形式上的特色。一个高水平、高品位的学术期刊，不仅应具有很高的学术水平，内容上有价值，而且应当在栏目的策划设置、学术个性特色及编校质量，封面、版式以及印制的精良等方面综合性地显示出自己的特色和高水平。如《中国社会科学》《文史哲》《北京大学学报》等学术名刊的影响力主要来自于它们长期形成的注重人文社会科学基础理论问题研究的鲜明学术特色；而作为一所普通高校或地方高校主办的学报《广西民族大学学报》《浙江树人大学学报》《嘉兴学院学报》等，之所以入选教育部名刊工程，是因为结合了地方特色，充分挖掘地方特色、打造并形成自身栏目，能大大提升学术影响力；而某些规模不大的地方院校如湖南理工学院学报《云梦学刊》、安阳师范学院学报《殷都学刊》、《孝感学院学报》等之所以近年来在学术界产生较大影响，是因为它们分别在当代学术史研究、甲骨学、古文字学研究以及孝文化研究等领域形成鲜明的内容特色。

第二，社会实践影响力。积极参与研究、解决我国改革开放和现代化建设中提出的重大理论与实际问题，为党和政府的决策提供理论指导和智力支持，促进经济建设发展和社会文明进步，这是新时期以来国家赋予我国人文社会科学研究的历史任务，也是人文社会科学学术期刊应自觉担当的社会责任。由此，评价一份学术期刊的影响力，应当特别看其在研究解决涉及国计民生的重大现实问题上的贡献与价值。大量事实表明，凡是重视研究重大社会现实问题，为促进经济建设、社会发展提出了有价值的意见、建议，其观点、结论被政府用作决策参考的论文及其载文期刊，都会引起社会反响，受到学界和社会的关注。如改革开放之初，发表在《光明日报》上的《实践是检验真理的唯一标准》一文，就为冲破“两个凡是”的精神枷锁，发动我国思想解放运动，乃至开启改革开放和以经济建设为中心的新时期做出了重大贡献，产生过重大的社会影响。再如，著名经济学家吴敬琏、刘国光、胡鞍钢等人的许多研究成果，虽被引率不能排名本学科前列，但其建议被政府采纳，用作决策参考，其社会实践影响力十分广泛。《陕西师范大学学报》（哲社版）多年来在坚持以学术为本的前提下，十分重视从各学科角度研究、解决现代化建设中提出的重大现实理论问题，如 20 世纪 70 年代发表的兰州军区的课题成果《秦始皇直道遗迹的探索》，20 世纪 80 年代发表的《论西安周围诸河流量的变化》，20 世纪 90 年代发表的《论西安建都的朝代问题》等，或直接服务国防建设，或为从根本上解决西安水源提出了有价值的建议，或为陕西省、西安市对外宣传提供了权威的结论，被省、市政府采纳并组织专门工作机构予以落实，在学术界、社会上产生了很大反响。该刊也因致力于“历史地理学”学科的研究，被《光明日报》等发文给予高度评价。

第三，社会信誉度和读者认可度。这也是评价学术期刊影响力十分重要的指标。其内容具体包括学术期刊获省级以上政府出版奖、期刊奖的获奖情况，期刊被有关学术评价研究机构或图书情报机构的认可程度（如入选中国期刊方阵、国家或者省市名刊建设工程、收入国内外有影响的期刊数据库及核心期刊、统计源期刊等），国内外有关媒体、学术机构或同行专家、学者个人评价情况（主要是报刊肯定性评介文章及专家的贺词、贺信及其他评论文字），以及期刊在国内外的传播（如中国知网的海内外传播情况，网上阅读、下载等访问量）、发行效益情况等。

三　学术期刊影响力评价中应处理的几种关系

要科学、准确地评价学术期刊的影响力，有如下几种关系需要正确地认识和处理。

（一）学术论文影响力与学术期刊影响力

学术论文影响力与学术期刊影响力两者的关系密切但又有很大的不同。学术期刊影响力是一份期刊整体学术水平、学术特色和社会效果的综合性体现，其评价的对象是某一份学术期刊，其影响力与编辑主体的水平、工作努力的程度密切相关。评价学术期刊影响力的项目如上文所论不仅包括期刊学术内容的创新价值等内在质量，而且涉及期刊的外在质量以及社会信誉度与读者认可度等方方面面。而学术论文影响力评价的对象则是某一篇具体的论文，其评价的项目主要是学术内容即学术创新性、科学性及其对学科建设和经济社会发展具有的价值。学术论文的影响力体现的是作者的学术创新水平和文章的研究深度，与发表论文的学术期刊的影响力有关，但两者间并没有必然联系，并不具有正相关性。一般说来，一份期刊发表的具有较高水平及较大影响力的论文数量愈多，该刊的学术水平也就愈高，影响力也愈大；反过来，有较大影响力的学术期刊发表的论文大多都有较高水平，因而容易产生较大影响力。但必须指出的是，并非发表在影响力大的学术期刊上的每篇论文都有较高水平或较大影响力，更不能说发表在影响力不大的学术期刊上的论文就一定水平不高，不会产生学术影响力。目前，在我国许多高校、科研机构普遍实行以期刊等级评价学术论文水平，认为凡是在所谓权威或核心期刊发表的论文都是高水平，都可获得单位的奖励，在评职、考核、聘任时得到认可，而在一般期刊发表的论文往往不被认可，即是混淆了学术期刊的办刊水平及影响力与学术论文水平及影响力二者间的不同造成的误区。这种认识及评价制度值得研究和改进。

（二）影响因子（或被引率）与学术期刊影响力

决定某一事物性质的往往有多种因素。影响因子（或被引率）的确是可以相对比较客观地决定学术期刊影响力的重要因素，但并非唯一因素。正如上文已讲到的，如果主要以影响因子高低评价学术期刊影响力的大小，可能因期刊所涉学科专业的不同，期刊性质、类型的差异，出现很大偏差。如人文学科与社会科学不同学科专业、现实问题研究与古代问题研究、基础理论研究与应用开发研究等研究对象的差异以及综合性期刊与专业性期刊等期刊性质类型的不同，导致评价中缺少可比性，从而造成评价结果的不公。一般说来，从学科专业看，社会科学的被引率、影响因子比之人文学科要高；从研究对象看，现实问题、基础理论问题研究的被引率、影响因子比之古代问题、应用开发问题研究要高；而从期刊的性质类型看，专业性期刊的被引率、影响因子比之综合性期刊要高。学术期刊影响力本身是一个涉及多种因素的十分复杂的现象，因此，对其评价在实际操作层面上应特别注意避免方法的简单化和指标的单一化。

（三）核心期刊与学术期刊影响力

核心期刊的概念来自国外，布拉德福认为，对于某一学科或某一主题来说，大量的该学科或主题的研究论文分布在少数期刊中，而其他少数的该学科或主题的论文却分布在大量的期刊上；他以彗星的结构比喻核心期刊，将那些刊载大量某一学科或主题论文的少数期刊比喻为慧核部分，从而提出期刊中存在着一个核心区。布氏最初关于核心区的概念只涉及论文的分布状况，并未涉及对期刊的评价。加菲尔德从20世纪70年代开始了核心期刊的遴选，由此核心期刊具有了评价期刊的功能。我国学术期刊评估体系的建立始自对核心期刊的研究。20世纪90年代初，北京大学图书馆研制的《中文核心期刊要目总览》内部出版。此后，中国社会科学院文献信息中心研制出版了《中国人文社会科学核心期刊要览》、南京大学中国社会科学评价研究中心研制了《中文社会科学引文索引》(CSSCI)来源期刊库（实质为核心期刊）。对于研究遴选核心期刊的目的或指导思想，《中国人文社会科学核心期刊要览》(2008年版)的表述是：某学科（或某领域）的核心期刊，是指那些发表该学科（或该领域）论文较多、使用率（含被引率、摘转率和流通率）较高、学术影响力较大的期刊。《中文社会科学引文索引》(CSSCI)的表述则是：入选期刊是社会科学领域内各个学科中水平较高、社会影响较大、编辑出版较规范，且能体现各学科最新水平的重要学术刊物。《中文核心期刊要目总览》(2008年版)则表述为：某学科核心期刊是指发表该学科论文数量较多，文摘率、引文率、读者利用率相对较高，在本学科学术水平较高、影响力较大的那些期刊。由此可见，评选、评估核心期刊（或类似核心期刊的来源期刊），其主要目的是反映、评价学术期刊的影响力。评价学术期刊的影响力，应当十分重视各评价机构遴选出的核心期刊，将其作为重要参考，但是，正如上文所述，目前我国核心期刊评选的标准和评价指标尚存在明显偏颇，值得继续研究并加以改进。这一点学界和期刊界可以说已基本上达成了共识。虽然大家也承认，现有的核心期刊大多数质量较高、学术影响力较大，但是对学术期刊影响力的评价，是一项范围更广泛的学术评价活动，它既包括核心期刊也涉及大量非核心期刊，每一份学术期刊都存在着影响力评价的问题。应在不断地总结、吸收核心期刊研制中的有益经验和做法的基础上，通过深入的研究、探讨，制定出一个具有普遍性的学术期刊影响力的，更为科学、合理、公正的评价标准和指标体系，这是当前摆在学术界、期刊界学人面前的一项重要任务。

(四)传播方式与学术期刊影响力

学术期刊的影响力与学术期刊的传播方式等密切相关,其中涉及两个问题。一是期刊的语种以及传播途径等影响到学术期刊的影响力。作为学术期刊,其内在的学术水平及价值在稿件确定以后基本上可以判定,但期刊的影响力除了主要决定于其内在的学术水平及价值之外,还与文本的语种以及传播的途径等关系密切。一个十分明显的事实是:在国内,汉语言文本期刊与少数民族语言文本期刊传播效果不同;在国际,英文语种期刊与汉语言文本期刊的传播效果也是不一样的;传统媒介时代纸介质期刊传播与在当今新传播语境下的网络版期刊的传播效果更是差别很大,由此也决定了其影响力的大小与高低。二是传播的时滞也影响到学术期刊的影响力。譬如一份学术月刊相比双月刊、季刊,就容易产生较大影响力。近年来,海内外学术期刊界出现了学术期刊优先数字出版的尝试,这将对加快学术期刊传播速度、提高学术期刊的影响力产生革命性影响。据有关专家统计分析,一篇论文刊出后的引用高峰是在第2—4年间,如果将期刊论文的发表时间提前1—2年,将对提高该文的被引率和学术影响力产生重要影响。

(五)定量评价方法与定性评价方法

近年围绕学术期刊质量或影响力评价的方法,学术界、期刊界开展了较多讨论,目前意见仍存在很大分歧。一种观点认为,量化评价方法体现了客观、公正,较之过去以定性为主的评价方法是巨大的进步,是科学先进的方法。而另一种观点则认为,目前采用的量化评价方法,看重的只是一些冷冰冰的统计数据,而忽略了同行专家在评价中的作用,使评估专家变成了计算器。根据笔者多年的办刊实践,对学术期刊的评价,绕开定量的方法是不可取的,也是不可能的。我们可以试想,如果没有被引率,转摘率,获奖率,高影响力论文率,期刊的获奖、收录核心期刊的情况,印刷版发行和网上传播情况的统计数据以及按照一定的权重对之所做的统计、分析和排序,而仅仅由若干同行专家对几十种甚至几百种期刊进行质量、水平的评判,不但这种评价无从下手,而且评价中大家的意见很可能难以统一。必须指出的是,有关定量的数据看似是纯客观的,其实是这些数据的产生,都无不体现、凝结着诸多方面、众多同行专家学者的主观评价,因此,对学术期刊质量及影响力的评价,不仅不能抛开定量评价的方法,而且还应以相当客观、准确、科学的量化统计与综合分析及排序作为重要依据,以此为基础、前提,再进行定性评价,坚持国内外经过多年实践形成的比较成熟的定量与定性相结合的方法。

学术期刊影响力的评价，不仅涉及评价标准及指标体系的建构，还包括评价原则、评价方法等诸多问题，限于篇幅，本文不再讨论。企盼更多同行关注并参与这一问题的讨论，推进这一研究的不断深入。

四 人文社科类学术期刊的影响力

人文社科类学术期刊依据主办者可大致分为三类：一类是由社科研究系统（包括国家和地方的社会科学院、社科联）主办的，例如中国社科院各研究所（含学术出版单位，编者注）的专业刊物《中国社会科学》《历史研究》《哲学研究》《经济研究》等等；一类则是由各高校主办的高校文科学报和社科学术期刊（也包括各部委党校主办的学报或者不冠以学报名的学术刊物），如《北京大学学报》《文史哲》等；还有就是新闻出版企业主办的社科学术期刊，这类期刊数量不多。前两类刊物占社科类学术期刊的大部分，它们最初在办刊宗旨、选题内容、读者对象、作者队伍以及选稿方式等方面有较为明显的区别，随着高校文科学报的不断发展，二者在选题内容、读者对象、作者队伍以及选稿方式等方面的区别已经逐渐消弭，都在为繁荣我国的人文社会科学研究做贡献。

由于历史的、政治的和国情的原因，我国的社会科学是以马列主义、毛泽东思想和邓小平理论为指导而建立起来的，是有中国特色的社会科学，它在很大程度上有别于国外的社会科学。针对我国社会科学学术期刊的特殊性，国家新闻出版署在 1995 年发布了《社会科学期刊质量管理标准（试行）》和《社会科学期刊质量标准及评估办法》，这无疑成为当时评价人文社科类学术期刊的主要法定依据和评价标准。两年后的 1997 年底，在中宣部和新闻出版署的指导和组织下，开展了首届“全国百家重点社会科学期刊”的评价工作，并于 1998 年初公布；在 1999 年底举办第二届评价工作的同时，新闻出版署和国家科技部共同评出了“国家期刊奖”。这些评价体系与上述科技期刊质量评估体系一样，也是从政治质量、编辑质量、学术质量和出版质量四个方面对社科期刊的质量进行综合评价的。

随着人文社科类学术期刊的发展，评估功能也人为地变为学术期刊的功能之一。对期刊等级和学术影响力的评定也应需而生。对人文社科类学术期刊影响力的评价，一些研究者也提出了各自的观点。李正元提出了构建社科期刊评价体系的理论思考；李林平从四个方面分析了社科期刊的学术质量评价问题；徐建华对建立中文社科核心期刊评价体系提出了建议。这些研究在分析我国期刊评价现状的基础上，提出了构建社科期刊评价体系的一般原则、评价指标体系构建方案以及评价中应注意的主要问题等，多只限于基础理论和方法的研究。我们也必须看到，学术成果中所体现的人文精神及其思想性是难以用数学手段测量的，其中蕴含的科学精神和创新性同样是难以测量的。作为社科领域学术成果的载体，社科学术期刊承担着繁荣学术研究、传播学术思想，倡导理论创新、积淀文化知识，评价学术成果、构建学术信用的责任。因此，还可以从这一角度出发，将社科学术期刊的影响力表述为，通过对人文社会现象、社会问题的洞察，揭示与把握蕴藏其间的客观的社会发展规律，从而产生对社会发展的推动力。人文社科类学术期刊需要不断提高学术影响力，而学术影响力的提升有助于社科学术期刊更好地担当责任。

目前较普遍的学术影响力评价方法是文献计量学的方法，即通过一系列的学术期刊评价指标进行适量测度。从这个意义上看，社科学术期刊要在相应学术期刊评价指标的指引下，准确把握指标内涵，从而提高相应的测度指标。目前，国内权威的期刊评价体系共有五个，其中，中国科学技术信息研究所的“中国科技论文与引文数据库”和中国科学院文献情报中心“中国科学引文数据库(CSCD)”面向科技学术期刊，其余三个均面向社科学术期刊，即北京大学图书馆“中文核心期刊”、中国社会科学院文献信息中心“中国人文社会科学核心期刊”和南京大学“中文社会科学引文索引(CSSCI)来源期刊”。中文社会科学引文索引是用来检索中文人文社会科学领域的论文收录和被引用情况，是教育部重点攻关项目。CSSCI 遵循文献计量学规律，采取定量与定性评价相结合的方法，从全国中文人文社会科学学术性期刊中选出学术性强、编辑规范的期刊作为来源期刊，目前收录包括法学、管理学、经济学、历史学、政治学等在内的 25 大类的 500 多种学术期刊。CSSCI 目前只对社会科学中文期刊进行建库处理。另外，中国社会科学院文献信息中心数据库的《中国人文社会科学核心期刊要览》在社科期刊评价领域也有一定的影响力。《中国人文社会科学核心期刊要览》是始于 1996 年由中国社会科学院文献计量与科学研究评价中心研制，该书根据文献计量学的理论与方法，通过对学术期刊发展规律和增长趋势的量化分析，统计出期刊发展和应用中的核心部分，评选出人文社会科学 23 个大学科以及综合学科类的 386 种优秀期刊为核心期刊，其评价范围限于全国高校人文社科学报。值得一提的是，武汉大学中国科学评价研究中心自 2009 年起，正式推出“中国学术期刊评价研究报告”，从定量维度和定性维度两个视角来反映期刊的学术质量和影响力。定量维度的指标有基金论文比、总被引频次、影响因子、web 即年下载率、二次文献转载或收录，定性维度的指标有专家定性评审。

社科学术期刊也很重视期刊评价体系的评价结果。“中文核心期刊”和“中国人文社会科学核心期刊”每 4 年评选 1 次，出版纸质目录《中文核心期刊要目总览》和《中国人文社会科学核心期刊要览》；“中文社会科学引文索引”每年评选 1 次，出版纸质目录《中国社会科学研究计量指标——论文、引文与期刊引用统计》，评价的期刊学科范围和“中国人文社会科学核心期刊”相似，重复率较高；“中国人文社科学报核心期刊”评选周期不定，目前可见 2006－2010 年的核心期刊名录；“中国学术期刊评价研究报告”已推出 2009 年、2011－2012 年、2013－2014 年共 3 次评价结果；“中国学术期刊影响因子年报”每年评选 1 次。这些评价体系的评价结果各异，拥有各自的影响力和权威性。各评价体系每一次更新评价结果都会惹得几家欢喜几家愁，评价结果对学术期刊的价值不断强化、放大，背后潜藏的各种直接和间接利益则加剧了这一现象。

相对于期刊应用部门与科研评价机构来说，期刊的影响因子和被转载情况，日益成为评价期刊学术影响力的重要指标，并已被广泛地接受。除此之外，期刊的检索系统收录率、他引量、获奖和基金论文比情况、WEB 即年下载率也是评价学术期刊影响力的重要指标。值得注意的是，这种以文献计量评价人文社科类学术期刊影响力的量化方式存在不合理、不科学之处，体现在以下几个方面。

第一，对于“总被引频次”这一指标，从其计算方法中可以看出，其数值的大小与期刊的创刊年限有直接关系，创刊早的期刊，其总被引频次一般比创刊晚的期刊要高。以其作为学术评估的重要指标，历来受到期刊界以及学界质疑，其问题在：被引频次的高低一方面受到学科的影响，如人文科学与社会科学性质的不同而产生不同的影响，同时也受到学术期刊刊期和容量大小的影响，比如由季刊、双月刊、月刊等的不同所引起的刊物发文总篇数，如一期刊发 10 篇论文与一期刊发四五十篇论文不同等的影响，评价的结果难以公正公平、合理。此外，不同刊物的出版周期、期刊页数也会对这一指标产生影响。

第二，对于“影响因子”这样一个期刊的重要评价指标，我们更要客观看待。该指标出自于自然科学期刊的评价指标体系，其以论文发表后的头 2 年达到引用高峰为假定前提，而这一假设是否适用于人文社会科学期刊，是有待进一步考证的。另外，一个期刊的影响因子，在用于宏观上判断科学技术的总体情况时是有意义的，但作为具体论文内在价值的判断标准就未免有些偏颇。

第三，“即引指数”虽然能够反映期刊论文被用户利用的速度或时差，表征期刊学术论文扩散的速度，但对人文社会科学学术期刊、学术论文来说，这一指标并不是决定学术期刊影响力的最重要的指标；由于人文社会科学继承性等特点的影响，真正有价值、高水平的学术成果，其对某一学科的建设、某一领域的研究价值及作用并不一定都能很快显现出来，相反真正有重大学术价值的论作其大多数都能在长时段内保持学术影响力，被人参阅、引用、借鉴。因此，没有必要舍弃影响因子、摘转率等指标而把学术期刊论文扩散、利用时速作为判定期刊影响力的重要指标。

第四，对于“被引用半衰期”，大量统计数据表明：半衰期较长的，影响因子通常相对较小；而影响因子较高的，反而半衰期较短。因此，很多时候被引用半衰期与期刊在学科中的影响度及学术地位往往没有明显的关联。

第五，基金产文率对自然科学来说，的确是判定科技学术期刊的重要指标，但是对人文社会科学来说，似应做具体分析，因为是否为基金产出论文并不与论文价值大小、水平高低画等号。在实践中，经常会出现的一种情况是：虽然论文是基金项目产出的成果，但水平一般，而一篇经作者多年研究、磨炼写成的水平很高的论文，却可能不是基金项目成果。因此，上述三项指标并不完全是决定学术期刊学术水平及影响力的最重要的指标。对引导学术期刊自身的标准化，量化的指标虽然是外在的，但对促进社会各界重视学术期刊发展，起到了重大作用。我们期刊工作者要搞清影响力提升的内在决定因素，要在杜绝单纯为提高指标而投机取巧的行为中有所担当，引导刊物良性发展。办刊人要遵从期刊的发展规律，从自身定位和自身优势出发，以问题意识和创新意识为突破口，走内涵式发展之路。

五　人文社科类学术期刊常用评价指标

学术期刊的影响力是建立在对期刊功能的评价基础上的，相对目前沿用的建立在期刊内在质量基础上的评价体系，更能体现办刊方向和社会期望的一致性。人文社科研究具有按基础研究、应用研究、工作研究等研究层次逐层演进的特点。各类研究互相引用，这些研究全是人文社科类期刊计量评价的统计源。目前用于评价人文社科类学术期刊的重要评价指标，在一定程度上可以反映人文社科类期刊学术水平的高低。不过，我们应该认识到，仅仅凭借一两个指标去判断一种期刊的学术质量，难免存在着一定的局限性。但在还没有更好综合、客观、公平、科学地评价人文社科类学术期刊影响力的情况下，利用文献计量综合评价指标来量化评价也是无可厚非的事情，关键是要看使用部门如何把握度的问题。

随着期刊市场的迅速发展，我国各种引文数据库的建立和完善，相继出现了一些文献计量综合评价指标的研究成果，建立了各种文献计量评价指标体系，我国的期刊评价指标体系正日渐完善。在这些评价指标中，与人文社科类学术期刊评价有关的常用评价指标体系主要包括复合类指标、综合类指标、学科复合影响因子及人文社科类影响因子指标所构成的多角度计量评价期刊的影响因子指标体系。我国每年出版的博硕士学位论文、会议论文对国内期刊的引用次数与综合统计源期刊相当，且许多论文的内容发表在国外期刊和会议上，无法从国内统计源期刊中获得其对国外期刊的引用信息。无论从文献学术水平还是从引文总量考虑，如果不考虑这部分引文统计源文献，显然不能如实反映我国人文社科期刊的学术影响力水平。复合类影响因子的统计源文献除了综合统计源期刊外，还增加了我国部分博、硕士学位论文与会议论文。博硕士学位论文、会议论文类统计源文献的遴选方法见《数据统计规范》。复合类指标包括复合总被引（指某期刊自创刊以来发表的全部可被引文献在统计年被复合统计源引用的总次数）、复合影响因子、复合他引影响因子、复合即年指标及学科复合影响因子等。综合类指标之所以为“综合”是基于其统计源期刊的综合性，目的是反映人文社科期刊对跨学科研究的影响，而将统计源期刊扩展到了科技期刊，与人文社科类统计源期刊一起总称之为综合统计源期刊，并相应定义了“综合影响因子”。扩展统计源期刊，对客观反映某些人文社科期刊的学术影响力很重要，如哲学、心理学、精神学、医学心理学、军事科学、经济学、法学、地理学、信息管理学、知识管理学、考古学、统计学、科技史学等。它既包括人文社科类基础研究型、应用研究型、工作研究型期刊，也包括引证人文社科类学术期刊的科技类基础研究、技术研究型、高级科普型、技术商评型和研究层次综合型期刊，主要有综合总被引（指某期刊自创刊以来发表的全部可被引文献在统计年被子综合统计源引用的总次数）、综合影响因子、综合他引影响因子及综合即年指标。其实不论是复合指标还是综合指标，其本质的区别在于统计源的不同。顾名思义，人文社科类学术期刊影响因子指标，其统计源就是指人文社会科学类基础研究型、应用研究型、工作研究型期刊，是基于人文社科统计源期刊统计出来的计量指标。人文社科类学术期刊的影响因子指标主要有人文社科影响因子、人文社科他引影响因子和人文社科即年指标。

按照《中国学术期刊影响因子年报》的人文社会科学版，人文社科类学术期刊的研究层次所确定的统计源范围的期刊，有如下的原则阐述。一是基础研究型。人文社会科学的基础研究是为了探索社会现象和精神现象的本质与一般规律，发现和开拓新的领域，提出新学说、新论点、新论据，目的在于提高人类的知识水平或综合认识能力，不考虑直接应用。基础研究型期刊指刊登50%以上基础研究论文的期刊。二是应用研究型。人文社会科学的应用研究是运用基础研究成果，对具有的理论问题进行研究或对社会问题进行理论分析，其目的在于深化和完善基本理论，探求理论与实践相结合的途径与方法，对社会现实问题给予宏观的指导。应用研究是基础研究在科学和社会实践中的延伸，其成果一般可为决策部门提供科学依据。统计源所指应用研究型期刊则是刊登50%以上应用研究论文的期刊。三是工作研究型。人文社会科学的工作研究是运用基础研究和应用研究的成果，按社会、经济等各方面发展的需要，提出或制定某一新的计划、对策、体制、系统和秩序等，其目的在于解决某一具体的社会经济等问题，反映研究理论和实践直接结合的过程，可为实际部门提供可操作的依据。工作研究型期刊则是刊文量有50%以上是属于工作研究论文的期刊。最后还有一种是研究层次综合型，其涵盖除刊登上面所述的各研究层次文献的比例外的差别不明显的期刊。为了体现人文社科期刊对科技研究的影响，该《年报》在复合统计源、综合统计源中还引入了6类研究层次的科技期刊。一是基础研究型期刊。首先基础研究是对自然现象及其规律的探索，通过观察、实验和理论研究，发现新现象、新事实，提出或验证新假说，创立或完善新定理、定律、理论和学说，而不以专门或具体的应用为目的。应用基础研究是在一定的应用背景下所进行的理论探讨，研究目的是提示被研究对象的规律、原理等。基础研究型期刊即发表基础与应用基础研究、同层次高级科普文献50%以上。二是技术研究型期刊，即发表技术与工程研究、技术商评及同层次高级科普文献50%以上。这类期刊的论文一般针对某解决的特定问题进行研究，具有一定的目的，要解决具有方向性、明确性的技术问题，而不考虑生产的具体条件、产品的具体规格和型号。工程研究类文献一般涉及关于由人、原材料、机器设备等组成的综合系统的设计和设置等方面的理论研究。三是技术开发型期刊，这类期刊发表技术开发、工程设计层次文献占50%以上。技术开发类论文内容涉及运用基础与应用基础研究、技术研究和工程学研究的成果进行开发的各种成果活动，是把科学技术潜在的生产能力转化为直接生产能力的过程。而工程设计类文献，一般基于工程学的思想和方法，在各个学科领域范围内，将人员、机器、材料和能源等相关信息汇集起来，以促使某项工业活动能够有效地并顺利地进行实践性研究。四是高级科普型期刊，这类期刊主要向专业研究人员介绍研究方向、成果及有关科普知识。五是主要发表从商业化应用前景和价值角度分析未来技术发展趋势为切入点的期刊，称技术商评型期刊。最后还有一类是层次综合型期刊，其发表前面所述5个研究层次文献的比例差别不明显的期刊。

由于篇幅所限，讨论人文社科类学术期刊评价指标与其所用的统计源认定原则就到此，话题回归期刊评价指标上。期刊评价指标是针对期刊内在质量和社会影响所进行的各种评判标准，不同的指标从不同角度反映期刊质量与学术影响。一般而言，期刊学术规范量化指标包含着期刊篇均引用文献数、本学科论文比例、本机构论文比例、期刊作者地区分布、基金论文比例等。而期刊的社会影响力主要评价指标总被引频次、影响因子、即时指数、被引半衰期、载文量、WEB即年下载率等。中国社会科学院文献信息中心自1996年开始进行人文类社科文献计量研究工作就是针对期刊的内在质量与社会影响进行的各类指标的统计与评价。本论述中，笔者针对社会上评价社科类学术期刊的主要指标进行说明。

（一）总被引频次

一种期刊所发论文被引用的多寡，是对其学术水平和价值的极好测度。总被引频次是指被评价期刊自创刊以来，历年发表的论文在评价当年被其他期刊及该被评价期刊本身所引用的总次数，以频次来表示该期刊在学术交流中被使用的程度，是信息反馈角度评价期刊的基本指标之一。总被引频次是一个非常客观实用的评价指标，可用来衡量期刊自创刊以来的学术影响力，也可以在总体上直接反映期刊被该学科科研工作者使用和重视的程度，以及其在学术发展和交流中所起的作用和所处的地位。该指标弥补了因期刊载文量过多而导致的影响因子过低的问题。期刊被引用的频次高，说明该期刊的利用价值高，同时也体现出学术水平高。

（二）影响因子

影响因子与期刊整体学术水平有直接关系，是国际上通行的测度期刊学术水平的重要指标，可以公平地评价和处理各类期刊。它由美国SCI创始人加菲尔德博士于1972年提出，是以期刊为对象，对某一时间范围内期刊论文的平均被引率进行统计。一般地，对于同一学科而言，影响因子越大的期刊，它的学术影响就越大。计算影响因子时，最基本的3个因素是论文量、时间和被引次数，时间的跨度由论文被引用的高峰期所决定。美国著名情报科学创始人之一普赖斯(Price)对大量科学文献进行统计后，得出如下结论：学术论文的被引高峰期是在其发表后的两年。因此，对于影响因子的时间跨度，目前一般选择两年。它是通过将一种期刊在前两年发表的论文在统计当年被引用次数除以前两年发表的论文篇数而计算得出。它所反映的的确是期刊论文获得的客观响应，用来评价期刊在某学科领域的学术影响。对于人文社科类学术期刊还要一个指标的修正因素，因为考虑人文类社科期刊论文的引用峰值主要出现在论文发表后的3年中，并以发表后的第二年达到最高峰，第一年次之，第三年的引用峰值则处于第三位，所以人文社科类学术期刊的影响因子在计量时，计算时间上从前两年推至第2—3年。其计量公式如下：

某刊物当年的影响因子＝(前两年该刊发表的论文在当年被引用的次数)/(前两年该刊物发表的论文总数)。

影响因子就是在期刊被引用最大时比较刊物被引证的效果。将影响因子值由高而低排列，可反映期刊之间的质量和学术影响差异。在诸多的期刊评价指标中使得影响经久成为评价的不可或缺评价指标，影响因子也是期刊引证报告(JCR)的最具代表性的指标之一，正是因为加菲尔德影响因子在期刊评价指标体系中的不可替代性，其优势与不足也引起了广泛研究。运用影响因子对期刊进行评价，能够避免因为载文量差异所带来的对期刊被引率的影响，这样期刊总被引频次就成为相对指标，而不再是绝对指标变，也就是说，对于期刊，可以通过对不同期刊的论文平均被引率进行引用次数和质量的比较。

(三)即年指标

即年指标有的时候也被称作即时指数、即时因子，是一个表征期刊即时反应速率的指标，是指在某一年的引文统计数据中，某期刊在统计当年发表论文的被引用次数与该期刊当年发表的论文数之比。即年指标解释某种期刊论文从发表到被引用的速度，用以描述期刊当年发表的论文在当年被引用的情况，可以反映哪些是最热门的学术期刊，代表期刊的“即时反应速度”。该指标比影响因子更能表征期刊学术影响力和学术成果扩散速度。计算公式为：

即时指数＝(该刊统计当年发表论文被引总次数)/(该刊当年发表论文总数)

(四)被引用半衰期

被引用半衰期是指该期刊在统计当年被引用的全部次数中，较新一半是在多长一段时间内发表的。半衰期长的期刊比短的期刊影响更深远一些。它是测试期刊老化速度的一种指标。一般来说，期刊的被引用半衰期反映了期刊所载论文的生命周期。

（五）载文量

载文量是指某一期刊在一定时期所刊登的全部论文数，它反映了期刊信息含量。对于期刊载文量的多少对期刊学术质量的影响大小，目前看法不一。多数人认为，载文量是反映一份期刊信息含量的重要指标，期刊载文量多，在一定程度上表示这种期刊信息丰富。然而，也有不少人对此持不同观点，他们认为载文量多的期刊，其论文水平并不一定就高；相反，载文量少的期刊，由于稿件录用率较低，可能对论文质量有更严格的控制。

（六）Web 即年下载率

随着网络的普及和各类期刊全文本数据库的不断完善，越来越多的学者选择通过网络来搜集所需要的期刊文献信息。Web 即年下载率就是这样一个新兴的表征上网期刊的即年反应速率的评价指标。它用来测度上网期刊的即年扩散速率，是研究期刊在网络环境下传播效率的一个新指标。因为期刊发行的概念早已突破邮局发行或者自办发行的传统思维。网上下载频次相当于发行量。论文从网上被下载，发挥了它的影响，体现了它的社会价值，是衡量论文水平的一个外部评价指标。网上被下载是被引用的前奏，但并不一定导致文后参考文献中的被引，应该正确运用这个指标。它是指期刊在某一期刊全文数据库中当年出版并上网的文献数与其在当年被全文下载篇次之比。其具体计算公式为：

Web 即年下载率＝（该期刊当年出版并上网的文献在当年被下载的篇次总和）/（该期刊当年出版并上网的文献总数）

应用这些常见的评价指标去量化评价期刊质量有一定的合理性，比如基金论文比、Web 即年下载率等只能说明期刊的影响力。评价人文社科期刊时，要综合评价，不能片面地依赖某一两个指标去判断一种刊物的学术水平与学术质量。我们应该构建一个具有科学性、合理性、客观性和可操作性的综合评价指标体系，对人文社科期刊做深入地多角度分析，这样才能得到一个尽可能公正的评价结果。

第六章　学术期刊的数字化

一　数字化与学术期刊数字化

我们曾经接触到过很多关于电子化、信息化、网络化及多媒体的概念，近年来，我们慢慢接触和感受到了有关数字化的概念。科学技术发展到今天，“数字化”一词家喻户晓，数字化技术已经广泛渗透到社会的各个领域，并极大地影响着人们的学习、工作和生活。数字化作为一种新现象，有着多层含义，但目前还是没有一个明确而公认的定义。无论国内外，每位研究者都有自己的理解和观点，这些观点有些彼此相似，有些意义模糊。这里主要从技术层面与文化层面对数字化来加以分析。以技术层面看，数字化又包含两个层次的含义，一个是信息数据的电子代码化，一个是信息数据从采集到使用各个流程的自动化、智能化和网络化。数字化就是将信息转换为计算机可以识别和控制的二进制代码 1 和 0 的过程。数字化的最终目的是在信息数据实现代码化的基础上进一步实现数据信息的存储、组织、开发、管理、传播、交流、使用等诸多环节的自动化、智能化和网络化。自动化就是从信息采集到使用的各个环节中，计算机自动迅速地完成的各项操作，但它还是数字技术的低级形成，智能化才是其主要的优势所在。智能化的本质是计算机对人的智力的模仿和深度挖潜。只有利用智能技术，才能有效地对信息数据进行深加工，以最适合人们认识的方式对信息数据进行解析、整理、重组，从而把信息转换为其高级形式——知识，进而在知识的基础上组建知识数据库。网络在很大程度上成了数字化的另一个面孔。网络环境下，各种信息资源可以打通由时间、空间、语言和学科等因素造成的各种限制，在时间上可以昼夜不间断，在空间上不受距离的限制，可以在全球共享，并轻松地跨越语言、学科等障碍，极大地提高了信息的查询效率和效果。从文化层面看，数字化在刷新科学技术的同时，还带来了人们行为观念的变化，正如人们学习、工作、生活观念的空前转变。从这个意义上说，数字化不仅是以计算机网络应用为核心的技术浪潮，而且还指新时期由数字技术引领的新的学习、工作和生活方式，以及由此而形成的一种新的理念、价值取向和风貌。这就是数字化衍生出的一种具有划时代意义的新的文化，而组成这一文化的成分就是自动化、智能化和网络化，以及由此带来的全球化。数字化，或已经成为新时期一种适合于人和社会发展的各种倾向的总称。

关于期刊的数字化，有研究认为其是一个综合的概念，涉及多个领域和概念，包括主体方面与客体方面。主体方面包括编辑手段、传播内容、表现方式等，而客体方面包括市场运作方面的数字版权、发行方式、支付平台及其服务模式等，所以，期刊数字化，并不是一个简单的技术问题。学术期刊数字化就是把作为知识刊载平台的学术期刊与作为科技先导的数字化结合，也就是学术期刊资源（刊载成果）的数字化，是学术期刊知识信息的数字化，是一种先进的文化和本质的变化，以实现学术期刊的编辑出版、发行销售、收藏利用效率的最大化和社会、经济效益的最大化。学术期刊数字化的含义可以概括为以下层次递进关系：第一是指利用计算机对学术期刊所刊载的学术资源进行加工处理，把文字、图表等各类学术资源信息转换为数字信息，以创建学术期刊资源数据库；第二是利用计算机和网络实现学术期刊数字信息的存储、整合、开发和利用，其结果是从数据中开发知识信息，形成知识库；第三是把数字技术融入学术期刊的编辑、出版、发行、交流和业务合作等过程中，使学术期刊资源分为学术研究和学术交流服务，还可针对学者和用户提供个性化服务，使传播、阅读、交流、业务合作更加灵活自由；第四是与其他相关期刊、有关学科网站对接，等等。

基于这种认识，学术期刊数字化的本质可以从以下五个方面进行分析。一是获得学术期刊信息的独立与自由。期刊的本质是知识信息，以往的纸本期刊本质的知识信息被非本质的载体所束缚，知识信息难以获得自由。数字化革命带来了一种质的变化，期刊性质有了独立地位和自由属性，使期刊编辑部的本质属性更加凸显，并由此改变了期刊的管理方式和工作模式。这种本质的变化，使原有的传统失去一定价值，使我们的思维和方式发生深刻的变化，使学术期刊的资源、信息真正获得独立和自由，为学术的发展和进步提供更有效的条件。二是相对传统学术期刊的生产、发行和利用，其运行系统可发生本质的变化。数字化使期刊的生产、发行、收藏利用实现了无缝衔接，虽然它们有操作上的各自分工，但由原来各自独立的运行系统变成一个“三位一体”的统一运行系统，可避免各自独立运行的高消耗、低效率。三为实现学术期刊信息的“一体化”。由于有了统一的期刊数字化平台，使之原本处于不同管理平台、自成体系的期刊信息系统的关系更加紧密，在理论上的相互靠近和渗透日趋明显，呈现出学术期刊信息的聚集和“一体化”的态势，由此会产生学术期刊理论、原则和方法上的根本变化和飞跃。四是实现各学术期刊的数字出版和各学术期刊知识信息的共享。由于纸本期刊的诸多弊病，衬托了数字化出版的根本凸显。数字出版是以数字化方式出版的出版物或出版行为，整个出版和发行流程均在网上完成。数字化的目的之一就是实现各学术期刊的数字出版，最终实现学术期刊知识信息与作者、读者、编者的真正快速便捷的有机结合，最大限度地实现学术期刊知识信息的互通共享。五是使期刊的传播方式发生根本性变化，实现学术期刊知识信息及时、高效、广泛的发布、交流与传播。使全球范围内期刊编者与作者、读者之间充分交流与高效合作，为需求者提供更为便捷和高效的学术发表成果。

二 学术期刊的数字化类型

(一)依附于传统纸刊的自建网站

这是依附于传统纸媒的期刊网络版，即通过互联网及数字技术设立一个网络平台，将传统纸媒的信息内容平移或复制到这一网络媒体中，起到宣传期刊、扩大影响、增强知名度等作用。我国最早的网络版期刊是 1995 年 1 月 12 日，由教育部主管的面向留学人员的综合性媒体期刊——《神州学人》，是中国首家网络新闻媒体。创办至今，多次改版升级，不断采用最新的互联网技术，满足海内外读者的需求。而学术期刊数字化出版的早期探索起步于自建网站。和其他类型的网站一样，学术期刊的网站是可以展示期刊自身形象、提升自身品牌影响力的窗口。一个设计良好的网站可以囊括期刊所有希望展示的信息，成为传播信息、宣传自身形象和为读者与作者全方位服务的良好渠道。学术期刊可以利用网站为读者与作者提供全方位的服务，并打造具备自身特色的网站。据一份中国核心期刊网站建设调查报告显示，我国 1868 种科技核心期刊中，1105 种有自建网站，占全部中国科技核心期刊总数的 59.2%。这些网站的基本内容包括：发布期刊的各种信息、在线发布的期刊内容、期刊在线办公系统、功能服务和扩展信息。在其中的在线办公系统中，有超过 60%的期刊网站具有在线投稿、在线审稿、在线查稿、在线阅读、查询和在线远程编辑功能。有些期刊网站引入的期刊专业办公软件系统还具有期刊组版发稿管理、费用管理、数据库管理(作者库、专家库、投稿库、在编稿件库、期刊出稿件库)、与作者及审者通讯管理和期刊发行管理等多种功能,有些平台还提供学术不端检测、期刊订阅与在线下载等功能。这些功能的集成,大大减轻期刊编辑的工作量,也让整个出版流程更顺畅。

值得一提的是,源自于国外的开放获取(OpenAccess,OA)理念,被越来越多的国内期刊网站所接收。OA 理念源于 20 世纪 90 年代的国际学术界、出版界、信息传播界和图书情报界。其初衷是推动科研成果利用互联网自由传播,促进学术信息的交流与出版,提升科学研究的公共利用程度,保障科学信息的长期保存。2001 年 12 月,开放协会研究所在匈牙利的布达佩斯起草和发表了“布达佩斯开放存取倡议”(BOAI)。BOAI 对开放存取的定义为:在 Internet 上公开出版的,允许任何用户对其全文进行阅读、下载、复制、传播、打印、检索或连接,允许爬行器对其编制索引,将其用作软件数据或用于其他任何合法目的,除网络自身的访问限制外不存在任何经济、法律或技术方面障碍的全文文献。简单地说,OA 期刊是以网站的形式存在,一般由作者付费出版、读者免费、无限制使用的出版运作模式,论文版权由作者保留。由于采用了免费方式,文章可被更多人阅读和使用,有利于信息的大范围传播和交换。OA 模式传入国内不久便引起了许多期刊的关注和重视。我们国内的有些期刊通过加入到国际出版发行行列中,成为国际期刊一员,已经尝到了开放存取所带来的影响因子提高,刊物国际影响力扩大的积极意义。例如,《浙江水利水电学院学报》2005 年起就建设了 OA 平台,实行开放阅览,可在网上提供 PDF 全文下载所刊登的全部论文。有数据统计,在 1105 种自建网站期刊中有 461 种在其网站上实现 OA 出版,占全部期刊的 41.7%。其中近一半期刊 OA 网络出版的文章同步甚至早于纸质期刊的发行。结果表明,得益于 OA 模式下,论文的易获取性(免费),以及网络传播快速、普及面广的特点,期刊的影响力和知名度短期内得到明显提升,更有利于期刊吸引更多优质稿源,从而形成良性循环。此次调查的问卷结果显示,0A 出版在不影响纸质期刊发行的前提下,小幅提升了影响因子和被引频次的期刊数占 59.8%。

一般地,编辑部自身集办公一体化的 OA 平台具有如下功能。

1. 作者在线注册

登录官方网站后点击作者投稿系统即可进入作者中心,初次在线投稿没有账号者要进行注册。在按照系统提示用真实姓名和有效邮箱进行注册后要进行相关基本信息的填写以方便编辑与作者之间的联系以及作者网上查询功能。

2. 作者在线投稿

在作者注册并登录后，便可进入投稿界面，有导航式投稿和一步式投稿之分，在该环节，作者可以按照推荐的导航式投稿进行操作，一步一步地进行稿件的投递。

3. 作者稿件追踪查询

在投递过后，仍可进入该页面进行稿件审查的追踪。在作者工作中心这个页面，作者可以方便地查询到自己投递稿件的进展情况，也可以随时查询自己所有稿件的情况。如果作者有任何疑问也可以与编辑进行电子邮件的沟通与交流，同样的，期刊编辑也会在审完稿后第一时间通过在线进展情况与电子邮件的形式与作者进行沟通，作者根据编辑的建议对稿件进行修改并再次发送给编辑。有了这样一个属于作者自己的数字化稿件页面着实可以为期刊编辑减轻不少压力。

4. 编辑在线审稿

编辑通过在线系统收到作者的稿件后先通过软件对学术不端情况进行查询，接着进行在线审稿，编辑审稿结束后进行专家外审，责任编辑审阅、主编终审等环节，最后再发给作者进行校对。整个流程因为有了数字化平台而变得更加流畅简便，各个步骤只需在互联网状态下就能轻松实现对接。

5. 在线编辑出版发行

编辑进行审稿校稿结束后就是出版发行，在线数字出版排版不同于纸刊，编辑需要与作者进行沟通，比如调整表格形式、图形大小等等，最后编辑将会把文章传给排版人员，到了这一环节，也就是意味着论文可以出刊了。有些编辑部把期刊论文的数字化出版基本与纸刊同步，也有些是优先出版，这要看编辑部编辑人的工作方式与喜好了。

(二)数字化的第三方平台

目前，除自建网站外，期刊的数字化也可通过第三方大型网络平台进行，这是国内目前应用最成熟、最成功的期刊数字化模式。国内最大的三家学术期刊数字机构为中国知网、万方数据、维普资讯。各期刊只需花费极低的费用便可在这几家网站上获得一个单独的网页，并具有常用的基本功能，如期刊简介、过刊检索、免费阅读过刊简介、付费下载过刊全文等。对于各期刊而言，节省了大量的人力物力便可拥有网站的基本功能，而大量期刊的加入，扩展了各数据库的检索功能。以创办最成功的中国知网为例，迄今知网已收录了我国99%的学术期刊。由于汇聚了国内绝大多数的学术期刊文章信息，仅就检索功能一项，知网便有文献检索、数搜索、专业主题检索、学术资源检索、学术统计分析等多种类型。用户可以在知网检索到国内绝大多数的学术论文类文献信息。在国外的学术期刊界，经过百年竞争后，已形成为数不多的一批大型科技出版集团。最大的集团可称为期刊出版界的“航空母舰”。第三方数字化平台的成功将有助于改善我国期刊界期刊量多、各自经营的多而散、任何一家期刊与国外出版集团单独竞争都没有可能的局面。通过第三方数字化平台，将国内期刊资源进行有效的整合，实现信息资源共享，一定程度上实现了国内众多期刊的重组联合，打造出网络环境中的“期刊矩阵”。这个自发形成的产业链对于抗衡国外同行竞争，保护国内期刊健康发展起到了积极作用。

另外，为扩大出版范围，走出国门，不少期刊采取和第三方国外大型数字化平台合作的方式，借助国外出版商业已成熟的发行渠道将文章传播到海外市场，以扩大发行辐射面并提升在国际上的影响力。由于印刷版刊物发行具有成本高、传播速度慢等先天缺陷，国外的一些大型出版机构，如Blackwell等具有强大的影响力，可使其发行的刊物很快进入海外市场并被海外读者认可，大幅提升了刊物的自身影响力，甚至有些刊物还可以被二次文献数据库收录。二次文献又称二级文献，是对一次文献进行加工整理后的产物，即对无序的一次文献的外部特征如题名、作者、出处等进行著录，或将其内容压缩成简介、提要或文摘，并按照一定的学科或专业加以有序化而形成的文献形式。它们可用作文献检索工具，能比较全面、系统地反映某个学科、专业或专题在一定时空范围内的文献线索，是积累、报道和检索文献资料的有效手段。利用数据库形式对某特定领域的二次文献实施管理，并为用户提供检索等服务，称之为二级文献数据库。国外一些知名科技信息数据库如科学引文索引（SCI）、化学文摘（CA）、工程索引(EI)、科学文摘(SA)及社会科学引文索引(SSCI)等即为二级文献数据库。国内期刊被国外二级文献数据库收录后，期刊文章即可被国外读者检索到并可能追溯到刊物的一次文献原始数据库，产生阅读行为。因此，目前国内期刊普遍踊跃申请加入国外知名二级文献数据库，利用这些平台将自身的一级文献推广至国外。

(三)DOI技术

DOI是Digital Object Identifier的缩写,现在大多数的标准汉译为“数字对象唯一标识”,它是一个类似10.1360/seiehina.00601.00010013的字符串,是为了解决电子出版领域的版权保护问题,由美国出版商协会(American Associate of Publishing,简称AAP)于1994年设计的对数字对象进行标识的技术,由IDF(Intemational Dol Foundation,国际DOI基金会)、各个RA(Registration Authority,注册机构)和CNRI(The Corporation for National Researeh Initiatives,DOI技术支持机构)构成的系统所运行的识别体系。DOI系统是由名称空间、唯一标识符、命名机构、命名登记系统和解析系统等5个部分构成的完整体系。它能对网络环境下的任何数字对象进行唯一标识,对所标识的实体进行准确定位,可以实现不同系统间的数据互操作。

DOI的结构式为:<DIR>.<REG>/<DSS>,DOI分为前缀和后缀两部分,中间用一斜线分开。前缀中又以小圆点分为两部分,<DIR>为DOI的特定代码,其值为10,用以将DOI与其他应用HandleSystem(句柄系统)技术的系统区别开。<REG>(Registrant Code)是DOI注册代理机构的代码,由DOI的管理机构IDF(International DOI Foundation,国际DOI基金会)负责分配,由4位阿拉伯数字组成。后缀<DSS>(DOI Suffix String)由DOI注册代理机构——目前主要是学术出版商自行给出,规则不限,只要在该出版商的所有产品中具有唯一性即可。

DOI的命名结构使每个数字资源在全球具有唯一的标识。DOI不同于URL,它是数字资源的名称,而与地址无关。实际上它是一种URI(Universal Resource Identifier,统一资源标识符)或URN(Universal Resource Name,统一资源名称),是信息的数字标签和身份证。有了它,信息则具有了唯一性和可追踪性。

因此DOI是某一数字化在线内容在因特网上的唯一稳定、永久的地址,是针对数字资源的永久性标识符。与URL相比,DOI更加稳定,即使版权、发布网址发生了改变,DOI也是不变的,因为DOI仅仅是一个用来在一个可刷新的字典里查找一个地址的编码而已。在信息内容服务行业,DOI被形象地比喻为互联网上的UPC(条形码)。传统商品靠UPC建立起全球的供应链,数字产品则依靠DOI建立起网络上的供应链。DOI为网上数字物体提供了独一无二的标识,提供了指向数字物体本身的链接,方便了计算机的互操作并可以实现永久指向、动态维护。

学术期刊引入DOI技术后，可以为每一篇文章分配一个DOI码，这个DOI码是这篇文章的唯一标识符。传统纸质期刊一般以“期”为发行单位，而期刊实现数字化后，期刊的发行单位则缩减至以“篇”，使单篇文章的独立上网刊载成为可能。2007年初，中国科学技术信息研究所和万方数据联合向国际DOI基金会申请取得了DOI的中文注册权，成为中文信息服务领域的第一个也是目前唯一一个国际DOI组织的中文代理。建立并负责运作中文DOI的推广与应用。此后国内学术期刊纷纷注册并加入该机构，取得DOI号分配权，为自己的文章分配DOI码。拥有DOI以后，期刊出版的每一篇文章在浩如烟海的网络科技资源中，就拥有了属于自己的唯一标识符。用户寻找某一数字资料信息时，只要输入该信息资源的DOI码，DOI中心数据库即将寻找到的DOI记录及其相关信息地址返回给用户浏览器，并将其结果显示给用户，这一过程极为方便与快捷。科技类文献拥有DOI码后，大致有以下几点优势。一是DOI系统可以优化信息组织的质量，方便、准确地组织信息资源，优化信息资源的分配，提高信息资源的利用率，通过建立统一的标准，避免网络信息资源的重复建设和浪费。实现跨国界、跨行业、跨区域的网络信息资源的整合。其次是由于有了唯一的标识符，对文章的版权保护起到积极的作用。使用DOI系统查询功能可以帮助期刊方便地识别一篇文献是原创还是抄袭，因此，期刊使用DOI系统后，文章的抄袭率明显下降。三是我国科技类期刊和国外同行相比普遍网络化水平较低，使用DOI系统后，相当于快速搭建了一个和全球信息资源总库链接的通道，可以方便国内的科技文章进入总库，供世界范围的读者查阅，使高学术质量的文章传播出去，避免了以前“好酒也怕巷子深”的尴尬局面。可以说，DOI为中文科技期刊的数字化、国际化打开了方便之门。总之，由于DOI具有唯一识别性，期刊使用DOI系统后对文章的分类管理、版权的保护、期刊的国际化具有不可比拟的优势。目前，通过DOI进行全文链接已经是国内外科技期刊界普遍采用的标准。

(四)新媒体融合的网络平台

媒体融合这一概念最早是由美国马萨诸塞州理工大学的浦尔教授提出，是指各种媒体呈现出多功能一体化的趋势。一般说来，媒体融合的概念分为狭义和广义两种，狭义的媒体融合是指将不同形态的媒体重新组合，产生质变，形成一种新的媒体形态，如数字杂志、手机新闻等；而广义的媒体融合包括一切媒体及其有关要素的相互渗透及融合，它不仅包括媒体形态的融合，也包括媒体功能、传播手段、所有权、组织结构等要素的融合。而今当热门的话题之一——新媒体一说，中外学界也是众说纷纭。新媒体是传统媒体之后发展起来的新的媒体形态，主要利用数字技术、网络技术、移动技术，通过互联网、无线通信、卫星等渠道，以电脑、手机、平板等终端，向用户提供信息的传播形态和媒体形态。

2014 年，我国的媒体融合处于一个深化阶段，传统媒体也处于战略化转型时期。该年 8 月 18 日召开的中央全面深化改革领导小组第四次会议审议通过了《关于推动传统媒体和新兴媒体融合发展的指导意见》。2014 年也被称为我国传媒的"媒体融合元年"。2015 年 9 月 11 日，首届中国传媒融合发展年会在青岛召开，发布了中国媒体融合的发展报告，指出"两微一端"即微博、微信、移动客户端所引领的新媒体学术期刊产品的蓬勃发展。尽管与新媒体融合更多地指向传统新闻传媒，但作为学术主要传媒的学术期刊并不能游离于"传统媒体"。换言之，学术期刊与新媒体融合发展在国家战略层面同样具有重大意义。

各期刊社作为小型组织，各种新媒体工具已成为各期刊社对外宣传自身，并获得及时反馈的有效手段。简单说来，优点主要如下。(1)平民化、个性化。学术期刊采用新媒体手段传播，彻底改变了以往高不可攀、深不可测的自身形象，拉近了与读者、作者的距离，使编辑真正成为读者、作者的连接纽带和平等互助的伙伴，这在以往纸媒传播的环境下是难以想象的。(2)门槛低、运作简单。不需要投入任何成本，也不要求有专业技术知识。很多门户网站的公共空间(如QQ 空间)、交流平台和其他自媒体工具直接注册后即开通使用，无须什么建设费用。(3)交互性强、传播迅速。能够迅速地将信息传播到受众中，受众也可以迅速地对信息传播的效果进行反馈。传播者与受众的距离为零。以往纸媒体杂志的作者、编者和读者沟通只能通过电话或邮件。自媒体中，用户除了可以访问社区主题内容，还可建立讨论区，让访问者随时交互。在新媒体环境中已无严格意义上的传播者与受众之分，双方都是平等互利的"传播主体"。

新媒体中的移动阅读，也被称为第五媒体。移动阅读平台包括手机阅读和平板电脑阅读(如 ipad)。由于其特有的移动性、互动性、便捷性、贴身性、个性化等特点，兴起伊始便迅速普及并保持强劲的增长势头，目前处于井喷状态。在非科技类期刊中，移动阅读平台出版市场早已发展繁荣且方兴未艾；在学术期刊中虽相对滞后，但也有个别期刊进行了尝试。总体来说新媒体融合为学术期刊的发展提供了机遇，但同时也对学术期刊的出版模式、发行方式、传播渠道、受众范围及其运行的体制机制，都带来新的挑战。学术期刊在环境变化的大背景下，除了利用自身优势，更加注重内容生产外，还应充分发扬自身在内容、资源及平台方面的优势,积极与新媒体合作,努力探索新的发展模式,以求得在变革大潮中立于不败之地。

三 媒体融合为学术期刊发展提供了机遇

根据《2015—2016 年中国数字出版产业年度报告》,2015 年我国数字出版产业整体收入规模为 4403.85 亿元,比 2014 年增长 30%,数字出版产业收入在新闻出版产业收入的总比由 2014 年的 17.1%提升至 20.5%。其中:互联网期刊收入 15.85 亿元,电子书收入 49 亿元,数字报纸收入 9.6 亿元,博客收入 11.8 亿元,在线音乐收入 55 亿元,网络动漫收入 44.2 亿元,移动出版收入 1055.9 亿元,网络游戏收入达 888.8 亿元,在线教育收入 180 亿元,互联网广告收入 2093.7 亿元。其中移动出版收入为 1055.9 亿元,占数字出版总收入的 23.98%,仅数字出版与网络游戏这两者合计就占总收入比的 44.16%,接近全年总收入规模的一半,这说明移动出版和网络游戏是拉动数字出版产业收入的主力军,在数字出版产品形态中占据了相当的比重。值得我们重视的是,2015 年互联网期刊、电子图书、数字报纸的总收入为 74.45 亿元,比 2014 年增长了 6.66%,数字出版总收入在传统出版单位数字化转型升级、融合发展中呈现不断上升之势。

另外,根据 2016 年中国新闻出版行业发展现状及产业结构分析,2015 年,全国各类报纸的零售总量与 2014 年相比下滑了 41.14%。期刊报刊读者规模以及广告收入双双下滑。其中,2015 年底国内知名时尚期刊《瑞丽时尚先锋》停刊,此刊曾入选 2015 中国"百强报刊"。据不完全统计,2014 年中国停刊或休刊的知名报纸数量约为 10 家,2015 年扩大到 30 家左右。新闻出版类国企近几年主营业务进入发展寒冬,互联网冲击下,传统报刊、期刊、图书行业整体出现负增长,多家纸媒宣布停刊。2015 年出版业结构数据见表 6-1。

表 6-1 2015 年新闻出版产业结构

产业类别	营业收入(单位:亿)	增速(单位:%)	行业占比(单位:%)
图书出版	822.55	3.96	3.80
期刊出版	200.99	−5.21	0.93
报纸出版	626.15	−10.27	2.89
音像制品出版	26.25	−10.13	0.12

续　表

产业类别	营业收入(单位:亿)	增速(单位:%)	行业占比(单位:%)
电子出版物出版	12.41	13.96	0.06
数字出版	4403.85	30.00	20.34
印刷复制	12245.52	4.30	56.55
出版物发行	3234.02	6.95	14.93
出版物进出口	84.20	13.22	0.39

2015年新闻出版产业营业收入2.1万亿，出版、印刷和发行服务实现营业收入21655.9亿元，较2014年增加1688.8亿元，增长8.5%。2015年数字出版营业收入达到4404亿元，占全产业比重达到20.34%，年增速达到30%。由此，可以看出，相比数字出版之下传统纸媒(报纸、期刊、图书)占比不断缩水。除电子出版、数字出版及出版物进出口之外，其他出版子行业增速均在7%以下，报纸、期刊、音像制品出版均呈现负增长，新闻出版营业中带动行业增长的主要驱动力是数字出版的高速发展。在这样的背景下，数字化媒体融合不仅给学术期刊带来冲击，也带来了前所未有的机遇，使学术期刊的发展进入一个全新的历史阶段。

(一)实现学术期刊的双向互动

以往学术期刊是单向地向读者传递信息，有时还不能向读者提供所需的全部信息，而读者为了获取更多的信息，往往需要借助相关平台提供的数据库进行检索查询。在此过程中，编辑或出版单位只是扮演了内容提供商的角色，而不是信息的传播者。以数字化为前提的媒体融合实现了学术期刊的双向互动。在媒体融合环境中，作者通过投稿平台，可以实时查看稿件的处理流程和处理意见，创新了采编模式，并可以随时与编辑及审稿专家交流，提出意见和建议，从而促进编辑部更好地改进编辑流程，优化服务。网络平台的应用缩短了稿件的审稿周期和处理速度，也便于编辑部对来稿情况、作者来源等信息进行统计分析。同时，编辑部可以通过网络平台及时与作者交流审稿意见，帮助其提高专业水平和论文撰写水平。网络优先出版技术使得高水平的学术论文能够在最短的时间内得到公开发表，从而提高学术期刊被引率，扩大影响力。媒体融合技术使传统出版从单向传递转变为双向互动，并以其个性化推送与准确链接、搜索功能使学术期刊内容的展示手段更加立体化、多元化，从而为读者提供更为人性化的服务。另外，传统期刊到达用户的渠道主要是订阅和零售，互联网可以成为期刊信息发布和传播的新渠道，期刊社或编辑部可以利用好互联网这个平台，到达以前没有达到的受众群，从而为期刊业创造全新的读者群，实现与受众群的互动，扩展了期刊的影响力，实现品牌增值。

（二）开拓学术期刊的传播渠道

学术期刊受传统出版模式影响，论文发表周期较长，尤其是一些被国内外知名数据库收录的期刊，由于论文积压过多，要 1 年以上才能正式见刊。过长的出版周期对学术期刊的评价产生了负面影响，使学术成果的传播与交流形成堵塞，对整个社会的科学研究发展极为不利；而媒体融合技术为学术成果的传播提供了新的机遇，利用期刊采编系统可以加强对收稿、审稿、组稿、编校、排版等一系列出版活动的管理，加快论文的编辑排版速度。设立期刊网站可以为电子期刊出版、开放式存取（OA）搭建平台，通过 html 网页在线阅读或 pdf 文档下载的方式可以扩大论文成果传播范围，增多学术成果的获取途径、提高学术成果的传播速度。利用网上优先出版平台，可以将审查合格的论文进行初步加工整理后发布到数据库平台上，学术成果可以提前于纸质出版被阅读和引用，实现科学研究成果的实时、广泛共享。通过 DOI 解析系统可以准确地确定论文原始网络地址，在论文引用时可以通过 DOI 编码来进行有效链接，解决了多个数字信息服务内容无法关联的问题，大大提高了科技成果的传播效率。

（三）媒体融合扩大学术期刊的影响力

学术期刊是相对窄众的媒体，细分目标读者，群体涉及范围相对较小。面对新媒体的冲击，读者的分流，期刊的当务之急就是增强自身吸引力，巩固读者忠诚度，保持住自己特有的目标受众。而增加受众黏性的有效办法是革新期刊自身内容生产模式，以受众为中心，增强与受众的互动，让受众参与，以适应新媒体时代大众的媒体消费习惯。而要在日趋激烈的媒体竞争中找到生路，更根本的解决办法是找到自己的核心信息价值，形成差异化的核心竞争力，突出自己独有的优势和特色，这样，纸质期刊才能在与新媒体融合和竞争中不至于消亡。“两微一端”即微博、微信、移动客户端新媒体，以用户生产内容的模式，增强了人们通过网络获取和发布信息的能力，满足受众更高的个性化需求。面对在数字世界里生存的大众，尤其是玩着新媒体长大的年轻受众，期刊不可能要求他们压抑个性化需求，逆转阅读习惯，让他们来适应期刊惯有的单向传递信息、闭门造车的内容生产模式。期刊能做的是适应时代发展潮流，改变自己。首先在编辑理念上要注重用户的互动体验和参与创造。刊网联动利用媒体的即时性、参与性与信息来源的多元化等特点，可以实现读者互动，是一种值得尝试与探索的机制。然后是研究通过恰当的方式，利用媒体融合技术并不断弥补应用中存在的不足，可以提高学术成果的传播速度，实现传播渠道的多元化；而学术成果传播速度的提高、传播渠道的多元化有利于突出科技成果的时效性，加快科技成果转化为生产力的速度。对于出版单位而言，这些因素都有利于吸引稿源，增加论文的被引频次，提高影响因子，从而最终提高学术期刊的影响力。

四 学术期刊的未来展望

综上章节分析，在“互联网＋”、数字化背景下，我国数字出版呈现出强劲的势头，产业规模也在不断扩大，学术期刊无论是办刊模式、运行模式还是传播模式呈现数字化产业的高速发展期。有观点认为，传媒产业的未来不是属于新媒体，而是“新技术驱动的媒体”，“新技术驱动的媒体”不管媒体的介质形态，而是采用新技术实现内容和传播价值模式的调整或创新，满足新技术条件下受众的新需求。它既可以是“新媒体”，也可以是“传统媒体”，或者是新旧集成的媒体。因此，在传媒格局风云变幻的今天，有品牌影响力的期刊应该抓住新技术带来的机会，发挥品牌的延展性，整合不同媒体形态的内容和技术，进行跨媒体、跨平台的立体化建设，发展成为有一定规模的新旧集成的媒体，尽快在新媒体领域开辟出第二阵地，利用新技术形成新的价值模式，减少单纯依靠期刊纸质版生存的风险。期刊要充分利用数字化手段实现自己的品牌向新媒体延伸，重组信息资源，生产各种新媒体产品，满足受众多元需求，做好信息服务。由于新媒体和期刊在生产周期、功能特征等方面是有差异的，所以在对新媒体产品研发、创造时，要尊重新媒体的阅读规律和特征。同时也要把握“内容”是期刊发展的第一要义，期刊登载稿件的质量决定了刊物能否吸引读者，而期刊的传播形式则直接影响着刊物所承载的科学知识能否通过高效、快捷的传播渠道得以普及并最终转化为现实生产力。学术期刊要达到良好的传播效果，就要满足不同层次读者的不同需求：使专业人士能够及时获取所需的最新科技动态或实用技术，也使普通民众能够了解掌握更多的科普知识，通过争鸣式的传播，拓展思路，激发灵感。

有资料表明，20 世纪 90 年代，国外的学术期刊开始逐步实现网络化，并借助快速发展的计算机技术，相继建立了期刊的网络采编平台、引文链接、全文数据库等网络平台，还创建可链接多种资源的一站式网络服务出版平台，进一步完善了期刊的数字出版平台。德国 Springer(施普林格)出版公司，集成 2900 多种期刊和200000多种图书的数字化出版，凭借互联网技术，多媒体平台，已成为出版界多媒体利用的佼佼者，尤其是1996年推出的具有全球影响力的Springer-Link(施普林格全文数据库)平台。还有英国的Nature(自然)等出版集团，这些国外的大型出版集团的出版模式都是数字化在期刊界应用的模范。依托于数字化出版的新媒体，在国外顶级期刊的传播中已发挥了巨大的汇聚效应。

目前，我国学术期刊的数字化应用水平与欧美等发达国家相比，还存在很大的差距。由于期刊从业人员应用新媒体的意识不强、用以更新新媒体技术的资金有限、相应的应用标准制定的时滞性等各种主观与客观原因的存在，学术期刊的新媒体发展较为缓慢。表6-2列出了我国SCI部分期刊网站应用新媒体的基本情况，样本涵盖地学、化学、数学、物理学、生命科学、医学、环境科学、药学、机械、工程、信息、技术等多个学科。根据统计数据，发现在影响因子比较靠前的60种SCI期刊中，只有不到一半的期刊网站主页提供RSS订阅或E-mail Alerts服务，同时提供这2项服务的期刊仅有20种，占总样本数的33.33%。提供E-mail Alerts服务的期刊中最多的仍为物理类期刊6种，占总样本数的10%。提供移动客户端阅读平台的期刊只有25种。样本中有5种期刊应用了Facebook、Twitter和Sina Micro-Blog等新媒体。我国SCI期刊新媒体化的情况代表着本土具有国际影响力的科技期刊应用新媒体的趋势。从总体上分析，物理类期刊对新媒体的应用较多，其他学科的发展较为缓慢。目前，我国科技期刊的总量已经超过5 000种；但很多期刊的数字化建设还停留在更新网刊内容层面，传播媒介更多的是仅限于期刊网站或国内外一些期刊数据库，使用新媒体的类型也较为单一。RSS订阅和E-mail Alerts为应用最多的新媒体，其他新媒体的资源与优势有待挖掘并应用。

表6-2 我国SCI期刊网站应用新媒体的情况

新媒体类型	应用期刊数	占总样本数比例/%
RSS订阅	28	46.7
E-mail Alerts	26	43.3
移动阅读平台	25	41.7
其他	5	8.3

注：统计数据依据2015年SCI选刊中IF＞0.5的指靠前60个期刊样本。

在新媒体融合的环境中，学术期刊固守原有的办刊模式显然已经无法适应进一步发展的需要。基于我国出版业的发展现状，我国先后公布的国民经济和社会“十一五”发展纲要，中长期科学技术发展规划纲要和国家“十一五”文化发展规划纲要中，都将数字出版技术、数字化出版印刷复制和发展新媒体列为科技创新的重点。新闻出版总署在2012年陆续出台了《关于加快我国新闻出版业走出去的若干意见》《关于加快出版传媒集团改革发展的指导意见》等重要文件，在新闻出版业全面实施走出去战略，鼓励出版传媒集团深化体制改革，加强管理，应用新技术，以全球市场为目标进行运作。2013年国家新闻出版广电总局发布了《中国视听新媒体发展报告(2013)》，从政策上鼓励出版发展模式的升级与转型，同时逐步完善新媒体应用的相关政策法规，推动出版业新媒体多元化发展。2014年中央全面深化改革领导小组第四次会议审议通过了《关于推动传统媒体和新兴媒体融合发展的指导意见》，强调传统媒体要强化互联网思维，推动传统媒体和新兴媒体在内容、渠道、平台、经营、管理等方面深度融合发展。在国家相关部门的统筹规划和大力支持下，部分期刊的数字化发展取得了一定的成效。这些政策对于科技期刊办刊人来说既是机遇，也是挑战。期刊编辑部需要以积极的姿态，寻求与多媒体结合的突破口，加快自身新媒体转型；要推动我国期刊的新媒体化，积极对接新媒体，在打造高品质学术内容的基础上，与数字出版技术商与合作商充分合作，求得更好的发展空间。

(一)期刊运行模式的联盟化

学术期刊作为内容提供方，与技术提供方和网络运营商共同组成学术期刊新媒体产业联盟。联盟内的三方，内容提供方、技术提供方和网络运营方，是一种建立在契约基础上的联盟，三方相互独立、相互依存、相互联结，形成一条完整的产业链，共同开展学术期刊的数字化集约出版、市场推送及运营，从而最终实现学术期刊在媒体融合环境中的广泛传播和持续发展。考虑到学术期刊新媒体产业联盟的最终目的是实现学术期刊联合数字出版并最终通过媒体融合走向更广泛的用户，因此学术期刊新媒体产业联盟应包括以下三部分。一是内容提供方(各学术期刊社、编辑部)。在媒体融合环境中，学术期刊作为内容提供方，其首要任务仍然是专注于内容生产；但在媒体融合背景下，学术期刊需要重新对自己的内容产品及受众进行定位，不断突出自身内容产品的高品质性、专业性和特色性，以便获得更广泛的市场和更多的受众。在当前形势下，只有为数不多的自身实力较强的学术期刊，有能力通过自身的力量与技术供应商及终端运营商合作，实现自身的产业化发展；而大多数学术期刊由于自身实力不足，没有独立与技术供应商和终端运营商结成联盟的能力和可能，因此在这些期刊组建学术期刊新媒体产业联盟之前,可以通过与其他学术期刊或者其他类型的媒体进行融合,共同组成期刊集团,通过资源共享及重新整合实现各方优势互补,统一对集团的期刊出版内容进行集约生产,共同打造新的更高质量的内容产品。二是技术提供方。在产业联盟中,技术提供方主要负责将内容提供方提供的内容进行技术加工,实现数字化转化。在期刊联盟模式下,学术期刊作为产业链上最重要的内容提供商,与技术提供商之间是一种契约上的联盟关系,双方作为一种联盟共同体,共担风险,共享利益,从而结束了数据商一家独大的历史。三是网络运营方。数字产品进入市场的最后环节,它负责将技术运营方形成的数字内容产品送到终端用户的手中。在我国,网络运营方主要指电信运营商,即中国移动、中国联通、中国电信三大运营商。在学术期刊新媒体产业联盟中,它是产业链的最终环节,主要负责将技术运营方形成的数字内容产品通过网络如手机、电脑、电视等送到终端用户的手中,也是学术期刊新媒体产业联盟进行学术期刊向使用机构及广大读者作者推送的重要部分。

学术期刊新媒体产业联盟使学术期刊与技术提供方和市场运营商的关系发生了根本性的变化。主要表现在:学术期刊自己生产纸质版,而把数字版权交给知网、维普等大型数据库,由它们把论文制作成统一的数字格式在网上传播,并通过读者付费下载的方式来获得收益。在这种运营模式下,学术期刊将自己的数字版权完全授予大型数据库,学术期刊的产业链结构发生了根本性的变化,技术提供商和终端运营商成为新的进入者,他们和内容提供商一起形成一个契约下的联盟整体,三者形成相互独立、相互依存的联盟关系,共同参与产业链的整体运营过程,风险共担,利益同享,并最终将数字化产品以更多样的形式送到更为广泛的内容消费者的手中。可见,在新媒体产业联盟模式下,学术期刊不仅实现了内容上的集成与整合,而且实现了与新媒体技术的整合,并最终通过各种整合提升期刊的影响力。

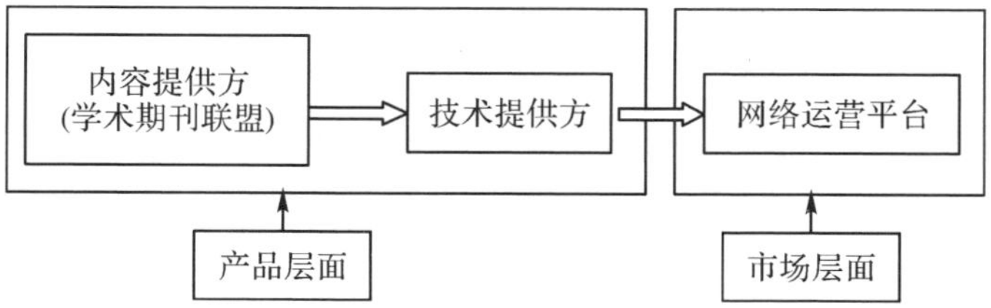

图 6-1 新媒体产业联盟运营模式

(二)期刊管理模式的多样化

学术期刊发展模式的选择要依赖诸多因素,各学术期刊在进行自身的发展模式选择时,应充分考虑到各因素可能产生的影响,尽量避免由于错误选择导致的自身发展失误。

首先是期刊自身因素。学术期刊在进行自身发展模式选择时,首先要充分考虑自身的办刊条件,从而选择适合自身发展的模式。无论是在传统的纸质版期刊时代,还是在如今电子媒体、网络媒体已成为出版主流的媒体融合背景下,无论外部办刊环境如何变化,“内容为王”始终都是学术期刊立足市场生存与发展的根本条件。虽然从理论上讲,在网络平台上人人平等,只要你的期刊上网,都有机会被检索到。但是在线浏览、阅读期刊论文也是要付出成本的,包括时间与金钱。一个没有依托“内容为王”建立起来的期刊,在阅读者眼里就是一个品牌影响力的问题,如果影响力不好的期刊,是很难吸引到读者去全文阅读、打印期刊论文的,更不用说付费下载了。而品牌建设的核心内容就是期刊的内容质量。俗话说,打铁还需自身硬,无论选择哪一种发展模式,学术期刊都需要采取多种措施,努力提升自身的办刊质量。当前影响期刊质量提升的因素很多,学术期刊须根据自身的办刊环境,找准自身的优势条件,除了利用自身优势更加注重内容生产外,还应充分发扬自身在内容、资源及平台方面的优势,积极与新媒体合作,集中力量打造自己的办刊优势及办刊特色。努力探索新的发展模式,探寻“我中有你,你中有我”的复合协同发展之路。只有如此,才能在即将到来的期刊整合中找准自己的位置,拥有一席立身之地。

其次是政策环境因素。政策环境是学术期刊发展模式选择最重要的影响因素。学术期刊在选择自己的产业化发展模式时,要充分考虑到学术期刊的新媒体转型与融合发展,这些同样需要巨大的资金,但学术传播的公益性质使它很难成为赚取巨额利润的产业。一方面,新媒体产业联盟作为期刊的联盟,无论在经营目标还是在经营机制上,都与一般企业集团不同,相对于企业集团,学术期刊新媒体产业联盟更注重社会效益,融资渠道也比较单一;另一方面,学术期刊强调学术性、专业性、科研性与探索性,这决定了学术期刊不能混同于一般期刊,不能一味地追求经营利润最大化,绝大多数学术期刊都是社会效益大于经济效益的。这就要求政府作为公共行政的核心主体,充分发挥自己的职能,对学术期刊的运营,积极采取保护、引导和扶持政策。

再次是体制制约。目前体制下,学术期刊新媒体产业联盟的组建的较大困难之一就是办刊体制的制约。在我国，学术期刊因发行量小，读者数量有限，办刊规模集约化低，被认为不具有商品属性。长期以来对学术期刊出版产业属性的认识误区主要是由办刊理念和体制造成的，而这种办刊理念和体制又严重制约了学术期刊的发展和壮大。1949－1978 年的 30 年间，我国在出版领域的一切出版资源严格按照国家统一指令实行高度计划出版。历史事实已经证明，这种“管制”模式极大地阻碍了出版业的发展。改革开放以来，我国逐步走上了市场经济的道路，但在出版领域，计划经济的痕迹和影响至今仍然十分明显。以期刊出版为例，现在全国近万种期刊分布在约 5000 家单位里，这种类似于自留地耕作的生产模式，严重制约着期刊业的发展。而占据期刊半壁江山的学术期刊表现尤为突出。现在的学术期刊出版单位，大致分为三个系统：一是中国科学院、中国社科院及各省社科院等研究机构，二是高等学校，三是各种学会、协会和其他出版单位。这在前面第一章节里有所论述。从宏观层面来看，出版单位各自为政，以小农耕作方式进行生产，效率不高，出版资源没有得到整合，观念落后，缺乏市场和营销理念。以高等学校所办的学报为例，不管高等院校的办学历史、办学规模、办学层次差别如何大，每家一号，都在办学报，这种办刊模式最终形成了学报“弱、小、散、多”千刊一面的格局。这种计划经济的思维和方式，统治着我国学术期刊生产方式，从而直接影响着学术期刊的办刊模式。国外的商业出版者如爱思唯尔、施普林格等出版集团和一些学会非常重视期刊的运营，国际上也有很多学会将期刊运营所得用于维持学会运转、支持开展各项科学研究与教育活动上。期刊质量高、有影响力，才能经营得好，才能有人力、财力、物力等条件争取到更好的稿源，请更好的编辑（包括主编），提供更好的服务。当然，由于我国期刊管理体制与运营机制的不同，学术期刊大部分有部门或单位的支持，期刊的办刊模式相对缺乏灵活性，学术期刊出版领域，陈旧的观念和落后的生产管理方式依然占据统治地位。我们必须看到，在全球化、市场化、信息化的当今社会，仍然维持小作坊生产方式的学术期刊办刊模式，与时代潮流是多么格格不入。而在目前情况下，期刊体制变革面临一系列现实的困难和问题。这应当引起学术期刊办刊者，特别是期刊出版管理部门的警醒，我们必须用市场、经营、竞争等先进理念取代根深蒂固的落后理念，以国际化大视野学习和借鉴发达国家的办刊经验，尊重学术期刊最基本的办刊规律，这样的学术期刊办刊模式才符合出版业本质属性，促使我国的学术期刊业发展壮大，尽快提高其学术影响力。传统学术期刊在向新媒体过渡的过程中，需要新的期刊体制的支持，这就需要对传统办刊模式进行大的变革。

（三）编辑职责的时代化

新媒体时代的出版技术纷繁复杂，涵盖了计算机技术、通信技术、网络技术、流媒体技术、存储技术、显示技术等，在媒体融合时代，学术期刊发展既面临挑战，也存在发展机遇。融合并超越了传统出版内容而发展起来的新媒体产业，是以技术为依托且技术贯穿在整个出版过程中的出版活动。在过去，评价一篇论文或者是论文的作者时往往看论文的被引频次，有的甚至还看发表这篇论文的期刊的影响因子。而在当下的数字媒体时代，如果要评价某篇论文或单位作者对科学的贡献，亦即评价出版的有效性，还可以看单篇论文的在线下载次数（WEB下载量）或销售量。相当多的作者和读者在运用网络进行文献查询，甚至是开展研究或执行研究的部分工作，在这种形势下，期刊编辑必须尽快使传统纸媒学术期刊向网络出版等新型数字型态的学术期刊转变。这就需要一大批精通数字技术及出版知识的专业人才，而传统学术期刊由于沿袭原有的办刊模式，办刊人员的观念以及知识结构都不适应媒体融合的要求，新型人才的欠缺也是制约学术期刊新媒体产业联盟发展的一个重要因素。为了更能顺应期刊发展的需要，推进期刊的信息化与网络化，学术期刊的编辑要求除了要具备编辑人员的基本素质以外，还要熟悉数字出版常用的技术且有一定的知识储备，并且能够在实践中逐渐拓展和提高，只有熟悉掌握这些相关技术，才能适应新媒体环境的变化，才能更好地承担学术“把关人”的职责。期刊的编辑必须改变原有的工作模式，每个期刊要有自己的网站，建立自己的审稿系统和采编系统。这样可以加强编辑部与作者和读者的互动、编辑部和审稿专家的互动、编辑部内部成员之间的互动等，缩短稿件的处理时间，实现从投稿、组稿、审稿、编辑等全过程的网络化管理，扩大审稿专家范围，扩充优质稿源，提高编辑部的工作效率。网络化进程也对编辑提出了更高的要求，编辑要紧跟网络技术发展的步伐，要加强对多媒体知识和数字化手段的学习，同时注意结合自己的具体工作，熟练掌握和应用更多的网络技术和数据库EI、SCI和CNKI等，如通过CNKI推出的学术不端行为检测系统，编辑可以排查有一稿多投、抄袭、剽窃等学术不端行为的稿件，以利于建立良好的学术氛围。这是办出自己特色刊物、办出水平刊物的基本条件。要使期刊充分发挥快速传播科技信息的作用，必须不断完善编辑部的网络化，只有这样才能在我国科学技术的发展中发挥更大的作用。因此，媒体融合背景下，学术期刊应抓住契机，主动与新媒体相融合，积极寻求自身发展道路。组建学术期刊新媒体产业联盟是学术期刊在媒体融合时代的发展思路之一。学术期刊通过与新媒体联合,可以最大限度地发挥自身内容生产的优势,并适应媒体融合发展的需要;但是学术期刊在与新媒体联合的过程中,也会面临一系列的问题与困难,这些都直接影响着学术期刊新媒体产业联盟的组建及发展。学术期刊在做自身发展模式选择时,应充分考虑到这些因素,寻找更加适合自身发展的途径。

第七章 学术期刊影响力案例分析——基于浙江省人文社科学术期刊的调查[①]

一 浙江省期刊发展概况

浙江是东南沿海富庶的重心，是生聚教训的名邦，有着悠久的历史底蕴和浓郁的文化氛围。根据文献记载，1854 年 5 月 11 日，《中外新报》在宁波创刊，这成为浙江省第一份期刊，浙江期刊发展史由此揭开。《中外新报》所载内容包括新闻、宗教、科学和文学，以报道国内外新闻为主。《中外新报》诞生之后，省城杭州与浙南沿海城市温州、历史文化根基深厚的绍兴等紧步其后，而后金华、台州、嘉兴、嘉善、平湖等府城皆纷纷跟从，创办报刊之风逐渐遍及全省。1897 年，温州人陈虬创办了中国高校最早的科技学报——《利济学堂报》，也是中国最早的专业期刊。《利济学堂报》以中医为特色，兼及时政、农学、天文学、数学，是一份综合性的半月刊。进入 20 世纪初期，随着社会经济和文化的不断发展，各类报纸、期刊如雨后春笋般蓬勃发展。由于当时的中国历史风云际会，各种社会思潮异彩纷呈，政治流派层出不穷，使得这一时期的报纸、期刊多以政治性刊物为主，也有一些专业性刊物，如《浙江教育官报》《杭州商业杂志》《农工杂志》《绍兴医药学报》等。国民政府统治时期，国民党政府定都南京使得中国政治中心南移，江浙沪地区成了国家政权统治的强势地带，加上蒋介石在国民政府中的中心地位，使得这一时期浙江省的政府报刊比较发达。根据《浙江省新闻志》记载，到 1937 年抗战爆发前，浙江省共有报纸 105 家，期刊 170 种以上，在全国名列前茅。

新中国成立以后，浙江省的新闻出版业进一步发展，特别是改革开放以后，

---

① 本章内容主要参考以下文献。陈雯兰、陈石平：《浙江省社科期刊学术影响力研究——基于 CSSCI 的实证分析》，《浙江社会科学》2012 年第 1 期，第 145—150 页；陈雯兰：《浙江省 9 类 CSSCI 收录期刊综合评价指标计量分析研究》，《浙江工业大学学报》2014 年第 1 期，第 114—118 页。

浙江省期刊规模进一步壮大，结构日益完善，竞争力不断增强，已成为浙江省文化建设及经济建设的重要组成部分，为浙江经济社会的发展与进步做出了重要贡献。

根据《中国出版年鉴2015》的统计数据，截至2014年底，全国各类期刊出版的种数总计为9966种，其中浙江省公开出版的各类期刊种数为225种，这一数字略低于全国平均水平(平均数为293.1种)。除去中央的2951种期刊，地方期刊种数合计为7015种，浙江省期刊种数占地方期刊种数的3.21%。地方期刊平均每种期刊的期印数为1.42万册，浙江省期刊平均每种的期印数为2.25万册，高于全国平均水平。具体到人文社科类期刊，全国总计有2618种，其中中央占890种，地方占1728种。浙江省共有社科类期刊47种，相对于地方总共的社科类期刊1728种，浙江省占据的数量远低于平均数(1728/34=50.8)。对于每种期刊的平均期印数，浙江47种社科类期刊平均每种的期印数为2.43万册，而全国地方2618种社科类期刊平均每种的期印数为2.77万册。表7-1列出了2014年全国与浙江省期刊种数与印数，表7-2列出2014年全国与浙江省人文社科类期刊的种数与印数。为了有对比，把与浙江省经济相当的江苏省人文类期刊对应的数据情况也列与表中。

表7-1　2014年全国与浙江省期刊种数、印数表

	种数(种)	平均期印数(万册)	平均每种期印数(万册)
全国总计	9966	15661.24	1.57
中央	2951	5672.68	1.92
地方	7015	9988.15	1.42
浙江	225	507.23	2.25

表7-2　2014年全国与浙江省人文社会类期刊种数、印数表

	种数(种)	平均期印数(万册)	平均每种期印数(万册)
全国总计	2618	7263.56	2.77
中央	890	3631.15	4.08
地方	1728	3632.41	2.10
浙江	47	114.03	2.43
江苏	103	135.80	1.32

随着“互联网+”作为国家战略的提出，依托移动互联网的各种新媒体发展

起着越来越重要的作用。微博、微信等新媒体技术不断地渗透到学术期刊的出版中，单一的传统的纸质媒介的传播方式难以满足用户的阅读需求。目前浙江很多社科类期刊已经建立起自己的网站和微信公众号。它是编辑、作者、审稿专家以及读者之间的一个互动平台，实现了网络互联与传统出版的优势互补。在这些期刊中，高校学报类的人文社科期刊大多是高校应用自有技术力量进行开发，非高校学报类人文社科期刊则多通过专门的网站建设公司进行开发，但也有相当一部分期刊则是直接使用中国学术期刊网、万方数字化期刊网提供的免费网页模块生成自己的网站。随着科学技术不断发展，很多的期刊社、社科类期刊在新媒体融合方面是举步维艰，普遍存在开发新媒体技术力量不足、需求定位较低、更新较慢等问题，亟待建立期刊媒体融合的数字化出版平台，构建平台型媒体，全方位快速展示期刊信息，建立实现"纸刊＋网站＋新媒体平台"组成的全媒体传播平台。

二　基于 CSSCI 统计的浙江省社科类学术期刊分析

(一)CSSCI 收录的情况

自 20 世纪 50 年代美国著名情报学家加菲尔德博士创立引文索引系统以来，国际上对科学研究成果和学术期刊的评价已经越来越多地采用引文分析方法。与专家定性评价方法相比，引文分析方法所具有的定量分析的客观反馈性更为科学公正。加菲尔德博士最初创立这一体系，主要用于对自然科学期刊的评价，后来社会科学期刊的评价也开始采用这一评价体系。与国际相比，受限于社会科学的研究特点，我国人文社科期刊学术影响力的评价，难以直接应用国外的这些评价指标体系，因此，长期以来，人文社科期刊的学术评价较为沉寂。为了对国内人文社科期刊有一个较为系统客观的评价，南京大学于 1997 年提出了研制开发电子版《中文社会科学引文索引》(CSSCI)的设想，并于 1998 年获得教育部支持，作为教育部重大项目正式立项。2000 年，南京大学"中国社会科学研究评价中心"成立，并发布《中文社科学引文索引》(CSSCI)光盘版。经过十余年的发展，CSSCI 目前已经累积 60 万条各类来源文献数据，被引文献记录达到 260 万条，收录期刊达到 500 多种，其评价体系虽有不完善，但也是目前业内公认的国内最高级别的人文社科学术期刊的评价体系。有鉴于此，CSSCI 收录的浙江省社科期刊的情况，可以作为评估浙江省人文社科期刊学术影响力的重要指标。

考察CSSCI(2014－2015年)收录的533种期刊，在包含各高校社科类学报在内的47种浙江省社科类期刊中，被CSSCI收录的仅为7种(见表7－3)。同期北京市被收录的哲学社会科学类期刊为220种，上海4种，湖北29种，广东19种，与浙江经济规模发展相当的江苏省为25种，可以看出，浙江省被CSSCI收录的期刊数量还相对较少，与作为经济大省的地位不相适应，与先进省市相比还有很大的差距。

纵向比较来看，CSSCI来源期刊2006—2007年收录浙江省社科类期刊8种，2008—2009年收录10种，2010—2011年收录9种，到了2015年，收录的浙江省社科类学术期刊却只有7种。2014—2015年收录的浙江省社科类期刊占CSSCI全部来源期刊的1.31％，明显低于全国3.64％的平均水平。统计出的几次收录的期刊总数都比较少，数量变化也不大。其中，《管理工程学报》《财经论丛》《商业经济与管理》《浙江大学学报(人文社会科学版)》《浙江社会科学》《浙江学刊》《远程教育杂志》这7种刊物从开始到最后都入选了CSSCI来源期刊。此外，除去《浙江社会科学》和《浙江学刊》，入选CSSCI来源期刊的都是高校所办的学术期刊，说明浙江省非学报类期刊和学报类期刊的办刊水平还存在较大差异。高校因为拥有众多学术研究人员和更好的研究条件，办刊水平相对较好。

表7-3　CSSCI来源期刊(2014—2015年)收录浙江省人文社科类期刊情况

期刊名称	学科类别	主办单位	国内连续出版物号
管理工程学报	管理学	浙江大学	CN33－1336/N
财经论丛	经济学	浙江财经学院	CN33－1154/F
商业经济与管理	经济学	浙江工商大学	CN33－1336/F
浙江大学学报(人文社会科学版)	高校综合性社科学报	浙江大学	CN33－1237/C
浙江社会科学	综合性社会科学	浙江省社会科学界联合会	CN33－1149/C
浙江学刊	综合性社会科学	浙江省社会科学院	CN33－1008/C
远程教育杂志	教育学	浙江广播电视大学	CN33－1304/G4

从学科类别上看，在CSSCI全部25个大类的来源期刊目录中，浙江省仅在5个学科类类目中榜上有名，在其他20个类目中均为空白。这表明浙江省的社科类期刊不仅高水平的学术期刊偏少，而且布局不尽合理，高影响力期刊存在着

明显的学科发展不平衡问题。

(二)基于影响因子指标的情况分析

从万锦堃等主编的《中国学术期刊综合引证报告》和肖宏主编的 2015 年版的《中国学术期刊影响因子年报》(人文社会科学版)的 2014 年所统计的数据,统计出 2015 年被 CSSCI 收录的浙江省社科类期刊影响因子指标体系的载文量、总被引频次与 IF2、即年指标、被引半衰期与 Web 下载率,同时,为了方便进行客观比较与分析,统计给出中国最具影响力的人文学术期刊之一的《中国社会科学》在相应年度相应的指标(见表 7-4)。

表 7-4　浙江省被收录 2014 年各评价指标

期刊名称	影响因子指标					
	总被引频次	IF2	即年指标	被引半衰期(2015 年)	载文量	Web 下载率/总下载量(万次)
中国社会科学	16519	6.034	0.621	8.9	124	501/75.16
浙江社会科学	4453	0.856	0.094	6.3	245	60/24.57
管理工程学报	5383	2.473	0.135	6.4	111	120/14.03
浙江大学学报(人文版)	5022	1.865	0.417	7.3	96	98/20.33
商业经济与管理	4116	1.808	0.223	5.1	121	130/17.05
浙江学刊	3356	0.627	0.074	8.2	175	48/19.56
财经论丛	2263	1.745	0.147	4.8	156	86/9.93
远程教育杂志	2301	5.740	0.949	2.5	78	221/14.38

1. 总被引频次分析

期刊的总被引频次是衡量一个期刊自创刊以来的绝对学术影响力,表明了期刊过去所有刊载论文产生的学术影响。表 7-4 给出了 CSSCI(2015 年)来源期刊收录的浙江省社科类学术期刊总被引频次情况,可以看出,CSSCI 来源期刊收录的浙江省社科类期刊在总被引频次上与国内最具影响力的社科学术期刊《中国社会科学》的总被引频次差异明显。浙江省内被收录的 7 种期刊,最高的是《管理工程学报》,为5383篇次,所录期刊平均总被引频次是3842篇次,而《中国社会科学》为16519篇次,是《中国社会科学》总被引频次的23.26%。综观近三年的CSSCI所录期刊的相关影响因子指标,整体上出现的大幅增加,说明浙江省社科类学术期刊整体学术辐射力得到增强。其中,增长的绝对数量最多的是《管理工程学报》,2015年比2008年增加了4326篇次。

2.影响因子IF2分析

影响因子的目的是从评价期刊中论文的篇均被引率的角度来评价期刊的学术质量。显然,一个期刊的影响因子越大,说明该期刊在学科发展和交流中的作用和影响力越大,其论文的学术水准也较高。表7-4给出了CSSCI(2015年)来源期刊收录的浙江省期刊影响因子情况。从表7-4可以看出影响因子较高的是《远程教育杂志》,其2014年影响因子平均值为5.740,而《中国社会科学》的影响因子为6.034,二者的影响因子有一定差距。影响因子在1.0以上6.0以下的有5家刊物,分别是《浙江大学学报(人文社科版)》《管理工程学报》《商业经济与管理》《远程教育杂志》与《财经论丛》,其中以高校所办的学报类期刊为主,说明高校因为拥有众多学术研究人员和更好的研究条件,论文质量相对较高。值得注意的是,总被引频次最高的《管理工程学报》的影响因子为2.473,说明该刊论文被引用总次数虽然较多,但论文质量还有待提高。从影响因子的年度变化情况来看,与2007年相比,2008年、2009年普遍有所下降,这主要也是因为统计源发生了改变。但从采用相同统计源的2008年和2015年的这几年的影响因子数据比较来看,浙江省被收录的相关期刊影响因子都有很大的提高,影响力有明显的提升。这些期刊的影响因子从原来不到1.0到2015年的6家刊物达到1.0以上,其中《管理工程学报》和《远程教育杂志》的影响因子有了明显提高,尤其以《远程教育杂志》更为明显,从2008年的0.279到2014年的5.740。

3.即年指数分析

即年指数用以描述期刊当年发表的论文在当年被引用的情况,代表期刊的即时反应速率,该指标比影响因子更能表征期刊学术影响力和学术成果扩散速度。从表7-4可以看出,《中国社会科学》的即年指数为0.612,而《远程教育杂志》的即年指数为0.949,远远超过《中国社会科学》。这说明《远程教育杂志》刊登的论文时效性较强,能够紧跟学科热点问题,因此其学术成果短期扩散速度较快。从即时指数的纵向变化情况来看,对于采用相同统计源的2008年到2015

年，有6家期刊的即时指数出现提高，尤其是《远程教育杂志》从0.164提高到0.949，超越了我国最有影响力之一的《中国社会科学》。说明浙江省社科类期刊相比往年，能更好地紧跟学科内的热点问题，对学术兴趣点的变化更加敏感。

4.被引用半衰期分析

被引用半衰期是期刊发表的学术成果的被引用率与时间存在着反比例关系，被引用半衰期就是对二者这种关系的具体体现。一般来说，期刊的被引用半衰期反映了期刊所载论文的生命周期。从表7-4可以看出，《浙江学刊》的被引用半衰期为8.2，位居省内社科类学术期刊被引半衰期最高位，与《中国社会科学》的被引半衰期8.9相差无几。结合即时指数的分析来看，《浙江学刊》的论文时效性虽然不强，但论文的生命周期较长。虽然《远程教育杂志》的即时指数最高，但论文普遍生命周期较短，说明论文多数是紧跟热点的应景文章，缺乏足够的理论深度，因而难以持久。从被引用半衰期3年年度变化情况来看，多数浙江省社科类期刊的被引用半衰期逐年增加，表明这些期刊对论文的深度要求在逐步提高。

5.载文量分析

载文量是一个评价期刊的基本指标，常被用于衡量期刊吸收和传递科学信息的能力。一般来说，载文量增加可以直接增加刊物的信息量，并对信息的传播起着最直接的促进作用。从表7-4可以看出，载文量最多的是《浙江社会科学》，达到245篇，余者载文量均在200篇以下，其中载文量最少的为《远程教育杂志》，仅为78篇。此外，载文量最高的两家期刊均为非学报类期刊，说明学报类期刊用稿更为严谨，更强调论文的质量。在统计数据完整的7家期刊中，载文量出现增长的是《财经论丛》，从2008年的94篇，到2014年的245篇。其他的期刊载文量均有所下降，尤其以《浙江大学学报(人文社科版)》和《远程教育界杂志》明显。综合两种刊物其他的影响因子，近几年其刊物影响力在不断增强，这与该刊的发文量有着直接的关系，说明所刊发论文字数增多，篇幅增长，论述比较充分与透彻，能体现作者渊博的理论知识。

6.Web即年下载率分析

Web即年下载率用以反映期刊在互联网上被传播的情况，是一个网络传播指标。从表7-4可以看出，Web即年下载率最高的是《商业经济与管理》，达到

130，最低的是《浙江学刊》，为48，而《中国社会科学》的Web即年下载率为501，二者差距较大。说明了所收录的省内社科类学术期刊影响力跟国内一流的人文类学术期刊还有一定的差距。从Web即年下载率年度变化情况来看，除个别期刊外，其他基本上均出现了增长，说明浙江省社科类期刊在数字化时代日益得到重视，这与新媒体的网络、手机微信、微博等增强的新型传达信息传播方式在期刊领域的应用呈现的好势头以及改变了的广大用户的阅读获取习惯有很大的关系。并且，随着时间的推移，这种关系将日趋密切。

三　制约浙江省人文社科类学术期刊影响力的因素

纵观浙江省社科类学术期刊的发展，虽然较改革开放前有很大进步，但其学术辐射力和社会影响还十分有限，突出的表现在：一是相比经济相当的省市，比如江苏、山西、北京等，浙江省内社科类学术期刊的总体数量偏少；二是现办的浙江省社科类学术期刊中，有相当学术影响力和辐射力的期刊太少，与其他经济水平相当的省市期刊还有不小的距离，与国内一流的《中国社会科学》期刊有着天渊之别，而且近年来，在现有评价指标上的量化数据变化不大，这点从对被CSSCI收录的浙江省社科期刊的文献计量指标分析中也可以看出；再者，从上节分析来看，浙江省内的刊物人均数量小，专业性期刊少，很多的学科领域都是空白。总而言之，浙江省现办的刊物总体质量较为一般，缺乏起领军作用的高影响力期刊。针对浙江省社科类期刊这些问题，本论述尝试从办刊机制、经营管理模式、办刊经费、编辑素质等方面分析浙江省社科类期刊发展过程中存在的不足。

（一）资源配置的行政化导致竞争能力匮乏

我国期刊资源，也即是中国标准连续出版物号，实行具有计划经济特点的配给制。期刊主管部门（国家新闻出版广电总局）按地区、行业配给期刊资源，通过中国标准连续出版物号审批的方式控制期刊发展的规模与数量，同时，期刊的出版内容或形式也有严格的规定，什么样的单位可以办什么内容、形式的期刊完全是由期刊管理者来决定。当前，浙江省人文社科类期刊的管理体制、运作机制很多还是计划经济条件下形成的，十几年来办刊机制并没有随着经济体制的转型而发生太大的变化，其办刊理念、办刊模式和办刊方法早已无法适应社会主义市场经济体制和改革开放的需求，也难以面对期刊市场的激烈竞争。

以期刊的审批制度为例，为了严把舆论关和防止出版市场的混乱，对于刊号的发放,计划经济体制下实行的是相当严格的期刊审批制度,期刊发展中的诸多不和谐现象都与这一管理体制有关。例如,严格的审批制度使得更改刊名相当困难,造成不少期刊出现名实不符的情况。以高校学报类的社科期刊为例,除了《浙江大学学报》分专业版本,《浙江林学院学报》《浙江中医药大学学报》《温州医学院学报》《中国计量学院学报》继续保持鲜明的专业特色外,其他学报受限于刊名,都是人文综合版和理工综合版,有的甚至是文理综合版。

同时,过分限制期刊刊号,期刊界也会变得缺乏竞争。因物以稀为贵,导致收取高额版面费,这不仅使期刊业的发展壮大受到制约,也在一些专业领域阻碍了很多潜在期刊的进入,使得已经拥有刊号的专业期刊形成"独家经营""恃宠而娇"的局面,不思进取,不利于该学科专业的发展。此外,目前期刊缺乏退出机制。在国务院、中宣部、出版总署等主管部门已经颁布的期刊管理办法或条例中,尚没有明确的期刊退出机制条款,仅有的"停刊"处理也只是在期刊出现重大舆论导向错误时才予以处罚。在这一制度下,现有的期刊只要没有重大的政治导向错误,即使办得再差,也可以一直办下去。这使得有些社科类期刊编辑部难免降低期刊的学术要求,把学术期刊变成"学术垃圾"的"工厂"。

再者,严格的审批制度不仅限制期刊刊号的发放,甚至期刊页码的增加都需要报批,这无疑造成了学术论文发表的滞后,影响了学术信息的传播。

除了僵化的期刊审批制度以外,经营自主权的缺乏,也制约了浙江省社科类期刊的发展。浙江省社科类期刊很多都没有建立期刊出版法人制度,而是实施主管和主办单位制度,由于责、权、利在出版单位和主办单位之间并不明确,很多期刊已经沦为主办单位的行政附庸,期刊社实际上没有经营自主权。由于期刊编辑部不具备法人地位,几乎所有事务都需要得到主管部门批准,以一个独立的实体进军市场显然无法实现。特别是一些学报类社科期刊,很多学校干脆将其当作学校"内部刊物",实行的基本上是封闭式办刊和关门办刊,学报被办成了学校的"学术自留地",认为自己学校主办的学报,理应服务于自己学校的教师,校外文章如果被发表,似乎是把便宜给了外人。即使有校外流入的稿件,也是人情稿、职称稿居多,学术质量难以保证。

此外,受有关部门对我国大学和科研院所排名、高等学校教学评估等影响,浙江省各科研机构和高校为了提升自己的影响力,纷纷出台政策,运用一系列的优惠政策奖励在国际上或被 SCI、EI 等收录期刊上发表文章的科研人员,从而无形中鼓励本地学者投向省外乃至国外的高水平期刊,出现所谓的"肥水外流"现象。实际上,目前学术期刊界普遍存在这样的现象:优质稿件首选发表于国外;

其次是考虑发表于国内权威期刊;最后才会考虑投到本地区的期刊。目前,国家新闻出版管理部门多次强调,国家和有关行政部门从未给期刊定过所谓的“级”,对核心期刊的应用也出现偏差。

(二)办刊经费艰难引致期刊质量下降

总体看来,浙江省人文社科类期刊由于基本属于学术类期刊,受众有限,因而规模普遍较小,且格局分散,自我发展能力严重不足。多年来,人文社科类学术性期刊一般都是由高等院校或政府部门主办,各主管部门对办刊经费基本上是全额拨付,或给予一定的经费补贴。由于较少引入市场经济因素,办刊经费的这种拨付方式显得十分僵化教条。实际上,主管部门在对期刊进行年度经费预算时,很少去考虑纸张费、印制费的涨价问题,而是习惯于简单地把上一年度的经费总量作为编制预算的依据,核定新一年的办刊经费,这自然造成了办刊经费的严重不足。无论是全额拨款还是经费补贴,经费总是有限的,充其量只能维持刊物最基本的生存需要,而无法满足长远发展的需要。就拿一个目前学术期刊普遍面临的现实问题——稿酬来说,由于入不敷出,所支付的稿费通常只能维持在最低标准,甚至需要论文作者自行支付论文发表出版费用。为了应对办刊经费紧张的局面,学术期刊向作者收取版面费的行为就越来越普遍。越是质量差的社科类期刊,期发稿量越多,少则四五十篇,多则七八十篇,以至于每期刊物厚得像一本“大部头”。这样编辑部得到了一时的实惠,但期刊的学术水平日益下降,作者利益受损,编辑的“清流”形象也大打折扣。

资料统计表明,浙江省至今还没有一个经中央批准的期刊集团,盈利期刊不足30%,且绝大多数盈利规模在百万元以下,过日子尚可,但不具备再投入的能力。在接近总量60%的持平期刊中,大多数仍依靠拨补资金出版,这类期刊既不具备自我发展的能力,也没有发展的压力和动力。此外,浙江省人文社科类期刊每期的办刊经费平均为2.2万元,只能满足基本办刊需要,如进行信息化建设,经费则捉襟见肘,这显然制约了浙江省社科类学术期刊学术传播功能,也削弱了其社会影响。

社科类期刊属于学术类期刊,而学术期刊不是大众媒体,由于受众有限,必然需要必要的投入支持,这个投入支持当然就包括了对社科期刊的资金投入。对于社科期刊的主管或主办单位而言,资金支持与投入的增加,不但非常有必要,也是很有价值的。就当前的客观环境而论,一个期刊如果能够拥有比较充裕的资金来源,无疑会有更好的办刊条件,才更有可能保证期刊的学术质量。只有办刊经费的困扰被解除或舒缓了，期刊编辑们才能有更多的精力投入到选题的策划和学术质量的提升当中，也才有可能更好地去提升自身专业素养。当然，对于部分条件比较成熟的社科期刊，还可以尝试进行学术市场延伸产品的开发。长远来看，不仅是社科期刊，大部分学术期刊终究会随着市场经济的不断深化而走向市场，但总体而言，完全市场化还不适宜现阶段的浙江省人文社会科学学术期刊。结合实践经验，目前多数浙江省社科期刊仍应采用以政府或主办单位的财政拨款渠道为主、市场经营为辅的办刊经费筹集办法。

(三)编辑的专业素养影响刊物水平

与一般刊物相比，社科期刊作为学术性刊物，对编辑的专业素养要求较高。无论是稿件的约稿，还是初审和外审，都需要责任编辑对该专业领域有深入的认识，具备较高的专业素养。然而，在有些主办单位看来，期刊编辑无非就是将作者所投稿件组合起来，校对一下，然后印刷出来就可以了，似乎谁都可以胜任。不少主办单位在安排编辑人员时，并没有以人员的专业素养作为主要取舍依据，社科期刊的编辑部常常被当作“停靠站”，将那些在领导岗位上退下来的，还未退休的或即将退休的人员安置在编辑部过渡，一些高校学报类的社科期刊编辑部甚至成为高校人才引进时安置家属的一个渠道。实践经验表明，一个熟练的编辑至少需要3—5年时间去培养，才能真正独当一面。如果要对期刊工作能够进行深入研究，做出独立思考，则需要花费更长的时间。正是由于对社科期刊编辑专业素养不够重视，使得浙江省社科期刊在编辑人员的编制上也存在严重问题。早在1991年，科学技术部就颁发了《科学技术期刊管理办法》，该办法第三章第八条规定，出版科技期刊应有健全的编辑部。专职编辑人员按任务定编，一般季刊(或半年刊)不少于3人，双月刊不少于5人，月刊不少于7人，并设有一定数量的专职编务人员。外文版期刊编辑部应配备外文专职编辑。按照这一规定，现在很多浙江省社科类学术期刊根本无法满足。实际上，浙江省社科期刊季刊多数只有2个专职编辑，个别季刊甚至仅有1个专职编辑，一些双月刊也只设2个专职编辑。而专职编辑的不足直接影响了编辑素质的提高，并间接影响到了刊物的学术质量。此外，很多浙江省社科期刊编辑的身份也像编辑部的建制一样不明确。比如，对于学报类社科期刊，编辑人员究竟是教师还是科研人员，是行政人员还是教辅人员？似乎其身份一直暧昧不明。对于非学报类的社科期刊，其专职编辑也大多按事业单位的行政人员待遇，使之具有极强的依附性而缺乏独立性。在政策性待遇分明的现行体制中，编辑部和编辑人员的这种尴尬处境反映了社科期刊的作用意义和编辑人员的工作并未得到应有的“认可”，编辑人员的工作积极性和主动性必然受到挫伤，同时，也造成了很多编辑人才的流失，使浙江省社科类期刊整体编辑素质无法提升。

正是因为社科期刊对编辑的专业素养要求较高，国内外很多人文社科期刊的编辑都是聘用专业学者担任，如我国台湾省很多社科类期刊都是由主办单位的专家学者兼职做编辑，只设立编审委员会（编委会），而不设杂志社或编辑部。中国台湾的科教部门在对社科期刊的学术水平进行评估时，对期刊是否组建由不同机构的相关专家组成的编委会是非常重视的。在欧美发达国家，专业性很强的学术期刊的编辑更是聘请该研究领域声誉较高的专家或学者担任。

上面所述的是编辑队伍建设方面客观存在的一些问题，编辑的自身专业素养也是很重要的一方面。如今，在新媒体与传统媒体相融合的大趋势下，期刊编辑要生存与发展，除了需要具备基本的职业素养外，还要全方位地提高新媒体的素养。据报道，QQ 同时在线用户数已突破 2 亿，月活跃账户数已超过 8 亿。《2014 年新媒体蓝皮书》指出，微信用户已达 6 亿，月活跃用户超过 2.7 亿，微信公众账号 200 多万个，并保持每天 8000 个左右的增长速度以及超亿次的信息交互；中国目前提供微博服务的网站共有 103 家，用户账号总数已达 13 亿。Twitter 累计注册用户超 10 亿，月活跃用户量为 2.41 亿。Facebook 的用户超过 10 亿。Google 的用户超过 5 亿。所有这些都说明我们已经进入了新媒体时代，其以信息传播上具有的与生俱来的优势，给人们的思想观念、思维方式及生活方式都带来了巨大的变化，使广大受众对其产生很强的依赖性。因此，如何实现新媒体与期刊工作的有机、有效结合，借助新媒体即时获取信息和即时传递、多向传播、及时互动、图文并茂的优势，最大化地发挥新媒体的效益，开创办刊的新局面就成为摆在学报编辑工作者面前的一个课题。这就要求学报编辑要有较高的新媒体素养，主动学习并熟练掌握各种新媒体的特性和使用技巧，具备利用新媒体获取和传播信息的能力，建立起新型互动的编者、作者、专家和读者相互学习、优势互补的学报办刊工作的新局面。如利用微信、微博和 QQ 等即时获取信息的优势提高学报选题策划的质量和追踪热点的能力；利用 QQ、微信等实现与作者、读者和审稿专家的即时沟通和互动，提高约稿质量；利用微博和博客的即时发布和聚集受众等方面的优势提升学报的影响力。在现今信息社会下，新媒体要求编辑人员不断学习网络技术、多媒体技术、计算机软件使用技术来充实完善自己的知识结构，迅速提高自身综合能力，这样才能在数字出版技术发展的潮流中不被淘汰。在新媒体的形式下，编辑要有效利用新技术优越快捷的搜索技术，检测各类新媒体平台发布的先进科技信息，应用新媒体工具与平台，吸引读者，就某些热点问题，可以相互讨论，同时进行一些适当的引导，这也是培养编辑综合利用新媒体的系统性能力的体现。

（四）缺乏特色与创新阻碍了期刊的发展

与科技类期刊不同，社科类期刊要想从众多同类期刊中脱颖而出，有更强的学术影响力，就必须办出自己的特色，形成自己的风格。浙江省目前已拥有社科期刊几十种，但这些期刊大多大同小异，存在着比较严重的同质化现象；水平一般的多，质量高的少；发行量小的多，发行量大的少；共性的多，有个性和特色的少。究其原因，很大程度上就在于目前的浙江省社科期刊发展缺乏特色和创新意识。翻开不同的社科期刊，基本设置的都是差不多的栏目，文史哲法政经几乎无所不包。这样收集“学科大全”，期刊内容变成“办展览”，恐怕没有几个人是爱看的。

在我国，知识分子大量地集中于高等院校和研究院所，而按照高等院校和研究院所现行体制，各类研究人员有着庞大的论文发表需求。研究生取得学位需要发表论文；教师和科研人员职称评定也需要发表论文；研究项目结题还需要发表论文，等等，不一而足。正是各类专业人员有着庞大的论文发表需求，社科类学术期刊就难免存在有大量的人情稿、关系稿，根据不完全统计，浙江省很多社科期刊的稿件，几乎有 1/3 是单位内部稿件和由本单位领导、导师等推荐的稿件，这个比例有时甚至达到一半。这些稿件由于不是以科学和学术的态度经过认真研究调查写出来的，而是为达到某种目的拼凑出来的，大多数水平一般、学术质量低劣，难以体现期刊特色。长此以往，必然使得学术期刊出现同质化，无法实现地域特色和专业特色，更无法实现多元化创新。

虽然经过了改革开放市场经济的锻炼，但浙江省社科类期刊很多仍然缺乏现代市场营销观念，如市场意识、品牌意识、创新意识、效率意识、竞争意识、服务意识和法律意识，缺乏危机感。许多期刊社还没有从过去那种“等任务”“靠政策”的习惯思维中走出来，不研究市场，不研究受众，等“米”下锅，等作者找上门，致使稿源面窄质差，难于从同类期刊中突围出来。由于缺少独特的个性风格，一些社科期刊很难在数量众多的学术期刊中脱颖而出，而影响力弱直接影响了刊物的稿源，使期刊无法提升自身学术质量。

学术期刊要避免求大求全，尽量不以“学术大全”姿态开局，而以自己独特的优势打开局面。期刊篇幅有限，即使连续不断出版，也难以承此重任。浙江省社科期刊必须经过编辑主体的精心培育和打造，在学术资源开发、选题策划、栏目设置以至于编排版式等各方面求新求异，才有可能形成其个性特征。

四 提升浙江省社科类学术期刊影响力

目前我国市场经济需要补课，法治环境亟待健全。许多问题与国家的宏观管理制度有关，由于牵一发会动全身，解决这些问题不可能一蹴而就，必然有一个过程。出版管理的改革必须从减少行政审批、加强行业协会建设等方面入手，积极稳妥地推进改革步伐。通过前述分析，我们看到，当前浙江省人文社科类期刊的影响力还远远不够，期刊的发展仍面临多方面的问题，但这些问题也是浙江省人文社科类期刊改革的动力。因此，浙江省人文社科类期刊作为浙江省学术期刊的重要组成部分，要找准出路，加快发展，以便在激烈的期刊竞争中牢固地占领一席之地。本章结合前述制约的因素分析，尝试给出提升浙江省社科期刊影响力的对策建议，以期更好地为浙江省学术研究、期刊传媒工作及科研成果的转化服务。

（一）理顺管理体制，实现期刊集群化发展

浙江省社科类期刊要发展壮大，市场化道路是必然的选择。尽管社科类学术期刊是非营利性公益事业，但其要获得发展也必须按照市场机制运作，以最小的成本获得最大的收益（包括社会效益和经济效益），不断优胜劣汰，这样整个浙江省社科期刊才能不断进步。作为政府，必须认识到培育学术期刊市场应多依靠市场手段，要鼓励竞争；立法部门应尽快制定专门的法律以保障和维护出版市场竞争秩序，同时要进一步加强司法力度，使各项改革措施得以顺利实施。各级主管部门应该认识到，要使社科期刊的市场竞争机制在市场经济运行中真正发挥有效的调节功能，一定的先决条件是必须要具备的。这些条件主要包括：第一，要有健全的市场主体，即社科期刊要成为具备自主经营权、自主管理权和承担责任的独立法人；第二，要有健康的市场客体，部门或行业壁垒以及地方或区域壁垒应设法消除，使优胜劣汰真正得以实现；第三，要有完备的社科期刊的竞争制度，立法部门应通过法律形式创建一套完整有效的竞争规则，使社科期刊的竞争效果真正得以保障，长效工作机制得以建立。

与此同时，还应该看到，组建期刊出版集团，走集群化发展的道路是浙江省社科期刊发展的必由之路。2008 年召开的全国出版工作会议，明确将科技期刊

界定为经营性文化产业，并指出了科技期刊出版单位作为经营性出版单位逐步转企改制的改革路径，即要逐步分期分批转制为企业，按照市场化、企业化机制运行。目前，浙江省大多数社科类学术期刊还是吃“皇粮”，尚未完全摆脱计划经济体制的影响，各期刊都是各自为战，难免力量单薄。与国内国外其他期刊相比，浙江省社科期刊最大的问题是如何实现集团化和网络化，利用两微一网一端的融合平台，将期刊资源进行整合，实现省内期刊的行业优势。这是提升浙江省社科类学术期刊影响力必须要面对的重要问题。因此，行业界限和门户壁垒应该被打破，独立运作的期刊集团必须着手组建。在组建学术期刊集团方面，中华医学会杂志社是目前国内运作比较成熟的典型，已经拥有 70 多家期刊，共用一个微机排版室，还有一个广告公司专门承接各刊的广告业务。尽管有这样大规模的杂志社，但其实大多数期刊社规模很小，一般只有 2—5 种期刊，仅靠自身滚动发展很难形成集团。尽管可以有多种多样的组建社科期刊集团的途径，但主要模式不外乎两种。一种是横向联合，即期刊社由多种社科期刊联合组成，期刊社作为市场主体，具有独立的法人地位。期刊的学术质量由各编辑部自己负责，期刊社则负责刊物的统一经营管理。这种横向联合模式能使投入成本显著降低，产出效率得到提高；出版过程、广告经营、市场营销、版权贸易等活动都能够有较高的专业化程度，期刊的市场竞争能力和市场地位都因为期刊社实现最佳规模而获得提高，经营风险也得到了分散和降低，社会效益和经济效益能够最大化。另一种模式是纵向联合，即联合体不仅包括社科期刊，还包括报业、图书、广播、电视、网络等多种不同媒体，这种跨媒体联合可以采用控股等方式确立独立的法人地位。通常跨媒体联合都具有较大的规模，不同媒介领域能够取长补短，有利于发挥各自的专业互补优势；市场竞争的风险被分散和降低，社会影响力和学术辐射力都得到了扩大；有利于综合利用、综合开发和推动创新，经济效益和社会效益可以实现双赢。对浙江省社科期刊而言，行政封锁被打破，优势资源被集中是实现期刊集团化的关键，可以由政府指导，行业协会牵头，有计划、有步骤地组建若干个地区性社科期刊集团。

为进一步发挥浙江省社科类学术期刊提升科研水平、促进学术交流的作用，各级新闻出版行政管理部门要深入研究、努力探索新的发展路径。第一，现有的期刊结构应该进一步优化，专业化、特色化、品牌化是各类社科期刊发展改革的主要方向。各级主管部门对社科期刊要坚持区别对待、分类指导，在科学评价、严格控制、去弱扶强、促进发展的前提下，对社科类期刊结构和布局进一步优化，改变现有的刊号审批机制。第二，社科类学术期刊质量评估标准需要进一步完善,同时期刊准入退出机制要尽快建立,以使社科类学术期刊的优胜劣汰落到实处,期刊学术质量得到提高。第三,社科类学术期刊出版单位也要进一步深化改革,集约化、规模化是期刊出版单位的发展方向,同时积极构建学术期刊数字出版平台,在现行期刊出版体制上勇于创新。浙江省要借鉴国内外先进的办刊经验,集中分散的办刊力量,实现优势互补、资源共享,形成几个高水平、开放型的社科期刊群。

(二)开辟多种渠道,获取发展经费

早在党的十六大报告时期,党中央就提出要把文化事业体制改革进一步深化。中央对新闻出版单位的性质界定为:非经营性机构和经营性机构。非经营性机构主要指的是党报、党刊、电视台、广播电台和人民出版社(或者是无营利能力的政策性出版社),按事业单位管理;除此之外的新闻出版单位(报纸、期刊、音像电子出版、图书出版社)基本上要逐步分期分批转制为企业,按照市场化、企业化机制运行。从中央的界定划分看,学术期刊归入到了党报、党刊、人民出版社以外的报纸、期刊、音像电子出版、图书出版社之中。按照这个划分,学术期刊都要分期分批转制为企业,按照现代企业制度,改造成一个独立的市场竞争主体。

随着市场化改革的深入,浙江省社科期刊所面临的生存危机迫使期刊社或编辑部在办刊经费筹措上要拓宽思路,提出新的构想,实现浙江省社科期刊的可持续发展。具体而言,当前浙江省社科期刊的办刊经费主要可以有以下获取渠道。

1. 主办单位经费支持

人文社科类刊物属于学术性刊物,在现有的国情下,一下子完全市场化显然还不适宜,以政府或主办单位的财政拨款渠道为主、市场经营为辅的办刊思路,将仍是目前多数学术期刊获取办刊经费的主要选择。对于社科类学术期刊而言,关键是要合理使用财政拨款,原则上做到保本经营,精打细算,杜绝浪费,努力提高质量,扩大发行。

2. 作者经费支持

在市场经济条件下,主办单位不可能对所办学术期刊的出版费用采取大包大揽的方式,在主办单位对学术期刊的追加投入有限、利益链条已然形成的情况下,向论文作者收取一定的版面费,作为办刊经费来源的补充,未尝不可。众所

周知，以版面费和图版费等形式向作者收取一定金额的论文发表费用，以弥补办刊经费，已经成为学术出版的“国际惯例”，即使西方最顶尖的学术期刊也不排斥。出版管理部门应尽快制定关于论文版面费收取的标准和法规，为不同类型的刊物制订不同的标准。只要期刊坚持透明的收费政策、克制的收费态度与严格的编辑规范，那么应该可以从根本上保障期刊的论文质量。

3.广告宣传经费支持

由于社科类期刊属于学术性期刊，受众范围较为有限，因此通过宣传广告筹措办刊经费时，必须采取灵活多样的经营方式。在继续保持传统的平面广告的同时，还应结合互联网优势与自身的学术优势，积极推广网络广告和学术会议广告。由于学报类社科期刊没有广告经营许可，建议有关部门开放高校学报的广告经营权，允许高校学报刊登严肃、正统的高新科技产品信息，如教学仪器设备、相关工业机械等。此外，浙江省社科期刊还可以利用浙江中小企业发达的优势，积极与企业联姻，以学术性文章为表现形式或以文字性介绍为主，对企业进行形象宣传，向企业收取一定的赞助费。只要严格控制好版面，这些做法不仅无损于期刊的学术水平，而且增强了服务意识，有利于读者较全面地了解浙江经济。

4.数字化多媒体融合经费支持

将期刊文献制作成数据库或与专业多媒体平台合作实施期刊的多效能利用，一方面是发展开放式期刊的办刊需要，另一方面也是补充办刊经费的一个重要渠道。国内现在比较有影响的数据库主要有清华同方数据库、万方数据库、重庆维普数据库等。加入国内数据库或与国外先进的数字化平台合作，都需要大量的经费投入。这方面的资金可以通过国家或地方对新媒体融合或数字出版的项目资助来获得；再者，可依托出版集团、期刊集团或报刊集团等主管单位的资金支持；另外，也可通过与媒体融合或数字出版企业合作，以联合开发联合营运，互利互惠等合作的方式来获得。从当前实际情况来看，浙江省社科期刊在加入国内数据库方面做得较好，但在加入国外数据库方面还不够。今后浙江省社科期刊应根据自身的优势和特色，有针对性地与国外相关数据库积极联系，一方面可以获得更多的经费支持，另一方面也可以扩大在国际上的影响力。

5.发行经费支持

社科类期刊属于学术期刊，受众有限，因此对浙江省大多数社科类期刊而言,发行量都较少,难以获取太多的发行经费支持。笔者认为,在获取发行经费支持方面,不能单纯地依靠传统的邮局发行方式,可以考虑纸质版与网络版捆绑式销售,读者可随时登录网站查阅文献,这是目前期刊销售的新形式,也是国际上学术期刊普遍采用的经营方式。此外,还可以就某一专题在特定范围内发行增刊,既扩大了学术传播数量,又获得了更多的发行经费。

(三)提高编辑素质,适应期刊发展要求

编辑队伍是学术期刊发展的基石,是出版工作中的主角。为了提高浙江省社科期刊的质量,首先要做到提高编辑的自身素质。较高的政治素质及良好的职业道德是人文社科类期刊编辑应有的基本要求。一个良好的编辑要掌握编辑出版专业知识,还要有一定的学术水平和相关的专业知识,要有良好的文学修养,要适合社会的发展,尤其在当今世界进入多媒体时代的阶段。学术期刊的未来发展必然是处于全媒体出版的趋势下。编辑还要有一定的综合学习能力,不断更新自己的编辑手段,提升鉴审稿件和数字化技术的应用能力,提高创新意识和创新能力。具体而言,一个合格的社科类学术期刊编辑应具备如下素质,

1.要有良好的文化素养

随着传统媒体和新媒体的蓬勃发展,文化素养在编辑工作中越来越重要。新媒体时代带来信息的全面汇集,而信息的传播、建设和积累都离不开编辑的基本文化素养,无论是稿件的甄选还是编审文字等,都是对编辑自身文化素养的检验。编辑的知识面在一定程度上决定了一个编辑的业务水平高低。丰富的知识可以有效提高编辑的眼光、思路。在选题、审读稿件和与作者的交流过程中,都需要编辑拥有丰富的知识和良好的文化素养。一个合格的期刊编辑应该具备良好的文字功底和深厚的专业知识。文字功底是编辑自身文化素养最基本的体现。驾驭文字就是对论文的字、词、句、段,有较好的把握和精雕细琢的能力。有了良好的文字驾驭能力,可顺畅无碍地表达情感、抒怀立志,可以游刃有余地应对稿件的编辑加工,能够更好地对稿件去粗取精,使文稿结构严谨,条理清晰,文章语句通顺,符号规范。编辑的审读能力要求对文字驾驭的把握,只有准确领会作者的意图,把握作品的精髓,才能更好地服务期刊工作。而专业知识是指其所负责板块或栏目的较深厚的专业知识,对本学科的学术前沿要密切关注,对国内外学科发展的最新动态充分了解,如学科领域的最新成果,今后的发展动向和发展趋势,等等,不断学习、熟悉、识别专业领域内的新知识、新理论、新规律,多渠

道、多角度地了解来稿中所涉及的学术问题现状，研究的热点、焦点和难点。知识水平不仅指知识面的丰富宽广，更要求编辑对业务知识的深入研究。在数字化时代，也代表着对多媒体多学科知识的懂得与应用。新媒体要求编辑人员迅速提高自身能力，不断学习充实知识。

2. 能具备新媒体运用能力

近年来，随着数字化的普及，网络技术、多媒体技术、电子文档处理技术及数据库技术日益完善，传统的编辑伏案审读、纸笔修编的方式将越来越多地被荧屏扫描、键盘操作的方式所代替，计算机和互联网将覆盖编辑的整个出版流程，从选题登记、审批、组稿，到编校、发稿、付印、稿酬、文稿档案等，均可在网上进行实时、动态的管理。这就要求学报编辑要有较高的新媒体技术运用的综合能力。在新媒体时代下的编辑工作，不再仅限于常规传统的编校工作，同时也要关注国内外热点情况。编辑人员要主动学习并熟练掌握网络技术、多媒体技术等各种新媒体的特性和使用技巧，具备利用新媒体获取和传播信息的能力，建立起新型互动的编者、作者、专家和读者相互学习、优势互补的学报办刊工作的新局面。如利用微信、微博和 QQ 等即时获取信息的优势提高学报选题策划的质量和追踪热点的能力；利用 QQ、微信等实现与作者、读者和审稿专家的即时沟通和互动，提高约稿质量；利用微博和博客的即时发布和聚集受众等方面的优势提升学报的影响力，才能在科学技术不断发展的潮流中不被淘汰。

在新媒体形式下，编辑要有效利用新媒体技术优越快捷地搜索、检测各类新媒体平台发布的最新科技信息，善于应用各种工具，通过不同的平台发布选题，吸引读者的参与，使编辑与读者无障碍互动。这种新的方式能大大提高信息的及时有效性，在出版上占得先机。另外，利用邮件、微博、微信、论坛等新媒体进行约稿，更能符合潮流发展，方便编辑与作者的沟通交流，使工作更快捷。这些优势的发挥的前提是编辑人员能熟练掌握各种媒体技术，具备视听影像、软件操作等素养，利用新媒体的多种形式，通过创新性制作，可以完美地发挥新媒体快捷、灵活、互动方便及大众化的优点。

3. 具有国际化视野

国际化视野是指编辑在能力和素质方面的国际化，也就是国际眼光或者国际视角，能够站在全球或更广阔的角度上观察期刊运行、市场营销，从而为学术期刊的发展服务。在经济全球化、文化多样化和科学技术突飞猛进的当今世界，学术期刊的国际化、全球化趋势日趋明显，国际学术交流日益增多，高校学报不仅要面对国内同类期刊的竞争，还要面对国外期刊日益严峻的挑战。这就要求学报编辑要有开阔的眼界，要放眼世界，关注时代发展，努力提升自己的能力和素质。人文社科类学术期刊的编辑属于科技工作者，要具有国际视野，应该掌握一门外语，尤其是英语，这样才能更好更准确地捕捉到来自全球的信息。更何况在社科期刊的来稿中，汉语词语加英文注释或英文词语带汉语注释的情况越来越普遍，英文题名、英文摘要、英文关键词更是规范化的学术期刊中不可缺少的项目，面对这些，不会英文或英文程度差的编辑会茫然而无从下手。因此，有一定的英语水平应作为编辑的基本素养。

社科期刊编辑人才素质的培养是一个系统的工程，必须按照编辑工作的客观要求和人才成长的规律来进行。实践表明，编辑人才素质培养的主要途径有继续教育、在实践中学习、以老带新等，自身努力和良好的保障机制相结合。这样，才能更好地适应新形势发展的需要。编辑要开阔自己的视野，清楚了解和准确把握学术期刊未来发展趋势，主动了解并借鉴国内外大刊办刊的成功经验，如具有崇高的追求和社会责任感、重视期刊质量和期刊品牌建设、重视国内国际合作和编委会建设、大力建设多样化互动性的栏目和特色栏目、缩短出版时滞、为作者及读者提供各种优质服务、始终把读者的需求放在首位、采用新媒体和新技术扩大学报的传播渠道和影响力等，并应用于自己的办刊实践中，提高期刊的质量和影响力。

（四）突出期刊特色，提升期刊品牌竞争意识

浙江省内人文社科类学术期刊的学科综合化的趋势越来越明显，许多学术问题已经超越了传统的学科分界。特别是在解决现实的经济、社会、技术等问题的时候，必须突破传统的分科研究模式。人文社科期刊栏目的设置，也应该在传统的学科设置模式基础上，逐步向专题化方向发展，不仅要重视基础性研究，还要注重应用性研究；不仅要走单学科性的应用性研究，而且要走学科综合性的应用性研究。突出特色是期刊核心竞争力的必然选择，特色是期刊的生命。人文社科期刊的特色在很大程度上与总体策划有关，要树立学术本位、文化教育视野和人文情怀，表现在栏目的策划上，要具有学科性、探索性、前瞻性、争鸣性和特征性。这对引导学术研究、推动科学创新有着非常重要的作用。特色栏目来自于有特色的文章。而有特色的文章，应该是题材独特、内容深刻、学术观点创新、唯我独有、能够吸引读者关注的。根据人文社科期刊稿源特点，期刊必须从整体策划出发，突出进行栏目和专题的策划，主动进行稿件的组织，经过一个时期的

经营与积累，作者队伍建设和学术水准有了一定的基础之后，引领学术方向的特色栏目也就逐渐形成。从另一方面讲，只有特色栏目才能吸引更多的学术创新之作，才能不断提高社科期刊的学术品位，并在学术界产生普遍认同的影响力。在结合自身特点、组织特色文章、打造特色栏目方面，人文社科期刊有两个自主创新的优势可以充分发挥利用。一是学科优势。发挥刊物所依托科研院所、高校的专业群体优势，充分利用本院所、学校、本地或本专业的知名学者的学术感召力。二是区位及管理优势。借助地方行政力量或者所在地域文化得天独厚的资源优势，结合地方区域经济文化特色创立栏目品牌，突出办刊特色。尤其是一些地方性的高校，著名专家学者有限，但区域文化资源却很丰富。

浙江省社科类期刊在办刊过程中必须明确定位办刊宗旨，界定期刊性质，划定期刊内容范围，也就是明确为谁办刊，能办什么样的刊物，要办什么样的刊物，只有如此，才能定位准确，创办出特色鲜明期刊。因为独特的内容是打造人文社科期刊核心竞争力的关键。要准确把握期刊定位，就必须着手抓好以下工作。首先，要面向市场，面向读者，立足市场需要，把握读者需求，制定发展规划，确定发展途径、科学的发展战略和发展模式。其次，要根据发展规划，树立创新意识、特色意识，确立期刊的个性与特色，研究确定期刊的组织结构、版面形式、编排方式、装帧设计及定价等方面问题。第三，在以上工作的基础上，寻找符合期刊内容和特色的稿源，尤其要锁定那些学术水平较高、学术质量较好、在该领域内有影响力的专家学者和权威，努力争取到这些人的稿件，从而建立自己的作者群。同时，要着力打造一个专业化、职业化、精干高效的从业人员队伍。有了这两支队伍的支撑，才能确保期刊的定位完全实现而不致走样。第四，进一步明确期刊的市场定位，围绕这个定位经营市场，进行运作，尤其要做好读者群的工作，采取各种措施确保目标读者群队伍的稳定和扩大，从而营造好期刊的生命系统，实现期刊的良性循环。第五，在搞好期刊主业的同时，为了提高经济实力，可以在条件和实力允许的情况下，抓好子业的延伸，带动整体产业发展，从而提升知名度和影响力，争取更大的效益。

针对浙江省高质量社科类学术期刊少的问题，建议期刊主管部门建立科学合理的期刊评价指标体系，优化社科期刊评价指标体系，引入新的评价指标，构建学术质量导向的学术期刊影响力评价指标体系，发掘有潜质的特色期刊，进而增加经费投入，重点扶持，使更多的期刊脱颖而出，成为浙江省哲学社会科学学术期刊的品牌期刊。期刊主管和主办部门通过建立有效的激励机制，使期刊加强品牌意识和竞争意识，以促进浙江省社会科学期刊总体水平的提升。

第八章 附 录

一

期刊出版管理规定

中华人民共和国新闻出版总署令第31号

《期刊出版管理规定》已经2005年9月20日新闻出版总署第1次署务会议通过，现予公布，自2005年12月1日起施行。

署 长 石宗源

二〇〇五年九月三十日

第一章 总 则

第一条 为了促进我国期刊业的繁荣和发展，规范期刊出版活动，加强期刊出版管理，根据国务院《出版管理条例》及相关法律法规，制定本规定。

第二条 在中华人民共和国境内从事期刊出版活动，适用本规定。

期刊由依法设立的期刊出版单位出版。期刊出版单位出版期刊，必须经新闻出版总署批准，持有国内统一连续出版物号，领取《期刊出版许可证》。

本规定所称期刊又称杂志，是指有固定名称，用卷、期或者年、季、月顺序编号，按照一定周期出版的成册连续出版物。

本规定所称期刊出版单位，是指依照国家有关规定设立，经新闻出版总署批准并履行登记注册手续的期刊社。法人出版期刊不设立期刊社的，其设立的期刊编辑部视为期刊出版单位。

第三条 期刊出版必须坚持马克思列宁主义、毛泽东思想、邓小平理论和

“三个代表”重要思想，坚持正确的舆论导向和出版方向，坚持把社会效益放在首位、社会效益和经济效益相统一的原则，传播和积累有益于提高民族素质、经济发展和社会进步的科学技术和文化知识，弘扬中华民族优秀文化，促进国际文化交流，丰富人民群众的精神文化生活。

第四条　期刊发行分公开发行和内部发行。

内部发行的期刊只能在境内按指定范围发行，不得在社会上公开发行、陈列。

第五条　新闻出版总署负责全国期刊出版活动的监督管理工作，制定并实施全国期刊出版的总量、结构、布局的规划，建立健全期刊出版质量评估制度、期刊年度核验制度以及期刊出版退出机制等监督管理制度。

地方各级新闻出版行政部门负责本行政区域内的期刊出版活动的监督管理工作。

第六条　期刊出版单位负责期刊的编辑、出版等期刊出版活动。

期刊出版单位合法的出版活动受法律保护。任何组织和个人不得非法干扰、阻止、破坏期刊的出版。

第七条　新闻出版总署对为我国期刊业繁荣和发展做出突出贡献的期刊出版单位及个人实施奖励。

第八条　期刊出版行业的社会团体按照其章程，在新闻出版行政部门的指导下，实行自律管理。

第二章　期刊创办和期刊出版单位设立

第九条　创办期刊、设立期刊出版单位，应当具备下列条件：

(一)有确定的、不与已有期刊重复的名称；

(二)有期刊出版单位的名称、章程；

(三)有符合新闻出版总署认定条件的主管、主办单位；

(四)有确定的期刊出版业务范围；

(五)有 30 万元以上的注册资本；

(六)有适应期刊出版活动需要的组织机构和符合国家规定资格条件的编辑专业人员；

(七)有与主办单位在同一行政区域的固定的工作场所；

(八)有确定的法定代表人或者主要负责人，该法定代表人或者主要负责人必须是在境内长久居住的中国公民；

(九)法律、行政法规规定的其他条件。

除前款所列条件外，还须符合国家对期刊及期刊出版单位总量、结构、布局的总体规划。

第十条　中央在京单位创办期刊并设立期刊出版单位，经主管单位审核同意后，由主办单位报新闻出版总署审批。

中国人民解放军和中国人民武装警察部队系统创办期刊并设立期刊出版单位，由中国人民解放军总政治部宣传部新闻出版局审核同意后报新闻出版总署审批。

其他单位创办期刊并设立期刊出版单位，经主管单位审核同意后，由主办单位向所在地省、自治区、直辖市新闻出版行政部门提出申请，省、自治区、直辖市新闻出版行政部门审核同意后，报新闻出版总署审批。

第十一条　两个以上主办单位合办期刊，须确定一个主要主办单位，并由主要主办单位提出申请。

期刊的主要主办单位应为其主管单位的隶属单位。期刊出版单位和主要主办单位须在同一行政区域。

第十二条　创办期刊、设立期刊出版单位，由期刊出版单位的主办单位提出申请，并提交以下材料：

（一）按要求填写的《期刊出版申请表》；

（二）主管单位、主办单位的有关资质证明材料；

（三）拟任出版单位法定代表人或主要负责人简历、身份证明文件及国家有关部门颁发的职业资格证书；

（四）编辑出版人员的职业资格证书；

（五）办刊资金来源、数额及相关的证明文件；

（六）期刊出版单位的章程；

（七）工作场所使用证明；

（八）期刊出版可行性论证报告。

第十三条　新闻出版总署应当自收到创办期刊、设立期刊出版单位的申请之日起 90 日内，做出批准或者不批准的决定，并直接或者由省、自治区、直辖市新闻出版行政部门书面通知主办单位；不批准的，应当说明理由。

第十四条　期刊主办单位应当自收到新闻出版总署批准决定之日起 60 日内办理注册登记手续：

（一）持批准文件到所在地省、自治区、直辖市新闻出版行政部门领取《期刊出版登记表》，填写一式五份，经期刊主管单位审核签章后，报所在地省、自治区、直辖市新闻出版行政部门，省、自治区、直辖市新闻出版行政部门应在15日内，将《期刊出版登记表》报送新闻出版总署备案；

（二）公开发行的期刊，可以向ISSN中国国家中心申领国际标准连续出版物号，并向新闻出版总署条码中心申领条形码；

（三）省、自治区、直辖市新闻出版行政部门对《期刊出版登记表》审核无误后，在10日内向主办单位发放《期刊出版许可证》；

（四）期刊出版单位持《期刊出版许可证》到工商行政管理部门办理登记手续，依法领取营业执照。

《期刊出版登记表》由期刊出版单位、主办单位、主管单位及所在地省、自治区、直辖市新闻出版行政部门各留存一份。

第十五条　期刊主办单位自收到新闻出版总署的批准文件之日起60日内未办理注册登记手续，批准文件自行失效，登记机关不再受理登记，期刊主办单位须把有关批准文件缴回新闻出版总署。

期刊出版单位自登记之日起满90日未出版期刊的，由新闻出版总署撤销《期刊出版许可证》，并由原登记的新闻出版行政部门注销登记。

因不可抗力或者其他正当理由发生前款所列情形的，期刊出版单位可以向原登记的新闻出版行政部门申请延期。

第十六条　期刊社应当具备法人条件，经核准登记后，取得法人资格，以其全部法人财产独立承担民事责任。

期刊编辑部不具有法人资格，其民事责任由其主办单位承担。

第十七条　期刊出版单位变更名称、合并或者分立、改变资本结构，出版新的期刊，依照本规定第十条至第十四条的规定办理审批、登记手续。

第十八条　期刊变更名称、主办单位或主管单位、登记地、业务范围、刊期的，依照本规定第十条至第十四条的规定办理审批、登记手续。

期刊变更刊期，新闻出版总署可以委托省、自治区、直辖市新闻出版行政部门审批。本规定所称期刊业务范围包括办刊宗旨、文种。

第十九条　期刊出版单位变更期刊开本、法定代表人或者主要负责人、在同一登记地内变更地址，经其主办单位审核同意后，由期刊出版单位在15日内向所在地省、自治区、直辖市新闻出版行政部门备案。

第二十条　期刊休刊，期刊出版单位须向所在地省、自治区、直辖市新闻出版行政部门备案并说明休刊理由和期限。

期刊休刊时间不得超过1年。休刊超过1年的，由新闻出版总署撤销《期刊出版许可证》,所在地省、自治区、直辖市新闻出版行政部门注销登记。

第二十一条　期刊出版单位终止期刊出版活动的,经主管单位同意后,由其主办单位向所在地省、自治区、直辖市新闻出版行政部门办理注销登记,并由省、自治区、直辖市新闻出版行政部门报新闻出版总署备案。

第二十二条　期刊注销登记,以同一名称设立的期刊出版单位须与期刊同时注销,并到原登记的工商行政管理部门办理注销登记。

注销登记的期刊和期刊出版单位不得再以该名称从事出版、经营活动。

第二十三条　中央期刊出版单位组建期刊集团,由新闻出版总署批准;地方期刊出版单位组建期刊集团,向所在地省、自治区、直辖市新闻出版行政部门提出申请,经审核同意后,报新闻出版总署批准。

第三章　期刊的出版

第二十四条　期刊出版实行编辑责任制度,保障期刊刊载内容符合国家法律、法规的规定。

第二十五条　期刊不得刊载《出版管理条例》和其他有关法律、法规以及国家规定的禁止内容。

第二十六条　期刊刊载的内容不真实、不公正,致使公民、法人或者其他组织的合法权益受到侵害的,期刊出版单位应当公开更正,消除影响,并依法承担其他民事责任。

期刊刊载的内容不真实、不公正,致使公民、法人或者其他组织的合法权益受到侵害的,当事人有权要求期刊出版单位更正或者答辩,期刊出版单位应当在其最近出版的一期期刊上予以发表;拒绝发表的,当事人可以向人民法院提出诉讼。

期刊刊载的内容不真实、不公正,损害公共利益的,新闻出版总署或者省、自治区、直辖市新闻出版行政部门可以责令该期刊出版单位更正。

第二十七条　期刊刊载涉及国家安全、社会安定等重大选题的内容,须按照重大选题备案管理规定办理备案手续。

第二十八条　公开发行的期刊不得转载、摘编内部发行出版物的内容。

期刊转载、摘编互联网上的内容,必须按照有关规定对其内容进行核实,并在刊发的明显位置标明下载文件网址、下载日期等。

第二十九条　期刊出版单位与境外出版机构开展合作出版项目,须经新闻出版总署批准,具体办法另行规定。

第三十条　期刊出版质量须符合国家标准和行业标准。期刊使用语言文字须符合国家有关规定。

第三十一条 期刊须在封底或版权页上刊载以下版本记录:期刊名称、主管单位、主办单位、出版单位、印刷单位、发行单位、出版日期、总编辑(主编)姓名、发行范围、定价、国内统一连续出版物号、广告经营许可证号等。

领取国际标准连续出版物号的期刊须同时刊印国际标准连续出版物号。

第三十二条 期刊须在封面的明显位置刊载期刊名称和年、月、期、卷等顺序编号,不得以总期号代替年、月、期号。

期刊封面其他文字标识不得明显于刊名。

期刊的外文刊名须是中文刊名的直译。外文期刊封面上必须同时刊印中文刊名;少数民族文种期刊封面上必须同时刊印汉语刊名。

第三十三条 一个国内统一连续出版物号只能对应出版一种期刊,不得用同一国内统一连续出版物号出版不同版本的期刊。

出版不同版本的期刊,须按创办新期刊办理审批手续。

第三十四条 期刊可以在正常刊期之外出版增刊。每种期刊每年可以出版两期增刊。

期刊出版单位出版增刊,应在申请报告中说明拟出增刊的文章编目、印数、定价、出版时间、印刷单位,经其主管单位审核同意后,由主办单位报所在地省、自治区、直辖市新闻出版行政部门审批;批准的,发给一次性增刊许可证。

增刊内容必须符合正刊的业务范围,开本和发行范围必须与正刊一致;增刊除刊印本规定第三十一条所列版本纪录外,还须刊印增刊许可证编号,并在封面刊印正刊名称和注明“增刊”。

第三十五条 期刊合订本须按原期刊出版顺序装订,不得对期刊内容另行编排,并在其封面明显位置标明期刊名称及“合订本”字样。

期刊因内容违法被新闻出版行政部门给予行政处罚的,该期期刊的相关篇目不得收入合订本。

被注销登记的期刊,不得制作合订本。

第三十六条 期刊出版单位不得出卖、出租、转让本单位名称及所出版期刊的刊号、名称、版面,不得转借、转让、出租和出卖《期刊出版许可证》。

第三十七条 期刊出版单位利用其期刊开展广告业务,必须遵守广告法律规定,发布广告须依法查验有关证明文件,核实广告内容,不得刊登有害的、虚假的等违法广告。

期刊的广告经营者限于在合法授权范围内开展广告经营、代理业务,不得参与期刊的采访、编辑等出版活动。

第三十八条　期刊采编业务与经营业务必须严格分开。

禁止以采编报道相威胁，以要求被报道对象做广告、提供赞助、加入理事会等损害被报道对象利益的行为牟取不正当利益。

期刊不得刊登任何形式的有偿新闻。

第三十九条　期刊出版单位的新闻采编人员从事新闻采访活动，必须持有新闻出版总署统一核发的新闻记者证，并遵守新闻出版总署《新闻记者证管理办法》的有关规定。

第四十条　具有新闻采编业务的期刊出版单位在登记地以外的地区设立记者站，参照新闻出版总署《报社记者站管理办法》审批、管理。其他期刊出版单位一律不得设立记者站。

期刊出版单位是否具有新闻采编业务由新闻出版总署认定。

第四十一条　期刊出版单位不得以不正当竞争行为或者方式开展经营活动，不得利用权力摊派发行期刊。

第四十二条　期刊出版单位须遵守国家统计法规，依法向新闻出版行政部门报送统计资料。

期刊出版单位应配合国家认定的出版物发行数据调查机构进行期刊发行量数据调查，提供真实的期刊发行数据。

第四十三条　期刊出版单位须在每期期刊出版30日内，分别向新闻出版总署、中国版本图书馆、国家图书馆以及所在地省、自治区、直辖市新闻出版行政部门缴送样刊3本。

第四章　监督管理

第四十四条　期刊出版活动的监督管理实行属地原则。

省、自治区、直辖市新闻出版行政部门依法负责对本行政区域期刊和期刊出版单位的登记、年度核验、质量评估、行政处罚等工作，对本行政区域的期刊出版活动进行监督管理。

其他地方新闻出版行政部门依法对本行政区域内期刊出版单位及其期刊出版活动进行监督管理。

第四十五条　期刊出版管理实施期刊出版事后审读制度、期刊出版质量评估制度、期刊年度核验制度和期刊出版从业人员资格管理制度。

期刊出版单位应当按照新闻出版总署的规定，将从事期刊出版活动的情况向新闻出版行政部门提出书面报告。

第四十六条 新闻出版总署负责全国期刊审读工作。地方各级新闻出版行政部门负责对本行政区域内出版的期刊进行审读。下级新闻出版行政部门要定期向上一级新闻出版行政部门提交审读报告。

主管单位须对其主管的期刊进行审读，定期向所在地新闻出版行政部门报送审读报告。

期刊出版单位应建立期刊阅评制度，定期写出阅评报告。新闻出版行政部门根据管理工作的需要，可以随时调阅、检查期刊出版单位的阅评报告。

第四十七条 新闻出版总署制定期刊出版质量综合评估标准体系，对期刊出版质量进行全面评估。

经期刊出版质量综合评估，期刊出版质量未达到规定标准或者不能维持正常出版活动的，由新闻出版总署撤销《期刊出版许可证》，所在地省、自治区、直辖市新闻出版行政部门注销登记。

第四十八条 省、自治区、直辖市新闻出版行政部门负责对本行政区域的期刊实施年度核验。年度核验内容包括期刊出版单位及其所出版期刊登记项目、出版质量、遵纪守法情况等。

第四十九条 年度核验按照以下程序进行：

（一）期刊出版单位提出年度自检报告，填写由新闻出版总署统一印制的《期刊登记项目年度核验表》，经期刊主办单位、主管单位审核盖章后，连同本年度出版的样刊报省、自治区、直辖市新闻出版行政部门；

（二）省、自治区、直辖市新闻出版行政部门对期刊出版单位自检报告、《期刊登记项目年度核验表》及样刊进行审核查验；

（三）经核验符合规定标准的，省、自治区、直辖市新闻出版行政部门在《期刊出版许可证》上加盖年度核验章；《期刊出版许可证》上加盖年度核验章即为通过年度核验，期刊出版单位可以继续从事期刊出版活动；

（四）省、自治区、直辖市新闻出版行政部门在完成期刊年度核验工作 30 日内向新闻出版总署提交期刊年度核验工作报告。

第五十条 有下列情形之一的，暂缓年度核验：

（一）正在限期停业整顿的；

（二）经审核发现有违法情况应予处罚的；

（三）主管单位、主办单位未履行管理责任，导致期刊出版管理混乱的；

（四）存在其他违法嫌疑需要进一步核查的。

暂缓年度核验的期限由省、自治区、直辖市新闻出版行政部门确定，报新闻出版总署备案。缓验期满，按本规定第四十八条、第四十九条重新办理年度核验。

第五十一条　期刊有下列情形之一的，不予通过年度核验：

（一）违法行为被查处后拒不改正或者没有明显整改效果的；

（二）期刊出版质量长期达不到规定标准的；

（三）经营恶化已经资不抵债的；

（四）已经不具备本规定第九条规定条件的。

不予通过年度核验的，由新闻出版总署撤销《期刊出版许可证》，所在地省、自治区、直辖市新闻出版行政部门注销登记。

未通过年度核验的，期刊出版单位自第二年起停止出版该期刊。

第五十二条　《期刊出版许可证》加盖年度核验章后方可继续使用。有关部门在办理期刊出版、印刷、发行等手续时，对未加盖年度核验章的《期刊出版许可证》不予采用。

不按规定参加年度核验的期刊出版单位，经催告仍未参加年度核验的，由新闻出版总署撤销《期刊出版许可证》，所在地省、自治区、直辖市新闻出版行政部门注销登记。

第五十三条　年度核验结果，核验机关可以向社会公布。

第五十四条　期刊出版从业人员，应具备国家规定的新闻出版职业资格条件。

第五十五条　期刊出版单位的社长、总编辑须符合国家规定的任职资格和条件。

期刊出版单位的社长、总编辑须参加新闻出版行政部门组织的岗位培训。

期刊出版单位的新任社长、总编辑须经过岗位培训合格后才能上岗。

第五章　法律责任

第五十六条　期刊出版单位违反本规定的，新闻出版行政部门视其情节轻重，可以采取下列行政措施：

（一）下达警示通知书；

（二）通报批评；

（三）责令公开检讨；

（四）责令改正；

（五）责令停止印制、发行期刊；

（六）责令收回期刊；

(七)责成主办单位、主管单位监督期刊出版单位整改。

警示通知书由新闻出版总署制定统一格式,由新闻出版总署或者省、自治区、直辖市新闻出版行政部门下达给违法的期刊出版单位,并抄送违法期刊出版单位的主办单位及其主管单位。

本条所列行政措施可以并用。

第五十七条 未经批准,擅自设立期刊出版单位,或者擅自从事期刊出版业务,假冒期刊出版单位名称或者伪造、假冒期刊名称出版期刊的,依照《出版管理条例》第五十五条处罚。

期刊出版单位擅自出版增刊、擅自与境外出版机构开展合作出版项目的,按前款处罚。

第五十八条 出版含有《出版管理条例》和其他有关法律、法规以及国家规定禁载内容期刊的,依照《出版管理条例》第五十六条处罚。

第五十九条 期刊出版单位违反本规定第三十六条的,依照《出版管理条例》第六十条处罚。

期刊出版单位允许或者默认广告经营者参与期刊采访、编辑等出版活动的,按前款处罚。

第六十条 期刊出版单位有下列行为之一的,依照《出版管理条例》第六十一条处罚:

(一)期刊变更名称、主办单位或主管单位、登记地、业务范围、刊期,未依照本规定办理审批手续的;

(二)期刊出版单位变更名称、合并或分立、改变资本结构、出版新的期刊,未依照本规定办理审批手续的;

(三)期刊出版单位未将涉及国家安全、社会安定等方面的重大选题备案的;

(四)期刊出版单位未依照本规定缴送样刊的。

第六十一条 期刊出版单位违反本规定第四条第二款的,依照新闻出版总署《出版物市场管理规定》第四十八条处罚。

第六十二条 期刊出版单位有下列行为之一的,由新闻出版总署或者省、自治区、直辖市新闻出版行政部门给予警告,并处3万元以下罚款:

(一)期刊出版单位变更期刊开本、法定代表人或者主要负责人、在同一登记地内变更地址,未按本规定第十九条报送备案的;

(二)期刊休刊未按本规定第二十条报送备案的;

(三)刊载损害公共利益的虚假或者失实报道,拒不执行新闻出版行政部门更正命令的；

（四）公开发行的期刊转载、摘编内部发行出版物内容的；

（五）期刊转载、摘编互联网上的内容，违反本规定第二十八条第二款的；

（六）未按照本规定第三十一条刊载期刊版本记录的；

（七）违反本规定第三十二条关于期刊封面标识的规定的；

（八）违反本规定第三十三条，“一号多刊”的；

（九）出版增刊违反本规定第三十四条第三款的；

（十）违反本规定第三十五条制作期刊合订本的；

（十一）刊登有偿新闻或者违反本规定第三十八条其他规定的；

（十二）违反本规定第四十一条，以不正当竞争行为开展经营活动或者利用权力摊派发行的。

第六十三条　期刊出版单位新闻采编人员违反新闻记者证的有关规定，依照新闻出版总署《新闻记者证管理办法》的规定处罚。

第六十四条　期刊出版单位违反记者站的有关规定，依照新闻出版总署《报社记者站管理办法》的规定处罚。

第六十五条　对期刊出版单位做出行政处罚，新闻出版行政部门应告知其主办单位和主管单位，可以通过媒体向社会公布。

对期刊出版单位做出行政处罚，新闻出版行政部门可以建议其主办单位或者主管单位对直接责任人和主要负责人予以行政处分或者调离岗位。

第六章　附　则

第六十六条　本规定施行后，新闻出版署《期刊管理暂行规定》和《〈期刊管理暂行规定〉行政处罚实施办法》同时废止，此前新闻出版行政部门对期刊出版活动的其他规定，凡与本规定不一致的，以本规定为准。

第六十七条　本规定自 2005 年 12 月 1 日起施行。

二

关于进一步推动新闻出版产业发展的指导意见

新出政发〔2010〕1号

各省、自治区、直辖市新闻出版局，新疆生产建设兵团新闻出版局，解放军总政治部宣传部新闻出版局，总署机关各部门、署直各单位，署管各社会团体：

为深入贯彻落实科学发展观，落实国家《文化产业振兴规划》，按照中央提出的转变经济发展方式和调整经济结构，提高经济发展质量和效益的要求，充分发挥新闻出版业在巩固舆论阵地、传承中华文明、培育民族精神、提高公民素质、促进经济增长、推动社会进步、增强综合国力等方面的重要作用，现就进一步推动新闻出版产业发展，提出如下意见。

一、新闻出版产业发展的态势和机遇

（一）改革开放以来，新闻出版产业得到快速发展。特别是党的十六大以来，新闻出版体制改革取得实质性突破和重大进展，市场主体逐步形成，产业规模迅速壮大，产业结构日趋合理，国际竞争力不断增强，新闻出版产业作为科技含量高，资源消耗低，环境污染少，涉及领域广，产业链条长，投入少，产出大，发展潜力好的朝阳产业，已成为国民经济的重要组成部分，成为经济发展新的增长点和经济结构调整的着力点，在中国特色社会主义事业总体布局和全面建设小康社会战略全局中凸显出越来越重要的地位和作用。

（二）当前，我国新闻出版产业仍处于发展的初级阶段，基础较差，规模较小，实力较弱，竞争力不强。突出表现在：产业结构趋同，产业集中度低，资源配置不尽合理，市场条块分割、资源分散和地区封锁依然严重，传统业态向新兴业态转型迟缓，企业创新能力不足，对外贸易逆差仍然较大，人才队伍建设和经营管理水平等还不适应新闻出版产业发展的需要。要通过抓发展，努力走出一条符合文化建设规律和社会主义精神文明建设要求，适应社会主义市场经济体制，结构优化，速度较快，社会效益和经济效益俱佳，产业整体质量不断提升的可持续发展道路。

（三）新闻出版产业发展正处于重要的战略机遇期，具备了在新的历史起点上实现大发展的良好条件。党的十七大关于推动社会主义文化大发展大繁荣的战略部署，对新闻出版产业发展提出了新的更高的要求；中国特色社会主义事业“四位一体”发展的整体布局，凸显了新闻出版产业的重要地位；人民生活水平不断提高，文化消费快速增长，社会主义新农村文化建设，拓展了新闻出版产业发展的空间；新闻出版体制改革的顺利推进，《文化产业振兴规划》的实施，为新闻出版产业发展提供了内在动力；高新技术特别是信息技术的迅猛发展，为新闻出版产业创新业态、实现产业战略转型提供了有利条件和广阔前景；资本市场的不断完善，为新闻出版企业融资提供了机会；中国日益提高的国际地位以及不断扩大的中华文化影响力，为新闻出版产业“走出去”创造了条件；各级党委、政府的高度重视，为新闻出版产业发展提供了坚强的思想保证和组织保证。

二、推动新闻出版产业发展的指导思想、原则要求和主要目标

（四）推动新闻出版产业发展的指导思想是：以邓小平理论和“三个代表”重要思想为指导，深入贯彻落实科学发展观，高举旗帜、围绕大局、服务人民、改革创新，继续解放思想，坚持改革开放，推动科学发展，促进社会和谐，始终把发展作为第一要务，树立新的新闻出版发展观，突出战略重点，明确主攻方向，兼顾当前和长远，着力转变发展方式，着力优化产业结构，着力推进产业创新，做大主体，做强主业，切实解放和发展新闻出版生产力，大力推动新闻出版产业又好又快发展。

（五）推动新闻出版产业发展的原则要求是：必须坚持以社会效益为最高准则，牢牢把握社会主义先进文化的前进方向；必须坚持以人为本，充分尊重群众的主体地位和首创精神，不断满足人民群众日益增长的多层次、多样性、多方面精神文化需求；必须坚持转变发展方式，优化产业结构，进一步降低新闻出版企业生产能耗和污染物排放，提高新闻出版发展的质量和效益；必须坚持以体制机制创新和科技进步为动力，继续深化新闻出版体制改革，推动新闻出版内容创新与战略性新兴产业发展；必须坚持优化所有制结构，实现以公有制为主体、多种所有制共同发展；必须坚持打破条块分割、地区封锁、城乡分离的封闭格局，努力建设统一开放、竞争有序、健康繁荣的大市场；必须坚持对外开放，加大“走出去”力度，不断提高中华文化的国际传播力和影响力；必须坚持一手抓发展，一手抓管理，为新闻出版产业发展营造健康有序的市场环境；必须坚持以党的领导为根本保证，确保党管舆论、党管干部、党管人才，做到尊重劳动、尊重知识、尊重人才、尊重创造，最大限度地发挥新闻出版工作者的积极性、主动性和创造性。

（六）推动新闻出版产业发展的主要目标是：努力完成全面建设小康社会赋

予新闻出版产业发展的各项任务。新闻出版生产力明显提升，新闻出版产业发展速度高于同期国内生产总值发展速度，在国民经济中所占比重逐步提高，力争到"十二五"末，实现新闻出版产业增加值比2006年翻两番。新闻出版产业结构调整基本到位，产业、产品和企业结构更趋合理，产业区域布局与地区经济社会发展协调一致，新闻出版产品和服务更加丰富，企业自主创新能力与高科技应用水平大嗝度提高，形成一批拥有自主知识产权、知名品牌以及有较强国际竞争力的骨干新闻出版企业。新兴产业蓬勃发展，数字出版、网络出版、手机出版等战略性新兴产业领域的发展水平和速度达到世界先进水平。基本建立起统一开放、竞争有序、健康繁荣的现代出版物市场体系和技术先进、覆盖全面、传输快捷的现代传播体系。基本扭转新闻出版产品和服务的出口逆差状况，大幅度提升中华文化的国际传播力和影响力。

三、推动新闻出版产业发展的重点任务

（七）发展图书、报纸、期刊等纸介质传统出版产业。支持新闻出版企业组织策划和出版更多贴近实际、贴近生活、贴近群众的优秀精神文化产品，生产出更多思想性、艺术性、可读性俱佳的原创精品力作。鼓励新闻出版企业创新纸介质读物形式，积极发展纸介质立体、有声读物，提升传统纸介质出版物的吸引力。打破出版载体界限，在多个出版平台上对出版内容进行深度开发和加工，实现一次性生产、多媒体发布。支持新闻出版企业积极采用数字、网络等高新技术和现代生产方式，改造传统的创作、生产和传播方式。加快从主要依赖传统纸介质出版产品向多种介质出版产品共存的现代出版产业转变。

（八）发展数字出版等非纸介质战略性新兴出版产业。积极推动音像制品、电子出版企业向数字化、网络化转型。积极发展数字出版、网络出版、手机出版等以数字化内容、数字化生产和数字化传输为主要特征的战略性新兴新闻出版业态。支持新闻出版企业以互联网为平台，以图文、音频、视频等形式，对出版内容资源进行全方位、立体式、深层次开发利用。支持电子纸、阅读器等新闻出版新载体的技术开发、应用和产业化，提高数字阅读设备的质量、方便性以及版权保护水平。

（九）发展动漫、游戏出版产业。加快发展民族动漫出版产业，特别是鼓励网络和电子游戏等产品的出版，提高民族动漫、游戏的数量和质量。对优秀原创动漫、游戏作品及其相关人员、单位进行奖励和支持，大力扶持民族原创动漫、游戏精品，培养民族原创动漫、游戏领军人物。鼓励开展优秀原创动漫、游戏产品的少数民族语言译制出版工作。推动对动漫、游戏出版资源的深度开发利用，不断提升其出版产品附加值。

（十）发展印刷、复制产业。巩固和壮大出版物印刷、包装装潢印刷品印刷、其他印刷品印刷和只读类光盘复制、可录类光盘生产等印刷、复制产业。加大印刷、复制产业结构调整力度，促进印刷、复制产业升级换代。鼓励印刷、复制企业积极采用数字和网络技术改造生产流程和现有设备。实施数字印刷和印刷数字化工程，推动发展快速、按需、高效、个性化数码印刷。推动印刷产业从单纯加工服务型向以提高信息增值的现代服务型转变。支持新一代大容量高清光盘的研发和产业化。鼓励印刷企业上下游共同探索循环用纸等新材料新工艺的研发和应用，大力发展绿色印刷。对高耗能、高排放的落后产能，要运用环保、技术标准、产业和融资政策等手段，坚决予以淘汰。

（十一）发展新闻出版流通、物流产业。加强以跨地区连锁经营、信息化管理和现代物流为特征的大型现代新闻出版流通组织建设，重点培育一批主业突出、辐射力强的全国性和区域性新闻出版现代流通企业和企业集团，建设一批辐射全国的区域新闻出版物流中心，并推动有条件的企业跨地区、跨国连锁经营。积极扶持农村出版物市场和连锁网点建设，建立以大城市为中心、中小城市相配套、贯通城乡的新闻出版产业流通网络。建设出版物流通信息平台，统一信息标准，打通新闻出版产业之间的流通渠道，整合发行渠道，提高流通效率。推广网络结算新技术，打造全国统一的网上结算平台。鼓励新闻出版流通和物流企业发展电子商务，推进物联网与互联网相结合。鼓励新闻出版物流企业提供第三方物流服务。

四、推动新闻出版产业发展的主要措施

（十二）深化新闻出版体制改革，打造合格市场主体和骨干企业。按照中央关于深化文化体制改革的要求和部署及《新闻出版总署关于进一步推进新闻出版体制改革的指导意见》，大力推动经营性新闻出版单位转制和改制，建立和完善法人治理结构，实行股份制改造，培育合格的市场主体。把深化改革同调整结构结合起来，加快企业兼并重组和资源整合，鼓励教育、科技、卫生、财经、文化等领域的新闻出版资源先行整合，鼓励实力较强的地方新闻出版企业先行整合资源，形成一批导向正确、主业突出、实力雄厚、管理规范、运行高效、核心竞争力强的区域性综合集团和行业性专业集团。鼓励和支持新闻出版骨干企业跨媒体、跨行业、跨地区、跨国界和跨所有制重组，在三到五年内，重点培育六七家资产超过百亿、销售超过百亿的国内一流、国际知名的大型新闻出版企业，努力打造具有国际竞争力的跨国出版传媒集团。与此同时，大力培育一批走内涵式发展道路的“专、精、特、新”现代新闻出版企业。鼓励条件成熟的新闻出版企业上市融资。

（十三）运用高新技术，促进新闻出版产业发展方式转变和结构调整。加快推广应用信息技术、数字技术等高新技术，建立以政策为先导、投入为保障、企业为主体、创新平台为支撑、市场需求为导向、产学研相结合的新闻出版科技创新体系。要通过科技创新提高新闻出版内容创新能力与水平，丰富新闻出版产业的生产方式和新闻出版产品的表现形式，拓展新闻出版传播渠道。重点支持语言文字技术、声音技术、图形图像技术、内容采集与处理技术、知识组织管理技术、协同编辑管理技术等新闻出版产业支撑技术的发展和应用。不断提高新闻出版领域的科技含量和装备水平，鼓励和支持新闻出版企业运用高新技术和先进适用技术改造传统生产方式和基础设施。

（十四）实施重大项目建设，带动新闻出版产业发展。通过实施一批具有战略性、引导性和带动性的重大新闻出版项目，加速推进产业和产品升级，提高企业和产品的市场竞争力。抓住国家增加对新闻出版事业投入的契机，加大组织实施国家重大出版工程、少数民族新闻出版“东风工程”、农家书屋工程、全民阅读工程及文化环保工程等公共服务重大工程的力度，推动基本公共服务均等化，推动新闻出版产业有序快速发展。加快组织实施国家知识资源数据库、国家数字复合出版系统、数字版权保护技术研发工程、中华字库工程、国产动漫振兴工程、数字报业、国家重点学术期刊建设工程等重大项目，提升新闻出版产业的整体水平。着力在重点领域尽快形成一批进入海外市场的重点项目，增强新闻出版企业国际竞争力。

（十五）建设新闻出版产业带、产业园区和产业基地，发挥产业集群优势。鼓励各地结合区域经济社会发展规划，优化产业集聚环境，利用优势新闻出版资源，突出产业特色，提高产业集中度和专业化协作水平，有计划地建设新闻出版产业带、产业园区和产业基地，实现产业合理布局，促进产业区域协调发展。重点发展少数民族语言文字出版、数字出版、版权创意等产业园区和基地，大力推进国家级产业园区和基地建设。鼓励西南、西北等地区发展具有鲜明地域和民族特色的出版产业群。支持珠三角、长三角和环渤海等特色印刷复制产业带建设，振兴东北印刷产业，促进中西部印刷产业的开发与崛起。

（十六）建设现代市场体系，发挥市场在资源配置中的基础性作用。打破条块分割、地区封锁和城乡分离的市场格局，加快形成统一开放的新闻出版市场体系。充分利用全国性和区域性产权交易机构，为新闻出版资本、产权、人才、信息、技术等要素的有序、有效流动搭建交易平台。培育发展版权代理、出版经纪等市场中介机构，提高新闻出版产品和服务的市场化程度。积极打造新闻出版产业发展交流平台，支持办好全国图书交易博览会等展会。在国家政策允许的条件下，充分利用发行企业债券、引进境内外战略投资、上市融资等多种渠道为企业融资。开展与国有银行及相关金融机构的战略合作，加快建立和发展中小新闻出版企业信用担保机制，允许投资人以知识产权等无形资产评估作价出资组建新闻出版企业，为产业发展争取良好的融资环境。

（十七）引导和规范非公有资本有序进入新闻出版产业，解放和发展新兴文化生产力。根据《中共中央、国务院关于深化文化体制改革的若干意见》和国家《文化产业振兴规划》等文件精神，鼓励、支持和引导非公有资本以多种形式进入政策许可的领域。鼓励和支持非公有制文化企业从事印刷、发行等新闻出版产业的有关经营活动。引导和规范个体、私营资本投资组建的非公有制文化企业以内容提供、项目合作、作为国有出版企业一个部门等方式，有序参与科技、财经、教辅、音乐艺术、少儿读物等专业图书出版活动。鼓励和支持非公有制文化企业开拓境外新闻出版市场。加强和改进服务，努力为非公有制文化企业持续快速健康发展创造良好的政策环境和平等竞争机会。

五、推动新闻出版产业“走出去”

（十八）加大支持新闻出版产品对外贸易、版权输出、合作出版的力度。支持新闻出版企业结合自身优势和特点，生产更多适合境外市场的新闻出版产品，并以多种方式进入海外市场。支持新闻出版企业利用先进科技成果创新产品形态，拓展传播渠道，增强中华文化影响力。支持新闻出版企业利用金融机构提供的出口信贷和金融产品，积极开展出口外贸业务。抓好国家文化重点出口企业和项目相关工作的落实。继续实施“经典中国”国际出版工程、中外图书互译计划、中国音像制品“走出去”工程、中国图书对外推广计划。

（十九）支持各种所有制的新闻出版企业到境外投资兴办实体。支持有条件的新闻出版企业，通过新设、收购、合作等方式，到境外建社、办厂、开店，实现新闻出版企业在境外的落地和本土化。对符合国家出口指导目录规定的境外投资，在政策、资源、信息、服务等方面予以支持。

（二十）充分发挥国际合作网络和平台的作用。鼓励新闻出版企业与国际著名文化制作、经纪、营销机构合作，建设以欧美、周边国家和港澳台地区为重点的市场营销网络和营销队伍，创新市场营销方式和手段。支持新闻出版企业参加法兰克福国际书展等国际大型展会和文化活动，打造北京国际图书博览会等具有重要影响力的国际出版、版权交易平台，发挥其在对外推广文化产品和服务方面的积极作用。

（二十一）为新闻出版产业"走出去"提供服务。制定"走出去"总体规划和战略目标，在出版物和版权"走出去"的基础上，实现新闻出版企业"走出去"、品牌"走出去"、资本"走出去"。设立出版物海外推广中心、实施翻译人才库工程。加强信息平台建设，完善出版物进出口统计制度，做好新闻出版产品、服务贸易和重点企业的统计分析，向新闻出版企业及时提供国际出版市场信息。加强对有关国家文化市场和政策环境的研究，帮助新闻出版企业开拓海外市场。

六、推动新闻出版产业发展的政策和组织保障

（二十二）加强新闻出版产业发展规划工作，提高宏观调控水平。全面把握国内外经济形势变化，统筹把握新闻出版业的意识形态属性和产业属性，在确保完成《新闻出版业"十一五"发展规划》各项目标任务的同时，科学编制新闻出版业"十二五"发展规划，将新闻出版产业发展纳入国家经济社会发展规划之中。加强对产业重大项目的指导，建立新闻出版产业项目库。制定和公布新闻出版产业发展和投资指导目录。

（二十三）落实推动新闻出版产业发展的各项优惠政策。用好用足国家支持文化单位转制和文化企业发展的一系列优惠政策，会同有关部门制定和落实支持新闻出版产业发展的相关配套政策，充分发挥政策对新闻出版产业发展的引导、激励和保障作用。

（二十四）加大对新闻出版产业发展的投入。积极争取各级财政支持，采取贴息、补助、奖励等方式，支持新闻出版产业发展。用好宣传文化发展专项资金、国家出版基金、民文出版专项资金、农家书屋工程专项资金、扶持动漫产业发展专项资金、"走出去"专项资金等财政专项资金。加强财政资金的管理和使用，提高资金的使用效率。

（二十五）科学配置新闻出版资源。对跨地区发展的新闻出版企业，对优势新闻出版产业，对改革力度大、发展速度快的地区，在出版资源上给予优先配置和政策倾斜。依据新闻出版产业发展需要，综合配置图书、报纸、期刊、音像制品、电子出版、网络出版及手机出版等出版资源，解决因出版权分割所带来的制约产业发展的问题。

（二十六）做好新闻出版产业发展的基础性工作。加强新闻出版标准化工作，抓紧新闻出版标准体系建设，特别是抓好数字出版等新兴业态的标准体系的研究制定。加强出版信息化建设工作，构建有利于书号、条码、在版编目和统计、

年检数据等行业信息资源集中管理、有效整合的运行平台和工作机制。进一步加强和改进新闻出版统计工作，及时发布新闻出版统计报告。

（二十七）完善保障新闻出版产业发展的法规体系和法律制度。根据当前新闻出版体制改革和产业发展的实际情况，继续推动《出版管理条例》《音像制品管理条例》的修订，加快制定《中国标准书号使用管理办法》《互联网游戏出版服务管理办法》《国家出版产业基地管理办法》等规章和规范性文件。围绕保障和促进新闻出版产业发展，认真研究完善出版单位法人制度、准入和退出制度、主管主办制度、新媒体出版服务制度等相关法律制度。

（二十八）改善和优化新闻出版市场环境。贯彻落实《国家知识产权战略纲要》，加大版权保护力度，探索建立在新技术条件下科学合理的数字出版授权和使用机制。深入持久开展"扫黄打非"斗争，加大执法力度，着力改善和优化新闻出版市场秩序。加强行业信用体系建设，在全行业开展诚信宣传教育和职业道德教育，切实推动行业自律。加强党风廉政建设和反腐倡廉工作，把行风建设贯穿于新闻出版产业发展的全过程，营造"依法经营、违法必究、公平交易、诚实守信"的产业发展环境。

（二十九）强化新闻出版产业发展的人才保障。以培养新闻出版各类领军人物为目标，统筹抓好领导人才、经营管理人才、专业技术人才特别是复合型人才队伍建设，造就一批名作者、名编辑、名记者、行业技术专家和出版家、企业家。加快人才培养和队伍培训，设立人才培养专项资金，以定向培养、公开招聘、业外引进等方式，培养、吸引和凝聚优秀人才。完善新闻出版专业技术人员职业资格制度，以职业准入和岗位准入为抓手，不断提高基层人才队伍素质。把非公有文化机构的人才队伍纳入行业人才建设体系，积极培养和充分发挥其作用。创新人才激励机制，健全人才选拔机制，完善人才流动机制，形成有利于各类人才脱颖而出的体制环境。

（三十）健全和完善各级新闻出版产业发展领导体制和工作机制。各级新闻出版行政部门要增强推动新闻出版产业发展的责任意识，明确新闻出版产业发展领导机构和工作班子，负责指导、协调、实施新闻出版产业发展工作，确保各项目标、措施和政策落到实处。积极争取地方党委、政府对当地新闻出版产业的重视和支持，继续开展"省部战略合作"，共同推动新闻出版产业发展。

新闻出版总署
二〇一〇年一月一日

三

关于加快我国数字出版产业发展的若干意见

新出政发〔2010〕7 号

各省、自治区、直辖市新闻出版局，新疆生产建设兵团新闻出版局，解放军总政治部宣传部新闻出版局，中央和国家机关各部委、各民主党派、各人民团体新闻出版主管部门，中国出版集团公司：

数字出版是指利用数字技术进行内容编辑加工，并通过网络传播数字内容产品的一种新型出版方式，其主要特征为内容生产数字化、管理过程数字化、产品形态数字化和传播渠道网络化。目前数字出版产品形态主要包括电子图书、数字报纸、数字期刊、网络原创文学、网络教育出版物、网络地图、数字音乐、网络动漫、网络游戏、数据库出版物、手机出版物（彩信、彩铃、手机报纸、手机期刊、手机小说、手机游戏）等。数字出版产品的传播途径主要包括有线互联网、无线通讯网和卫星网络等。由于其海量存储、搜索便捷、传输快速、成本低廉、互动性强、环保低碳等特点，已经成为新闻出版业的战略性新兴产业和出版业发展的主要方向。

发展数字出版产业，对于提升我国文化软实力，推动文化产业乃至国民经济的可持续发展，转变出版业发展方式具有重要意义。进入新世纪以来，我国数字出版产业取得了较快进展。与此同时，由于存在投入成本高，盈利模式不成熟，相关标准不统一等问题，制约了数字出版产业的进一步发展，其生产力尚未得以充分释放。为贯彻落实中央关于调整产业结构和转变发展方式的战略部署，贯彻落实《文化产业振兴规划》和新闻出版总署《关于进一步推动新闻出版产业发展的指导意见》，推进出版业升级，现就加快我国数字出版产业发展提出如下意见。

一、加快数字出版产业发展的总体目标

1. 战略目标。要以数字化带动新闻出版业现代化，鼓励自主创新，研发数字出版核心技术，推动出版传播技术升级换代，构建传输快捷、覆盖广泛的现代新闻出版传播体系；要形成一批发展思路清晰、内容资源充沛、立足自主创新、出版方式多样、营销模式成熟、市场竞争力强、产品影响广泛的数字出版龙头企业；要切实从社会需求出发，将优质内容与数字技术紧密结合，打造弘扬中华优秀文化、反映科学技术进步、体现时代精神、为大众喜闻乐见、具有国际影响力的数字出版产品和品牌；要构建要素完整、结构合理、水平先进、效益良好、多方共赢的数字出版产业发展新格局，把数字出版产业打造成新闻出版支柱产业。

2. 发展指标。到“十二五”末，我国数字出版总产值力争达到新闻出版产业总产值25%，整体规模居于世界领先水平。在全国形成8—10家各具特色、年产值超百亿的国家数字出版基地或国家数字出版产业园区，形成20家左右年主营业务收入超过10亿元的具有国际竞争力的数字出版骨干企业。到2020年，传统出版单位基本完成数字化转型，其数字化产品和服务的运营份额在总份额中占有明显优势。

二、加快数字出版产业发展的主要任务

3. 加快推动传统出版单位数字化转型。加快书报刊出版单位采用新技术和现代生产方式改造传统出版流程；高度重视出版资源数字化工作，加快存量资源整理，按统一标准进行分类、存储；积极探索出版资源数字版权授权解决方案；鼓励传统出版单位开展网络出版业务；支持传统出版单位设立完全市场化的数字出版公司，尽快做大做强，成为数字出版龙头企业。

4. 加快推动音像电子出版单位数字化升级。积极运用新媒体、新技术加速产业升级；鼓励音像电子出版单位与通信运营商、网络运营商及硬件制造商进行全方位合作，拓展新业态。

5. 加快推动传统印刷复制企业数字化改造。推动传统印刷复制企业积极采用数字和网络技术，改造印刷生产流程和设备，大力发展数字印刷，提高对消费者多样化、个性化需求的服务供给能力。

6. 大力增强网游动漫出版产品的创作和研发能力。鼓励企业通过自主创新，充分挖掘中华优秀文化，研发网游动漫精品，提高国产网游动漫产品的质量和市场占有率，提升产品附加值；打造网游动漫知名品牌，提高市场运作能力；组织实施民族网游动漫海外推广计划，大力支持国产原创网游动漫产品开发海外市场。

7. 切实加强新闻出版公共服务项目的数字化建设。对新闻出版公共服务工程中的数字化项目予以资金、政策、技术等方面的扶持；支持和鼓励出版单位、数字化公司承担和拓展数字出版公共服务项目；积极支持“农家书屋”向数字化方向发展；高度重视数字阅读，拓展全民阅读的空间；加快全民阅读工程指导性网站建设；积极开发盲文有声教材和读物；充分利用互联网，扩大民文出版物传播范围。

8.加快国家数字出版重点科技工程和重大项目建设。加快国家数字复合出版工程、数字版权保护技术研发工程、中华字库工程和国家知识资源数据库工程等数字出版重大科技工程项目的建设进度；建设国家重点数字出版工程项目库，扶持企业建设以公共服务平台建设、内容资源数据库建设、数字出版软件产品开发以及相关技术研发为主的数字出版工程项目；加快数字出版领域科技推广和成果转化；扶持以动漫出版、网络游戏出版、数据库出版等为主的数字出版项目；扶持具有自主知识产权的电子纸、终端阅读器等新产品、新载体的研发和应用。

9.加快推进数字出版相关标准研制工作。坚持“基础、急用”标准先行的原则，尽快制定各种数字出版相关的内容标准、格式标准、技术标准、产品标准、管理和服务标准，完成数字出版、移动出版等相关数字出版标准体系的制定，在生产、交换、流通、版权保护等过程中形成符合行业规范的数字出版业标准化体系，创造公平的市场竞争环境。

10.推动数字出版产业聚集区建设。打破行政区划壁垒，在有条件的区域建设数字出版产业聚集区，形成一批核心数字出版产业集群和特色产业基地；吸引国内国际知名的相关企业落户，逐步形成产业集群效应；支持进入国家级数字出版基地的企业开展互联网出版业务。

11.支持非公有制企业从事数字出版活动。支持民营新技术公司研发基于不同传输平台和阅读终端的游戏、动漫、音乐等数字出版产品和具有自主知识产权的移动终端等硬件设备；建立数字出版企业评估体系，对长期从事数字出版活动且出版导向正确、技术实力雄厚、竞争优势明显、发展前景广阔、经营业绩突出的非公有制企业予以重点扶持；建立健全互联网出版准入退出机制，完善准入退出评估标准。

12.推动数字出版“走出去”。鼓励企业充分利用国际国内两种资源和两个市场，借助网络传输快捷、覆盖广泛和无国界特性，加快推动优秀出版物通过数字出版方式进入国际市场，参与国际竞争，不断增强中国新闻出版的传播能力，提高中华文化的国际影响力；重点扶持和培育在“走出去”方面措施得力、成效显著的数字出版骨干企业和示范单位，对切实跨出国门并取得显著成绩的重大项目和重点企业予以资金资助、税收减免和其他奖励。

三、加快数字出版产业发展的保障措施

13.加强组织领导。各级新闻出版行政部门要充分认识加强数字出版工作的重要性和紧迫性，把推进数字出版产业发展作为本地区新闻出版业繁荣发展的重要工作内容；要加强组织领导，完善组织机构，积极创造条件，设立专职数字出版管理部门；要加强对本地区数字出版产业发展的统计、规划、协调和引导，做好对本地区从事数字出版内容生产、加工、复制和数字出版产品销售、进出口等活动的数字出版企业的监管与服务工作；要采取有效措施，切实解决数字出版管理工作中存在的突出问题，为数字出版产业发展创造良好的环境和条件。

14.发挥部门合力。地方各级新闻出版行政部门要主动加强与当地党委、政府相关部门的沟通合作，争取本地发展和改革、财政、税务、工信、科技等综合职能部门对数字出版工作的支持，将数字出版发展规划纳入本地经济社会发展规划之中，为本地数字出版产业发展创造条件、提供保障；要结合本地实际，深入研究针对数字出版产业的财税政策，充分发挥政策的推动引导作用，促进数字出版产业健康发展，把国家以及各地支持推进数字化进程、文化体制改革和文化产业发展的优惠政策落到实处，为数字出版产业发展争取更多的政策支持。

15.优化资源配置。对内容资源丰富、具备技术和其他条件的传统出版单位优先赋予互联网出版权；鼓励条件成熟的传统出版单位开发基于互联网、无线通讯网、有线电视网、卫星传输等各类移动终端的数字出版产品；鼓励传统出版企业与新媒体公司进行深层次合作，探索新型业务模式和营销模式，拓展和延伸出版产业链；倡导联合重组，鼓励非公有制企业与拥有内容资源优势的国有出版企业嫁接重组，拓展发展领域，形成新的市场主体。

16.加大投入力度。要逐步完善数字出版投入机制，积极争取各级财政对数字出版产业发展的扶持，加大对重点数字出版工程项目的资金投入；充分发挥文化产业发展专项资金、宣传文化发展专项资金、科技创新资金和现代信息服务业专项资金的扶持导向作用，面向全社会，推动设立扶持数字出版专项资金，重点用于数字出版公共服务平台和骨干项目建设；鼓励社会各界参与数字出版产业发展，用足用好金融领域支持文化产业振兴和繁荣发展的优惠政策，拓宽投融资渠道，引入战略投资者，实现投资主体多元化。

17.搭建交流平台。继续支持和扶持办好中国数字出版博览会、中国数字出版年会、中国国际数码互动娱乐展览会、中国国际动漫创意产业交易会、中国国际漫画节等数字出版产业方面的重要会展；积极组织参与全国图书博览会、全国图书订货交易会、北京国际图书博览会、深圳文博会、海峡两岸图书交易会，搭建展示和交流平台，推动数字出版新技术、新经验、新模式的深度交流，展示数字出版新产品和新技术。

18. 加强版权保护。要加大版权保护宣传力度，强化版权保护意识；加大对数字版权侵权盗版行为的打击力度，切实保障著作权人合法权益；加快技术创新和标准制定，为版权保护提供有效的技术手段；积极建立以司法、行政、技术和标准相结合的版权保护体系。

19. 强化网络监管。要建立属地内出版、外宣、公安、通信、“扫黄打非”等部门的协调、沟通和信息共享机制；增强网络出版突发事件的应对能力，提高监管工作的预见性、针对性和时效性，全面提升主动监管能力和技术保障水平；要加大对互联网低俗之风和手机网站传播淫秽色情信息的打击力度，同时切实加强对网络游戏出版审批把关和网络游戏动态出版、非法出版的监管，全面净化互联网和手机出版环境；各地要加快网络出版监管系统建设，积极探索网络出版监管的有效方式，强化长效动态监管机制。

20. 完善法规体系。加快修订《出版管理条例》《互联网出版管理暂行规定》等法律法规，制定发布《手机媒体出版服务管理办法》《数据库出版服务管理办法》《互联网文学出版服务管理办法》和《互联网游戏审批管理细则》等部门规章，加快规范数字出版产业发展的法规体系建设。

21. 健全考评体系。要建立健全数字出版工作考评体系，加大对出版单位数字出版业绩考核的指标权重，重点评估其数字出版总体规划、新兴媒体和服务建设、内容资源数字化加工水平、出版流程再造、数字出版企业的市场表现、数字出版人才队伍建设、数字出版创新成果等具体指标和数据；充分调动企业经营管理者和数字出版从业人员的积极性和主动性，激发文化创造力，把推动数字出版的实际效果和发展水平纳入年度考评指标。

22. 加快人才培养。要不断完善数字出版人才培养体系，加大数字出版人才培养力度，特别是传统出版单位数字出版高级管理人才、高级营销人才、高级策划人才及数字出版编辑人才的培养，加快解决数字出版产业高层次、复合型人才的短缺问题；积极开展形式多样的数字出版产业经营管理人才培训，鼓励数字出版企业与高等院校及科研机构合作，建立人才培养和实训基地，逐步建立起教育培训和岗位实践相结合的数字出版产业人才培养机制；进一步健全人才引进、使用和考核机制。

新闻出版总署

二〇一〇年八月十六日

四

关于推动传统出版和新兴出版融合发展的指导意见

新广发〔2015〕32 号

各省、自治区、直辖市新闻出版广电局、财政厅(局),新疆生产建设兵团新闻出版局、财务局,解放军总政治部宣传部新闻出版局:

推动传统出版和新兴出版融合发展,把传统出版的影响力向网络空间延伸,是出版业巩固壮大宣传思想文化阵地的迫切需要,是履行文化职责的迫切需要,是自身生存发展的迫切需要。根据中共中央办公厅、国务院办公厅印发的《关于推动传统媒体和新兴媒体融合发展的指导意见》,结合出版业实际情况,现就推动传统出版和新兴出版融合发展,提出如下指导意见:

一、总体要求

1. 指导思想。以邓小平理论、"三个代表"重要思想、科学发展观为指导,深入贯彻落实习近平总书记系列重要讲话精神,贯彻落实中央关于全面深化改革的重大战略部署,坚持以先进技术为支撑、内容建设为根本,充分运用新技术,创新出版方式、提高出版效能,进一步掌握网络空间话语权,进一步提高出版业的影响力传播力和竞争实力,推动出版业更好更快发展。

2. 基本原则。必须始终坚持党管出版,把坚持正确政治方向和出版导向贯穿到出版融合发展的各环节、全过程,自觉体现社会主义核心价值观,始终坚持把社会效益放在首位,努力实现社会效益和经济效益有机统一;坚持正确处理传统出版和新兴出版关系,以传统出版为根基实现并行并重、优势互补、此长彼长;坚持强化互联网思维,积极推进理念观念、管理体制、经营机制、生产方式创新;坚持一体化发展,推动传统出版和新兴出版实现出版资源、生产要素的有效整合;坚持内容为本技术为用、内容为体技术为翼,运用先进技术传播先进文化;坚持重点突破和整体推进相结合,因地制宜、积极探索、差异化发展。

3. 工作目标。按照积极推进、科学发展、规范管理、确保导向的要求,立足传统出版,发挥内容优势,运用先进技术,走向网络空间,切实推动传统出版和新兴出版在内容、渠道、平台、经营、管理等方面深度融合,实现出版内容、技术应用、平台终端、人才队伍的共享融通，形成一体化的组织结构、传播体系和管理机制。力争用 3—5 年的时间，研发和应用一批新技术新产品新业态，确立一批示范单位、示范项目、示范基地(园区)，打造一批形态多样、手段先进、市场竞争力强的新型出版机构，建设若干家具有强大实力和传播力公信力影响力的新型出版传媒集团。

二、重点任务

4. 创新内容生产和服务。始终坚持贴近需求、质量第一，严格把关、深耕细作，将传统出版的专业采编优势、内容资源优势延伸到新兴出版，更好发挥舆论引导、思想传播和文化传承作用。探索和推进出版业务流程数字化改造，建立选题策划、协同编辑、结构化加工、全媒体资源管理等一体化内容生产平台，推动内容生产向实时生产、数据化生产、用户参与生产转变，实现内容生产模式的升级和创新。顺应互联网传播移动化、社交化、视频化、互动化趋势，综合运用多媒体表现形式，生产满足用户多样化、个性化需求和多终端传播的出版产品。强化用户理念和体验至上的服务意识，既做到按需提供服务、精准推送产品，又做到在互动中服务、在服务中引导，不断增强用户的参与度、关注度和满意度。

5. 加强重点平台建设。整合、集约优质内容资源，推动建立国家级出版内容发布投送平台、国家学术论文数字化发布平台、出版产品信息交换平台、国家数字出版服务云平台、版权在线交易平台等聚合精品、覆盖广泛、服务便捷、交易规范的平台及出版资源数据库，推进内容、营销、支付、客服、物流等平台化发展。鼓励平台间开放接口，通过市场化的方式，实现出版内容和行业数据跨平台互通共享。

6. 扩展内容传播渠道。各出版发行单位要探索适合自身融合发展的道路，创新传统发行渠道，大力发展电子商务，整合延伸产业链，构建线上线下一体化发展的内容传播体系。进一步加强实体书店建设，努力将实体书店建设成为集阅读学习、展示交流、聚会休闲、创意生活等功能于一体的复合式文化消费场所。支持实体书店与电子商务合作，在区域配送发挥各自优势。探索以用户为中心的全渠道服务模式。进一步开拓农村等出版产品消费市场。利用社交网络平台，建立出版网络社区等传播载体，打通传统出版读者群和新兴出版用户群，着力增强黏性，广泛吸引用户。借力商业网站的微博微信微店等渠道，不断扩大出版产品的用户规模，进一步扩大覆盖面。

7. 拓展新技术新业态。运用大数据、云计算、移动互联网、物联网等技术，加强出版内容、产品、用户数据库建设，提高数据采集、存储、管理、分析和运用能力。积极通过多种方式吸收借鉴、善加利用先进的传播技术和渠道，借力推动出版融合发展。充分利用新一代网络的技术优势，加快发展移动阅读、在线教育、知识服务、按需印刷、电子商务等新业态。加强出版大数据分析、结构化加工制作、资源知识化管理、数字版权保护、数字印刷、发布服务以及产品优化工具、跨终端呈现工具等关键性技术的研发和应用实践，着力解决出版融合发展面临的技术短板。建立和完善用户需求、生产需求、技术需求有机衔接的生产技术体系，不断以新技术引领出版融合发展，驱动转型升级。有计划地组织相关标准的制修订工作，完善标准化成果推广机制，加快国际标准关联标识符（ISLI）、中国出版物在线信息交换（CNONIX）等标准的推广和应用。

8.完善经营管理机制。积极适应出版融合发展要求，主动探索出版单位内部组织结构的重构再造，逐步建立顺畅高效、适应市场竞争和一体化发展的内部运行机制。变革和融合传统出版和新兴出版生产经营模式，建立健全一个内容多种创意、一个创意多次开发、一次开发多种产品、一种产品多个形态、一次销售多条渠道、一次投入多次产出、一次产出多次增值的生产经营运行方式，激发出版融合发展的活力和创造力。探索建立首席信息官制度，加强版权、商标、品牌等的保护和多元化、社会化运营，构建融合发展状态下的经营管理模式。

9.发挥市场机制作用。坚持行政推动和发挥市场作用相结合，探索以资本为纽带的出版融合发展之路，支持传统出版单位控股或参股互联网企业、科技企业，支持出版企业尤其是出版传媒集团跨地区、跨行业、跨媒体、跨所有制兼并重组。在网络出版以及对外专项出版领域，探索实行管理股试点。引导社会力量参与融合项目的技术研发和市场开拓，鼓励支持符合条件的出版企业上市融资，促进金融资本、社会资本与出版资源有效对接。增强传统出版单位的市场竞争意识和能力，健全技术创新激励机制和容错、纠错机制，探索建立股权激励机制。

三、政策措施

10.加强相关法律法规修制工作。推动修订《中华人民共和国著作权法》，加快修订出台《网络出版服务管理规定》和《出版物市场管理规定》。制定新闻出版许可证管理办法、新闻采编人员职业资格制度暂行规定和网络连续出版物管理规定等。制定网络出版等新兴出版主体资格和准入条件，制定加强信息网络传播权行政保护指导意见，推动网络使用作品依法依规进行。通过逐步建立以法律法规为主体，以部门规章为配套，以规范性文件为补充的法律法规体系，规范、保障、推动出版融合发展。

11.加大财政政策支持力度。充分发挥财政引导示范和带动作用，着力改善传统出版和新兴出版融合发展环境。加大中央文化产业发展专项资金支持力度，完善和落实项目补助、贷款贴息、保费补贴、绩效奖励等措施，更好地与新闻出版改革发展项目库等进行衔接，实现财政政策、产业政策与企业需求的有机衔接。支持出版企业在项目实施中更多运用金融资本、社会资本，符合条件的可通过“文化金融扶持计划”给予支持。加大国家出版基金对涉及出版融合发展的出版项目支持力度。继续实施新闻出版业转型升级重大项目，探索将传统出版和新兴出版融合发展纳入重大项目支持范围，突出重点、分步实施、逐年推进。

12.优化出版行政管理。坚持和完善新闻出版主管主办制度，坚持出版特许经营，严格许可证管理。对网上网下、不同出版业态进行科学管理、有效管理，建立统一的导向要求和内容标准，建立出版单位社会效益评价机制。严厉打击各类非法出版物、网上淫秽色情信息，严厉打击出版领域的侵权盗版行为尤其是网上侵权盗版行为，创造良好的版权保护环境。加强质量管理，建立不良产品和企业退出机制。鼓励有条件的地区和出版单位率先发展，支持有先发优势的产业带、产业基地（园区）依托资源条件和产业优势，建设出版融合发展聚集区，扶持创业孵化，培育新的经济增长点。建立国家级出版融合发展研究基地（中心），对融合发展重大项目实施集智攻关。支持行业组织在出版融合发展研究、标准制定、自律维权等方面发挥积极作用。

13.实施项目带动战略。充分发挥全民阅读、国家古籍整理出版、农家书屋、民文出版、出版发行网络建设、绿色印刷、“丝路书香”、国家数字复合出版、数字版权保护技术研发等项目的带动作用，支持提升出版融合发展的质量和水平。

14.强化人才队伍建设。制定出版融合发展人才培养规划，支持出版单位与高校、研究机构和创新型企业联合开展出版融合发展人才培养，加大新兴出版内容生产人才、技术研发人才、资本运作人才和经营管理人才培养引进力度，进一步优化人才结构。建立出版融合发展人才资源库。鼓励出版传媒集团设立人才基金，鼓励出版单位加强领军人才和复合型人才队伍建设。建立健全绩效考核体系，创新项目用人机制，探索出版融合发展条件下吸引人才、留住人才、用好人才的有效途径。

四、组织实施

15.统筹推进任务措施落实。各出版行政主管部门、出版单位要将出版融合发展列入行业和单位“十三五”规划等重大产业发展规划，制定实施方案，明确时间表、路线图、任务书，合理设计和规划实施项目，重大项目要按程序报批备案。制定精细化的项目指标，加强跟踪测评和效果评估。建立责任考核机制，一层抓一层，层层抓落实，将出版融合发展任务、重点项目落到实处。

16.进一步加强组织领导。各级出版行政主管部门主要负责同志亲自抓、负总责，会同财政部门结合本地区（部门）实际，切实加强对出版融合发展的组织领导。要形成统一高效的议事决策和协调推动机制，整合各方资源，加强外部协作，强化内部协调，为推动出版融合发展提供有力保障。

国家新闻出版广电总局 中华人民共和国财政部
二〇一五年三月三十一日

五

关于规范网络转载版权秩序的通知

国版办发〔2015〕3号

为贯彻落实中共中央办公厅、国务院办公厅印发的《关于推动传统媒体和新兴媒体融合发展的指导意见》，鼓励报刊单位和互联网媒体合法、诚信经营，推动建立健全版权合作机制，规范网络转载版权秩序，根据《中华人民共和国著作权法》《中华人民共和国著作权法实施条例》《信息网络传播权保护条例》有关规定，现就规范网络转载版权秩序有关事项通知如下：

一、互联网媒体转载他人作品，应当遵守著作权法律法规的相关规定，必须经过著作权人许可并支付报酬，并应当指明作者姓名、作品名称及作品来源。法律、法规另有规定的除外。

互联网媒体依照前款规定转载他人作品，不得侵犯著作权人依法享有的其他权益。

二、报刊单位之间相互转载已经刊登的作品，适用《著作权法》第三十三条第二款的规定，即作品刊登后，除著作权人声明不得转载、摘编的外，其他报刊可以转载或者作为文摘、资料刊登，但应当按照规定向著作权人支付报酬。

报刊单位与互联网媒体、互联网媒体之间相互转载已经发表的作品，不适用前款规定，应当经过著作权人许可并支付报酬。

三、互联网媒体转载他人作品，不得对作品内容进行实质性修改；对标题和内容做文字性修改和删节的，不得歪曲篡改标题和作品的原意。

四、《著作权法》第五条所称时事新闻，是指通过报纸、期刊、广播电台、电视台等媒体报道的单纯事实消息，该单纯事实消息不受著作权法保护。凡包含了著作权人独创性劳动的消息、通讯、特写、报道等作品均不属于单纯事实消息，互联网媒体进行转载时，必须经过著作权人许可并支付报酬。

五、报刊单位可以就通过约稿、投稿等方式获得的作品与著作权人订立许可使用合同，明确约定许可使用的权利种类、许可使用的权利是专有使用权或者非专有使用权、许可使用的地域范围和期限、付酬标准和办法、违约责任以及双方认为需要约定的其他内容。双方约定权利由报刊单位行使的，互联网媒体转载该作品，应当经过报刊单位许可并支付报酬。

六、报刊单位可以与其职工通过合同就职工为完成报刊单位工作任务所创作作品的著作权归属进行约定。合同约定著作权由报刊单位享有的，报刊单位可以通过发布版权声明的方式，明确报刊单位刊登作品的权属关系，互联网媒体转载此类作品，应当经过报刊单位许可并支付报酬。

七、报刊单位和互联网媒体应当建立健全本单位版权管理制度。建立本单位及本单位职工享有著作权的作品信息库，载明作品权属信息，对许可他人使用的作品应载明授权方式、授权期限等相关信息。建立经许可使用的他人作品信息库，载明权利来源、授权方式、授权期限等相关信息。

八、报刊单位与互联网媒体、互联网媒体之间应当通过签订版权许可协议等方式建立网络转载版权合作机制，加强对转载作品的版权审核，共同探索合理的授权价格体系，进一步完善作品的授权交易机制。

九、各级版权行政管理部门要加大对互联网媒体的版权监管力度，支持行业组织在推动版权保护、版权交易、自律维权等方面发挥积极作用，严厉打击未经许可转载、非法传播他人作品的侵权盗版行为。

国家版权局办公厅
二〇一五年四月十七日

六

新闻出版许可证管理办法

国家新闻出版广电总局令第 4 号

第一章 总 则

第一条 为加强新闻出版许可证(以下简称许可证)管理,规范新闻出版市场秩序,维护公民、法人和其他组织的合法权益,根据《中华人民共和国行政许可法》《出版管理条例》《音像制品管理条例》《印刷业管理条例》等相关法律、法规制定本办法。

第二条 本办法所称许可证,是指新闻出版行政部门根据公民、法人或其他组织的申请,经依法审查,准予其从事新闻出版活动的行政许可证件。

许可证的设立、设计、印刷、制作、发放、使用、换发、补发、变更、注销等管理适用本办法。

第三条 新闻出版行政部门在许可证管理中应当遵循依法、公开、规范、便民的原则。

无法律法规依据,不得以任何名义和形式向行政相对人收取涉及许可证的相关费用。

第四条 国家新闻出版广电总局负责全国新闻出版许可证监督检查、统一备案和信息公示等职责;地方新闻出版行政部门负责本辖区许可证的监督检查职责。

各级新闻出版行政部门负责对所发放、注销、吊销的许可证在政府网站或经批准公开发行的报纸上进行公示。

第二章 许可证的设立、设计、印刷、制作与发放

第五条 许可证设立,是指对依法设定的行政许可项目,决定以颁发许可证的形式作为许可证件。

许可证设立,必须以法律法规设定的行政许可为依据。

第六条 许可证设计,是指对许可证的登记项目和样式进行的设计。设计

许可证时须规定其有效期限。

国家新闻出版广电总局负责各类许可证的设立与设计。

第七条　许可证印刷，是指按照许可证的设计样式，印刷不含登记内容的纸质许可证或复制不含登记内容的电子许可证。

许可证的印刷原则上由实施行政许可的新闻出版行政部门负责，根据实际情况也可由上级新闻出版行政部门统一印刷。

第八条　许可证制作，是指空白许可证的内容填写、盖章、封装等。

许可证须由新闻出版行政部门依法作出行政许可批准决定或按本办法及有关规定履行补发、换发手续后制作。

许可证的许可登记项目内容必须与行政许可决定内容相一致。许可证不得交由行政相对人自行填写或由其他机构代为填写。

许可证登记事项发生变更的，由办理变更登记的新闻出版行政部门在许可证相应位置加盖变更专用章。

许可证加盖实施行政许可的或办理变更登记的新闻出版行政部门公章或变更专用章后，正本、副本具有同等的法律效力，其他任何部门或单位不得在许可证上加盖公章。

第九条　许可证发放，是指将许可证送达行政相对人。

许可证原则上由实施行政许可的新闻出版行政部门发放。为方便行政相对人，也可由实施行政许可的新闻出版行政部门依法委托下级新闻出版行政部门代为发放。

新闻出版行政部门应当自作出行政许可批准决定之日起 10 个工作日内，将许可证送达行政相对人。

委托发放许可证的，下级新闻出版行政部门应自收到行政许可批准决定和许可证后 4 个工作日内送达行政相对人，并不得要求行政相对人另行办理许可证申领手续。

第三章　许可证的使用、换发与补发

第十条　许可证持证者应按照许可证所载明的业务范围和期限从事新闻出版活动。

第十一条　许可证不得伪造、涂改、冒用，或者以买卖、租借等任何形式转让。

第十二条　许可证有效期满即失效。持证者需要延续依法取得的许可证的，应当在该许可证有效期限届满 30 日前，向原发证机关提出换发许可证申请。

第十三条 许可证发生损坏、丢失的，持证者应持损坏许可证原件或在经批准公开发行报纸上发表的遗失声明，向原发证机关申请补发新证。原发证机关应在自收到损坏许可证原件或遗失声明5个工作日内，注销旧证，发放新证。

第十四条 换发新的许可证时，应同时收回旧证。除国家新闻出版广电总局直接换发的许可证外，其余旧证按属地管理原则由属地许可证换发部门统一登记销毁，并于销毁后1个月内将换发、销毁情况逐级报上级新闻出版行政部门备案。

第四章 许可证的变更与注销

第十五条 许可证登记的许可事项发生变更的，实施行政许可的新闻出版行政部门应根据持证者提出的许可申请，履行审批程序，按审批权限在变更记录页上办理变更登记或由原发证机关换发新证。

第十六条 许可证登记的非许可事项发生变更的，实施行政许可或受委托的新闻出版行政部门根据持证者提出的变更申请，原则上应现场即时完成许可证副本变更记录页的变更登记或由原发证机关换发新证，为行政相对人提供便捷高效的服务。

第十七条 实行年度核验制度的行政许可，许可证在年度核验合格并加盖核验章后继续使用。

第十八条 有《行政许可法》第七十条规定情形的，由实施行政许可的新闻出版行政部门在1个月内注销许可证并公示。

第五章 许可证的电子信息化管理

第十九条 国家实行统一的许可证信息化管理。国家新闻出版广电总局负责“全国新闻出版许可证信息管理系统”的总体设计、建设指导以及应用协调等工作，实行许可证信息的全国联网、集中公示和有效管理。

第二十条 地方各级新闻出版行政部门按要求做好“全国新闻出版许可证信息管理系统”的衔接、应用工作，严格履行信息采集、报送等职责。

第二十一条 新闻出版行政部门在条件具备时制作发放电子许可证。电子许可证与纸质许可证具有同等的法律效力。

第六章 法律责任

第二十二条 新闻出版行政部门有下列行为之一的，依据《行政许可法》第六十九条、第七十四条，由其上级行政机关或者监察机关责令纠正违法违规行为，撤销行政许可，注销所发放的许可证并予以通报批评；情节严重的，追究部门主要领导和直接责任人员的行政责任：

（一）无法定行政许可依据或超越权限设立许可证的；

（二）未经法定行政许可，擅自制作、发放许可证的；

（三）违规在许可证上加盖公章的；

（四）擅自改变许可证样式、登记项目并制作、发放许可证的。

第二十三条 新闻出版行政部门有下列行为之一的，由其上级行政机关或者监察机关责令改正并通报批评：

（一）由行政相对人或其他机构代为填写许可证内容的；

（二）不按行政许可决定填写许可证内容的；

（三）发放许可证时要求行政相对人另行办理申领手续的；

（四）未按规定及时发放许可证的；

（五）未按规定逐级报备废旧许可证销毁情况的。

第二十四条　违法违规收取涉及许可证有关费用的，依据《行政许可法》第七十五条，由其上级行政机关或者监察机关追究有关领导和直接责任人员的行政责任，监督退还所收取的费用并通报批评；情节严重的，移交有关部门查处。

第二十五条　新闻出版行政部门工作人员在涉及许可证的有关工作中，利用职务获取不当利益的，依据《出版管理条例》第六十条规定处罚。

第二十六条　行政相对人有下列行为之一的，依据《行政许可法》《出版管理条例》《音像制品管理条例》《印刷业管理条例》和有关部门规章的规定处罚；没有相应规定的，由新闻出版行政部门责令改正，情节严重的，并处警告或 3 万元以下罚款：

（一）许可证登记事项发生改变，未依法依规进行变更登记的；

（二）涂改、出卖、租借或者以其他形式非法转让许可证的；

（三）以欺骗、贿赂等不正当手段取得许可证的；

（四）未按许可证载明的业务范围从事新闻出版活动的。

第七章　附　则

第二十七条　《新闻记者证》等有关人员资格证书不适用本办法。

第二十八条　省级新闻出版行政部门可根据本地区实际制定实施办法。

第二十九条　电子许可证和“全国新闻出版许可证信息管理系统”的管理办法由国家新闻出版广电总局另行制定。

第三十条　地方性法规设定行政许可的许可证的设立、设计、印刷、制作、发放、变更登记事项、注销等，可参照本办法进行管理。

第三十一条　本办法自 2016 年 3 月 1 日起施行。

国家新闻出版广电总局

二〇一六年一月二十四日

七

出版物市场管理规定

国家新闻出版广电总局　中华人民共和国商务部 令第10号

第一章　总　则

第一条　为规范出版物发行活动及其监督管理，建立全国统一开放、竞争有序的出版物市场体系，满足人民群众精神文化需求，推进社会主义文化强国建设，根据《出版管理条例》和有关法律、行政法规，制定本规定。

第二条　本规定适用于出版物发行活动及其监督管理。

本规定所称出版物，是指图书、报纸、期刊、音像制品、电子出版物。

本规定所称发行，包括批发、零售以及出租、展销等活动。

批发是指供货商向其他出版物经营者销售出版物。

零售是指经营者直接向消费者销售出版物。

出租是指经营者以收取租金的形式向消费者提供出版物。

展销是指主办者在一定场所、时间内组织出版物经营者集中展览、销售、订购出版物。

第三条　国家对出版物批发、零售依法实行许可制度。从事出版物批发、零售活动的单位和个人凭出版物经营许可证开展出版物批发、零售活动；未经许可，任何单位和个人不得从事出版物批发、零售活动。

任何单位和个人不得委托非出版物批发、零售单位或者个人销售出版物或者代理出版物销售业务。

第四条　国家新闻出版广电总局负责全国出版物发行活动的监督管理，负责制定全国出版物发行业发展规划。

省、自治区、直辖市人民政府出版行政主管部门负责本行政区域内出版物发行活动的监督管理，制定本省、自治区、直辖市出版物发行业发展规划。省级以下各级人民政府出版行政主管部门负责本行政区域内出版物发行活动的监督管理。

制定出版物发行业发展规划须经科学论证，遵循合法公正、符合实际、促进发展的原则。

第五条 国家保障、促进发行业的发展与转型升级，扶持实体书店、农村发行网点、发行物流体系、发行业信息化建设等，推动网络发行等新兴业态发展，推动发行业与其他相关产业融合发展。对为发行业发展做出重要贡献的单位和个人，按照国家有关规定给予奖励。

第六条 发行行业的社会团体按照其章程，在出版行政主管部门的指导下，实行自律管理。

第二章 申请从事出版物发行业务

第七条 单位从事出版物批发业务，应当具备下列条件：

（一）已完成工商注册登记，具有法人资格；

（二）工商登记经营范围含出版物批发业务；

（三）有与出版物批发业务相适应的设备和固定的经营场所，经营场所面积合计不少于50平方米；

（四）具备健全的管理制度并具有符合行业标准的信息管理系统。

本规定所称经营场所，是指企业在工商行政主管部门注册登记的住所。

第八条 单位申请从事出版物批发业务，可向所在地地市级人民政府出版行政主管部门提交申请材料，地市级人民政府出版行政主管部门在接受申请材料之日起10个工作日内完成审核，审核后报省、自治区、直辖市人民政府出版行政主管部门审批；申请单位也可直接报所在地省、自治区、直辖市人民政府出版行政主管部门审批。

省、自治区、直辖市人民政府出版行政主管部门自受理申请之日起20个工作日内做出批准或者不予批准的决定。批准的，由省、自治区、直辖市人民政府出版行政主管部门颁发出版物经营许可证，并报国家新闻出版广电总局备案。不予批准的，应当向申请人书面说明理由。

申请材料包括下列书面材料：

（一）营业执照正副本复印件；

（二）申请书，载明单位基本情况及申请事项；

（三）企业章程；

（四）注册资本数额、来源及性质证明；

（五）经营场所情况及使用权证明；

（六）法定代表人及主要负责人的身份证明；

（七）企业信息管理系统情况的证明材料。

第九条　单位、个人从事出版物零售业务，应当具备下列条件：

（一）已完成工商注册登记；

（二）工商登记经营范围含出版物零售业务；

（三）有固定的经营场所。

第十条　单位、个人申请从事出版物零售业务，须报所在地县级人民政府出版行政主管部门审批。

县级人民政府出版行政主管部门应当自受理申请之日起 20 个工作日内做出批准或者不予批准的决定。批准的，由县级人民政府出版行政主管部门颁发出版物经营许可证，并报上一级出版行政主管部门备案；其中门店营业面积在 5000 平方米以上的应同时报省级人民政府出版行政主管部门备案。不予批准的，应当向申请单位、个人书面说明理由。

申请材料包括下列书面材料：

（一）营业执照正副本复印件；

（二）申请书，载明单位或者个人基本情况及申请事项；

（三）经营场所的使用权证明。

第十一条 单位从事中小学教科书发行业务，应取得国家新闻出版广电总局批准的中小学教科书发行资质，并在批准的区域范围内开展中小学教科书发行活动。单位从事中小学教科书发行业务，应当具备下列条件：

（一）以出版物发行为主营业务的公司制法人；

（二）有与中小学教科书发行业务相适应的组织机构和发行人员；

（三）有能够保证中小学教科书储存质量要求的、与其经营品种和规模相适应的储运能力，在拟申请从事中小学教科书发行业务的省、自治区、直辖市、计划单列市的仓储场所面积在 5000 平方米以上，并有与中小学教科书发行相适应的自有物流配送体系；

（四）有与中小学教科书发行业务相适应的发行网络。在拟申请从事中小学教科书发行业务的省、自治区、直辖市、计划单列市的企业所属出版物发行网点覆盖不少于当地 70％的县（市、区），且以出版物零售为主营业务，具备相应的中小学教科书储备、调剂、添货、零售及售后服务能力；

（五）具备符合行业标准的信息管理系统；

（六）具有健全的管理制度及风险防控机制和突发事件处置能力；

（七）从事出版物批发业务五年以上。最近三年内未受到出版行政主管部门行政处罚，无其他严重违法违规记录。

审批中小学教科书发行资质，除依照前款所列条件外，还应当符合国家关于中小学教科书发行单位的结构、布局宏观调控和规划。

第十二条 单位申请从事中小学教科书发行业务，须报国家新闻出版广电总局审批。

国家新闻出版广电总局应当自受理之日起20个工作日内做出批准或者不予批准的决定。批准的，由国家新闻出版广电总局做出书面批复并颁发中小学教科书发行资质证。不予批准的，应当向申请单位书面说明理由。

申请材料包括下列书面材料：

（一）申请书，载明单位基本情况及申请事项；

（二）企业章程；

（三）出版物经营许可证和企业法人营业执照正副本复印件；

（四）法定代表人及主要负责人的身份证明，有关发行人员的资质证明；

（五）最近三年的企业法人年度财务会计报告及证明企业信誉的有关材料；

（六）经营场所、发行网点和储运场所的情况及使用权证明；

（七）企业信息管理系统情况的证明材料；

（八）企业发行中小学教科书过程中能够提供的服务和相关保障措施；

（九）企业法定代表人签署的企业依法经营中小学教科书发行业务的承诺书；

（十）拟申请从事中小学教科书发行业务的省、自治区、直辖市、计划单列市人民政府出版行政主管部门对企业基本信息、经营状况、储运能力、发行网点等的核实意见；

（十一）其他需要的证明材料。

第十三条 单位、个人从事出版物出租业务，应当于取得营业执照后15日内到当地县级人民政府出版行政主管部门备案。

备案材料包括下列书面材料：

（一）营业执照正副本复印件；

（二）经营场所情况；

（三）法定代表人或者主要负责人情况。

相关出版行政主管部门应在10个工作日内向申请备案单位、个人出具备案回执。

第十四条 国家允许外商投资企业从事出版物发行业务。

设立外商投资出版物发行企业或者外商投资企业从事出版物发行业务，申请人应向地方商务主管部门报送拟设立外商投资出版物发行企业的合同、章程，办理外商投资审批手续。地方商务主管部门在征得出版行政主管部门同意后，按照有关法律、法规的规定，做出批准或者不予批准的决定。予以批准的，颁发外商投资企业批准证书，并在经营范围后加注“凭行业经营许可开展”；不予批准的，书面通知申请人并说明理由。

申请人持外商投资企业批准证书到所在地工商行政主管部门办理营业执照或者在营业执照企业经营范围后加注相关内容，并按照本规定第七条至第十条及第十三条的有关规定到所在地出版行政主管部门履行审批或备案手续。

第十五条　单位、个人通过互联网等信息网络从事出版物发行业务的，应当依照本规定第七条至第十条的规定取得出版物经营许可证。

已经取得出版物经营许可证的单位、个人在批准的经营范围内通过互联网等信息网络从事出版物发行业务的，应自开展网络发行业务后 15 日内到原批准的出版行政主管部门备案。

备案材料包括下列书面材料：

（一）出版物经营许可证和营业执照正副本复印件；

（二）单位或者个人基本情况；

（三）从事出版物网络发行所依托的信息网络的情况。

相关出版行政主管部门应在 10 个工作日内向备案单位、个人出具备案回执。

第十六条　书友会、读者俱乐部或者其他类似组织申请从事出版物零售业务，按照本规定第九条、第十条的有关规定到所在地出版行政主管部门履行审批手续。

第十七条　从事出版物发行业务的单位、个人可在原发证机关所辖行政区域一定地点设立临时零售点开展其业务范围内的出版物销售活动。设立临时零售点时间不得超过 10 日，应提前到设点所在地县级人民政府出版行政主管部门备案并取得备案回执，并应遵守所在地其他有关管理规定。

备案材料包括下列书面材料：

（一）出版物经营许可证和营业执照正副本复印件；

（二）单位、个人基本情况；

（三）设立临时零售点的地点、时间、销售出版物品种；

（四）其他相关部门批准设立临时零售点的材料。

第十八条 出版物批发单位可以从事出版物零售业务。

出版物批发、零售单位设立不具备法人资格的发行分支机构，或者出版单位设立发行本版出版物的不具备法人资格的发行分支机构，不需单独办理出版物经营许可证，但应依法办理分支机构工商登记，并于领取营业执照后 15 日内到原发证机关和分支机构所在地出版行政主管部门备案。

备案材料包括下列书面材料：

（一）出版物经营许可证或者出版单位的出版许可证及分支机构营业执照正副本复印件；

（二）单位基本情况；

（三）单位设立不具备法人资格的发行分支机构的经营场所、经营范围等情况。

相关出版行政主管部门应在 10 个工作日内向备案单位、个人出具备案回执。

第十九条 从事出版物发行业务的单位、个人变更出版物经营许可证登记事项，或者兼并、合并、分立的，应当依照本规定到原批准的出版行政主管部门办理审批手续。出版行政主管部门自受理申请之日起 20 个工作日内做出批准或者不予批准的决定。批准的，由出版行政主管部门换发出版物经营许可证；不予批准的，应当向申请单位、个人书面说明理由。

申请材料包括下列书面材料：

（一）出版物经营许可证和营业执照正副本复印件；

（二）申请书，载明单位或者个人基本情况及申请变更事项；

（三）其他需要的证明材料。

从事出版物发行业务的单位、个人终止经营活动的，应当于 15 日内持出版物经营许可证和营业执照向原批准的出版行政主管部门备案，由原批准的出版行政主管部门注销出版物经营许可证。

第三章 出版物发行活动管理

第二十条 任何单位和个人不得发行下列出版物：

（一）含有《出版管理条例》禁止内容的违禁出版物；

（二）各种非法出版物，包括：未经批准擅自出版、印刷或者复制的出版物，伪造、假冒出版单位或者报刊名称出版的出版物，非法进口的出版物；

（三）侵犯他人著作权或者专有出版权的出版物；

（四）出版行政主管部门明令禁止出版、印刷或者复制、发行的出版物。

第二十一条　内部发行的出版物不得公开宣传、陈列、展示、征订、销售或面向社会公众发送。

第二十二条　从事出版物发行业务的单位和个人在发行活动中应当遵循公平、守法、诚实、守信的原则，依法订立供销合同，不得损害消费者的合法权益。

从事出版物发行业务的单位、个人，必须遵守下列规定：

（一）从依法取得出版物批发、零售资质的出版发行单位进货；发行进口出版物的，须从依法设立的出版物进口经营单位进货；

（二）不得超出出版行政主管部门核准的经营范围经营；

（三）不得张贴、散发、登载有法律、法规禁止内容的或者有欺诈性文字、与事实不符的征订单、广告和宣传画；

（四）不得擅自更改出版物版权页；

（五）出版物经营许可证应在经营场所明显处张挂；利用信息网络从事出版物发行业务的，应在其网站主页面或者从事经营活动的网页醒目位置公开出版物经营许可证和营业执照登载的有关信息或链接标识；

（六）不得涂改、变造、出租、出借、出售或者以其他任何形式转让出版物经营许可证和批准文件；

第二十三条　从事出版物发行业务的单位、个人，应查验供货单位的出版物经营许可证并留存复印件或电子文件，并将出版物发行进销货清单等有关非财务票据至少保存两年，以备查验。

进销货清单应包括进销出版物的名称、数量、折扣、金额以及发货方和进货方单位公章（签章）。

第二十四条　出版物发行从业人员应接受出版行政主管部门组织的业务培训。出版物发行单位应建立职业培训制度，积极组织本单位从业人员参加依法批准的职业技能鉴定机构实施的发行员职业技能鉴定。

第二十五条　出版单位可以发行本出版单位出版的出版物。发行非本出版单位出版的出版物的，须按照从事出版物发行业务的有关规定办理审批手续。

第二十六条　为出版物发行业务提供服务的网络交易平台应向注册地省、自治区、直辖市人民政府出版行政主管部门备案，接受出版行政主管部门的指导与监督管理。

备案材料包括下列书面材料：

（一）营业执照正副本复印件；

（二）单位基本情况；

（三）网络交易平台的基本情况。

省、自治区、直辖市人民政府出版行政主管部门应于10个工作日内向备案的网络交易平台出具备案回执。

提供出版物发行网络交易平台服务的经营者，应当对申请通过网络交易平台从事出版物发行业务的经营主体身份进行审查，核实经营主体的营业执照、出版物经营许可证，并留存证照复印件或电子文档备查。不得向无证无照、证照不齐的经营者提供网络交易平台服务。

为出版物发行业务提供服务的网络交易平台经营者应建立交易风险防控机制，保留平台内从事出版物发行业务经营主体的交易记录两年以备查验。对在网络交易平台内从事各类违法出版物发行活动的，应当采取有效措施予以制止，并及时向所在地出版行政主管部门报告。

第二十七条　省、自治区、直辖市出版行政主管部门和全国性出版、发行行业协会，可以主办全国性的出版物展销活动和跨省专业性出版物展销活动。主办单位应提前2个月报国家新闻出版广电总局备案。

市、县级出版行政主管部门和省级出版、发行协会可以主办地方性的出版物展销活动。主办单位应提前2个月报上一级出版行政主管部门备案。

备案材料包括下列书面材料：

（一）展销活动主办单位；

（二）展销活动时间、地点；

（三）展销活动的场地、参展单位、展销出版物品种、活动筹备等情况。

第二十八条　从事中小学教科书发行业务，必须遵守下列规定：

（一）从事中小学教科书发行业务的单位必须具备中小学教科书发行资质；

（二）纳入政府采购范围的中小学教科书，其发行单位须按照《中华人民共和国政府采购法》的有关规定确定；

（三）按照教育行政主管部门和学校选定的中小学教科书，在规定时间内完成发行任务，确保“课前到书，人手一册”。因自然灾害等不可抗力导致中小学教科书发行受到影响的，应及时采取补救措施，并报告所在地出版行政和教育行政主管部门；

（四）不得在中小学教科书发行过程中擅自征订、搭售教学用书目录以外的出版物；

（五）不得将中小学教科书发行任务向他人转让和分包；

（六）不得涂改、倒卖、出租、出借中小学教科书发行资质证书；

（七）中小学教科书发行费率按照国家有关规定执行，不得违反规定收取发行费用；

（八）做好中小学教科书的调剂、添货、零售和售后服务等相关工作；

（九）应于发行任务完成后30个工作日内向国家新闻出版广电总局和所在地省级出版行政主管部门书面报告中小学教科书发行情况。

中小学教科书出版单位应在规定时间内向依法确定的中小学教科书发行单位足量供货，不得向不具备中小学教科书发行资质的单位供应中小学教科书。

第二十九条　任何单位、个人不得从事本规定第二十条所列出版物的征订、储存、运输、邮寄、投递、散发、附送等活动。

从事出版物储存、运输、投递等活动，应当接受出版行政主管部门的监督检查。

第三十条　从事出版物发行业务的单位、个人应当按照出版行政主管部门的规定接受年度核验，并按照《中华人民共和国统计法》《新闻出版统计管理办法》及有关规定如实报送统计资料，不得以任何借口拒报、迟报、虚报、瞒报以及伪造和篡改统计资料。

出版物发行单位、个人不再具备行政许可的法定条件的，由出版行政主管部门责令限期改正；逾期仍未改正的，由原发证机关撤销出版物经营许可证。

中小学教科书发行单位不再具备中小学教科书发行资质的法定条件的，由出版行政主管部门责令限期改正；逾期仍未改正的，由原发证机关撤销中小学教科书发行资质证。

第四章　法律责任

第三十一条　未经批准，擅自从事出版物发行业务的，依照《出版管理条例》第六十一条处罚。

第三十二条　发行违禁出版物的，依照《出版管理条例》第六十二条处罚。

发行国家新闻出版广电总局禁止进口的出版物，或者发行未从依法批准的出版物进口经营单位进货的进口出版物，依照《出版管理条例》第六十三条处罚。

发行其他非法出版物和出版行政主管部门明令禁止出版、印刷或者复制、发行的出版物的，依照《出版管理条例》第六十五条处罚。

发行违禁出版物或者非法出版物的，当事人对其来源做出说明、指认，经查证属实的，没收出版物和非法所得，可以减轻或免除其他行政处罚。

第三十三条　违反本规定发行侵犯他人著作权或者专有出版权的出版物的，依照《中华人民共和国著作权法》和《中华人民共和国著作权法实施条例》的规定处罚。

第三十四条 在中小学教科书发行过程中违反本规定，有下列行为之一的，依照《出版管理条例》第六十五条处罚：

(一)发行未经依法审定的中小学教科书的；

(二)不具备中小学教科书发行资质的单位从事中小学教科书发行活动的；

(三)未按照《中华人民共和国政府采购法》有关规定确定的单位从事纳入政府采购范围的中小学教科书发行活动的。

第三十五条 出版物发行单位未依照规定办理变更审批手续的，依照《出版管理条例》第六十七条处罚。

第三十六条 单位、个人违反本规定被吊销出版物经营许可证的，其法定代表人或者主要负责人自许可证被吊销之日起 10 年内不得担任发行单位的法定代表人或者主要负责人。

第三十七条 违反本规定，有下列行为之一的，由出版行政主管部门责令停止违法行为，予以警告，并处 3 万元以下罚款：

(一)未能提供近两年的出版物发行进销货清单等有关非财务票据或者清单、票据未按规定载明有关内容的；

(二)超出出版行政主管部门核准的经营范围经营的；

(三)张贴、散发、登载有法律、法规禁止内容的或者有欺诈性文字、与事实不符的征订单、广告和宣传画的；

(四)擅自更改出版物版权页的；

(五)出版物经营许可证未在经营场所明显处张挂或者未在网页醒目位置公开出版物经营许可证和营业执照登载的有关信息或者链接标识的；

(六)出售、出借、出租、转让或者擅自涂改、变造出版物经营许可证的；

(七)公开宣传、陈列、展示、征订、销售或者面向社会公众发送规定应由内部发行的出版物的；

(八)委托无出版物批发、零售资质的单位或者个人销售出版物或者代理出版物销售业务的；

(九)未从依法取得出版物批发、零售资质的出版发行单位进货的；

(十)提供出版物网络交易平台服务的经营者未按本规定履行有关审查及管理责任的；

(十一)应按本规定进行备案而未备案的；

(十二)不按规定接受年度核验的。

第三十八条　在中小学教科书发行过程中违反本规定，有下列行为之一的，由出版行政主管部门责令停止违法行为，予以警告，并处 3 万元以下罚款：

（一）擅自调换已选定的中小学教科书的；

（二）擅自征订、搭售教学用书目录以外的出版物的；

（三）擅自将中小学教科书发行任务向他人转让和分包的；

（四）涂改、倒卖、出租、出借中小学教科书发行资质证书的；

（五）未在规定时间内完成中小学教科书发行任务的；

（六）违反国家有关规定收取中小学教科书发行费用的；

（七）未按规定做好中小学教科书的调剂、添货、零售和售后服务的；

（八）未按规定报告中小学教科书发行情况的；

（九）出版单位向不具备中小学教科书发行资质的单位供应中小学教科书的；

（十）出版单位未在规定时间内向依法确定的中小学教科书发行企业足量供货的；

（十一）在中小学教科书发行过程中出现重大失误，或者存在其他干扰中小学教科书发行活动行为的。

第三十九条　征订、储存、运输、邮寄、投递、散发、附送本规定第二十条所列出版物的，按照本规定第三十二条进行处罚。

第四十条　未按本规定第三十条报送统计资料的，按照《新闻出版统计管理办法》有关规定处理。

第五章　附　则

第四十一条　允许香港、澳门永久性居民中的中国公民依照内地有关法律、法规和行政规章，在内地各省、自治区、直辖市设立从事出版物零售业务的个体工商户，无须经过外资审批。

第四十二条　本规定所称中小学教科书，是指经国务院教育行政主管部门审定和经授权审定的义务教育教学用书（含配套教学图册、音像材料等）。

中小学教科书发行包括中小学教科书的征订、储备、配送、分发、调剂、添货、零售、结算及售后服务等。

第四十三条　出版物经营许可证和中小学教科书发行资质证的设计、印刷、制作与发放等，按照《新闻出版许可证管理办法》有关规定执行。

第四十四条　本规定由国家新闻出版广电总局会同商务部负责解释。

第四十五条　本规定自 2016 年 6 月 1 日起施行，原新闻出版总署、商务部

2011 年 3 月 25 日发布的《出版物市场管理规定》同时废止。本规定施行前与本规定不一致的其他规定不再执行。

国家新闻出版广电总局　中华人民共和国商务部
二〇一六年五月三十一日

八

出版专业技术人员职业资格管理规定

中华人民共和国新闻出版总署令第37号

第一章　总　则

第一条　为了规范出版专业职业资格管理，提高出版从业人员的整体素质，加强出版专业技术队伍建设，根据国务院《出版管理条例》《音像制品管理条例》《国务院对确需保留的行政审批项目设定行政许可的决定》和国家对职业资格管理的有关制度，制定本规定。

第二条　国家对在报纸、期刊、图书、音像、电子、网络出版单位从事出版专业技术工作的人员实行职业资格制度，对职业资格实行登记注册管理。

本规定所称出版专业技术人员包括在图书、非新闻性期刊、音像、电子、网络出版单位内承担内容加工整理、装帧和版式设计等工作的编辑人员和校对人员，以及在报纸、新闻性期刊出版单位从事校对工作的专业技术人员。

第三条　出版专业技术人员职业资格分为初级、中级和高级。初级、中级职业资格通过全国出版专业技术人员职业资格考试取得，高级职业资格通过考试、按规定评审取得。

第四条　凡在出版单位从事出版专业技术工作的人员，必须在到岗2年内取得出版专业职业资格证书，并按本规定办理登记手续；否则，不得继续从事出版专业技术工作。

在出版单位担任责任编辑的人员必须在到岗前取得中级以上出版专业职业资格，并办理注册手续，领取责任编辑证书。

本规定所称责任编辑是指在出版单位为保证出版物的质量符合出版要求，专门负责对拟出版的作品内容进行全面审核和加工整理并在出版物上署名的编辑人员。

第五条　在出版单位担任社长、总编辑、主编、编辑室主任(均含副职)职务的人员，除应具备国家规定的任职条件外，还必须具有中级以上出版专业职业资格并履行登记、注册手续。

第六条　新闻出版总署负责全国出版单位出版专业技术人员职业资格的监督管理工作和中央在京出版单位出版专业技术人员职业资格登记注册工作。省、自治区、直辖市新闻出版行政部门负责本行政区域内的出版专业技术人员职业资格登记注册及管理工作。

第七条　出版专业技术人员应按照规定参加继续教育。

继续教育的具体内容，由新闻出版总署另行规定。

第二章　职业资格登记

第八条　已取得出版专业技术人员职业资格证书的人员应当在取得证书后3个月内申请职业资格登记；未能及时登记的，在按规定参加继续教育的情况下，可以保留其5年内申请职业资格登记的资格。

第九条　职业资格首次登记，应提供以下材料：

（一）出版专业职业资格证书原件；

（二）身份证复印件；

（三）职业资格登记申请表。

第十条　职业资格登记材料由申请人所在出版单位统一报送。中央在京出版单位申报材料由新闻出版总署受理，其他出版单位申报材料由所在地省、自治区、直辖市新闻出版行政部门受理。登记部门应在受理后20日内办理职业资格登记手续。

第十一条　职业资格登记有效期3年，每3年续展登记一次。续展登记时，由申请人所在出版单位于有效期满前30日内申请办理续展登记手续；如有特殊情况，登记有效期可适当延长，但最长不超过3个月，逾期仍不办理续展登记手续的，原登记自动失效。

职业资格登记失效后，按规定参加继续教育的，可以保留其5年内申请职业资格续展登记的资格。

已按规定办理责任编辑注册手续并取得责任编辑证书的人员，无须办理续展登记。

第十二条　职业资格续展登记，需提供以下材料：

（一）出版专业职业资格证书原件；

（二）职业资格续展登记申请表；

（三）近3年继续教育证明。

第十三条　已登记的出版专业技术人员变更出版单位或取得高一级职业资

格的，应在3个月内按本规定第九条、第十条申请变更登记。

第三章 责任编辑注册

第十四条 在出版单位拟担任责任编辑的人员，应首先进行职业资格登记，然后申请责任编辑注册，取得责任编辑证书后，方可从事责任编辑工作。

责任编辑注册申请可与职业资格登记申请同时提出。

第十五条 申请责任编辑注册的人员应具备与责任编辑岗位相适应的政治素质、业务能力和职业道德；出版单位应对拟申请责任编辑注册人员的上述情况进行审核。

第十六条 责任编辑首次注册应当提交以下材料：

（一）中级以上出版专业职业资格证书原件；

（二）身份证复印件；

（三）责任编辑注册申请表；

（四）继续教育证明材料。

第十七条 责任编辑注册材料由申请人所在出版单位统一报送。中央在京出版单位注册材料由新闻出版总署受理，其他出版单位注册材料由所在地省、自治区、直辖市新闻出版行政部门受理。注册部门应在受理后20日内办理责任编辑注册手续，为同意注册者颁发责任编辑证书。

第十八条 责任编辑注册有效期3年，每3年续展注册一次。续展注册时，由申请人所在出版单位于有效期满前30日内申请办理续展注册手续；如有特殊情况，注册有效期可适当延长，但最长不超过3个月，逾期仍不办理续展注册手续的，原注册自动失效。

责任编辑注册失效后，按规定参加继续教育的，可以保留其5年内申请责任编辑续展注册的资格。

第十九条 申请责任编辑续展注册，应提交以下材料：

（一）责任编辑证书原件；

（二）责任编辑续展注册申请表；

（三）近3年继续教育证明材料。

第二十条 有下列情况之一者，不予续展注册，注销责任编辑证书：

（一）有本规定第二十五条所列情形之一，情节严重的；

（二）连续2次年度考核达不到岗位职责要求的；

（三）新闻出版总署认定不予续展注册的其他情形的。

第二十一条 被注销责任编辑证书的人员，3年内不得申请责任编辑注册。

第二十二条　已注册的责任编辑变更出版单位或取得高一级职业资格的，应在 3 个月内按本规定第十六条、第十七条申请变更注册。

第二十三条　责任编辑调离出版单位并不再从事责任编辑工作的，由原所在的出版单位收回《责任编辑证书》，并交原注册机构统一销毁。

第二十四条　新闻出版总署定期向社会公布取得责任编辑证书的人员姓名、所在单位、证书编号等信息，接受社会监督。

第四章　法律责任

第二十五条　责任编辑有下列情形之一的，由新闻出版总署或者省、自治区、直辖市新闻出版行政部门给予警告；情节严重的，注销其责任编辑证书：

（一）有参与买卖书号、刊号、版号等违反出版法规行为的；

（二）担任责任编辑的出版物出现内容质量、编校质量等违法问题的。

第二十六条　出版专业技术人员因违反出版法规被追究刑事责任的，由新闻出版总署或者省、自治区、直辖市新闻出版行政部门取消其出版专业职业资格，注销其出版专业职业资格登记和责任编辑注册，不得继续从事出版专业技术工作，并不得申请参加出版专业职业资格考试。

第二十七条　出版单位有下列情形之一的，由新闻出版总署或者省、自治区、直辖市新闻出版行政部门给予警告、可以根据情节并处 3 万元以下罚款：

（一）聘用未取得责任编辑证书的人员从事责任编辑工作的；

（二）未按本规定履行出版专业技术人员登记注册手续的。

第二十八条　对出版单位作出行政处罚，新闻出版总署或者省、自治区、直辖市新闻出版行政部门可以告知其主办单位和主管单位，可以向社会公布。

第五章　附　则

第二十九条　责任编辑证书由新闻出版总署统一印制。

第三十条　中国人民解放军和中国人民武装警察部队系统出版单位出版专业技术人员的职业资格管理工作，由中国人民解放军总政治部宣传部新闻出版局参照本规定执行，并将登记注册信息报新闻出版总署备案。

第三十一条　已取得其他行业高级职称并在出版单位从事出版专业技术工作的人员，可以按照规定申请《专业技术职务资格证书》（编辑专业高级职称证书）的职称转评。

第三十二条　在报纸、新闻性期刊出版单位从事采编工作人员的职业资格管理办法另行制定。

在出版单位从事少数民族语言文字编辑、校对工作的出版专业技术人员职业资格管理办法另行制定。

第三十三条　本规定自 2008 年 6 月 1 日起施行，新闻出版总署 2002 年 6 月 3 日颁布的《出版专业技术人员职业资格管理暂行规定》同时废止。

新闻出版总署　署长　柳斌杰

二〇〇八年二月二十一日

九

关于印发《出版专业技术人员继续教育暂行规定》的通知

新出政发〔2010〕10号

各省、自治区、直辖市新闻出版局，新疆生产建设兵团新闻出版局，解放军总政治部宣传部新闻出版局，中央和国家机关有关部委、民主党派及人民团体组织人事部门、新闻出版主管部门，中国出版集团公司：

为贯彻落实党的十七届五中全会、全国人才工作会议精神和《2010－2020年干部教育培训改革纲要》要求，在出版业深入开展大规模培训工作，促进出版从业人员整体素质的提高，进一步加强出版专业技术人员继续教育管理工作，现将《出版专业技术人员继续教育暂行规定》(见附件)印发给你们，请认真贯彻执行。

二〇一〇年十一月二十五日

出版专业技术人员继续教育暂行规定

第一条　为推进出版专业技术人员继续教育科学化、制度化、规范化，培养造就高素质的出版专业技术人员队伍，根据《中华人民共和国职业教育法》(中华人民共和国主席令第69号)、《全国专业技术人员继续教育暂行规定》(人核培发[1995]131号)、《出版专业技术人员职业资格管理规定》(新闻出版总署令第37号)和《关于加强专业技术人员继续教育工作的意见》(国人部发[2007]96号)等制定本规定。

第二条　本规定所称继续教育是对出版专业技术人员进行的以政治理论、法律法规、业务知识、技能训练和职业道德等为内容的教育活动，其目的是促进出版专业技术人员坚持正确出版方向，不断增加、补充、拓展专业知识，提高业务技能，提高创新水平和专业技术水平。

第三条　出版专业技术人员享有参加继续教育的权利和接受继续教育的义务。

第四条　继续教育应当遵循下列基本原则：

（一）以人为本，按需施教。把握出版业发展趋势和出版专业技术人员从业基本要求，以需求为导向，遵循出版人才成长发展规律，科学施教。坚持强化服务，质量第一。

（二）突出重点，提高能力。注重提升出版专业技术人员岗位胜任能力和解决实际问题的能力。以提升创新能力为重点加强高层次出版人才培养。进一步改善出版队伍人才结构和知识结构。继续教育工作要面向现代化、面向世界，注重更新知识，注重培养出版专业技术人员数字出版、国际贸易、现代市场开拓经营的能力。

（三）加强指导，创新机制。不断完善培训内容体系，创新培训内容、方式。在统筹规划的前提下，有效利用各方面教育资源，建立开放的继续教育格局和激发继续教育机构活力的竞争择优机制。

第五条　新闻出版总署负责全国出版专业技术人员继续教育的管理。

（一）制定出版专业技术人员继续教育规划；

（二）制定出版专业技术人员继续教育管理办法；

（三）审定出版专业技术人员继续教育大纲；

（四）组织开发、推荐、评估出版专业技术人员继续教育重点教材，加强对继续教育教材的编写、评估、推荐、出版、发行、使用情况的管理和监督；

（五）组织全国出版专业技术人员继续教育师资培训；

（六）评估、整合、公布全国继续教育机构；

（七）指导、督促、检查各地区和有关部门开展出版专业技术人员继续教育工作。

第六条　各省（区、市）新闻出版行政部门负责本行政区域内出版专业技术人员继续教育的组织管理工作。

（一）依据本规定，制定本行政区域内人员的继续教育实施办法；

（二）制定本行政区域内人员的继续教育规划并组织实施；

（三）组织开发、推荐、评估适合本地区人员的继续教育教材，加强对继续教育教材的编写、评估、推荐、出版、发行、使用情况的管理和监督；

（四）评估、整合、公布本行政区域内的继续教育机构，并向新闻出版总署备案；

（五）指导、监督本行政区域内出版专业技术人员继续教育工作，规范继续教育市场。

第七条　出版专业技术人员每年参加继续教育的时间累计不少于72小时。

其中，接受新闻出版总署当年规定内容的面授形式继续教育不少于 24 小时。其余 48 小时可自愿选择参加省级以上新闻出版行政部门认可的继续教育形式：

（一）参加省级以上新闻出版行政部门公布的继续教育机构组织的各类培训活动；

（二）参加省级以上新闻出版行政部门认可的全国出版专业技术职业资格考试考前培训；

（三）被省级以上新闻出版行政部门认可的其他形式，包括参加国际出版培训活动、国内专业研讨活动等。

第八条　在职自学是出版专业技术人员继续教育的重要补充。鼓励出版专业技术人员参加在职自学。在职自学时间可折合继续教育时间，省级以上新闻出版行政部门视具体情况确定折合方式。在职自学形式包括：

（一）参加普通高等院校或成人院校举办的国家承认相关专业学历、学位的教育；

（二）接受省级以上新闻出版行政部门认可的与出版业务相关的远程教育和网上培训；

（三）省级以上新闻出版行政部门认可的其他在职自学形式。

第九条　省级以上新闻出版行政部门颁发继续教育合格证书，作为出版专业技术人员每年参加符合要求的继续教育的依据。

第十条　出版专业技术人员由于伤、病、孕等特殊原因，无法在当年完成继续教育时间的，可由本人所在出版单位提供证明，经归口管理的省级以上新闻出版行政部门审核确认后，其应参加继续教育的时间可以顺延下一年度合并完成。省级以上新闻出版行政部门将在下一年度的继续教育合格证书中予以注明。

第十一条　加强继续教育机构建设，构建分工明确、优势互补、布局合理、竞争有序的继续教育网络。充分发挥新闻出版总署所属教育培训机构和各省（区、市）新闻出版培训机构（基地）主渠道作用，鼓励并引导行业协会、学术团体、大专院校、科研院所等具备培训条件的社会办学单位参与继续教育工作。

第十二条　继续教育机构必须同时符合下列条件：

（一）具备承担与培训工作相适应的教学场所和设施；

（二）拥有与承担培训工作相适应的师资队伍和管理力量；

（三）能够完成所承担的培训任务，保证培训质量。

第十三条　中央部委出版单位出版专业技术人员的继续教育工作由新闻出版总署公布的继续教育机构负责。

第十四条　省级以上新闻出版行政部门应当按照管理权限，定期对继续教育机构的培训情况进行检查、评估，并将检查、评估结果向行业公布。视检查、评估具体情况对继续教育机构进行及时调整，并定期公布出版专业技术人员继续教育机构名称等相关信息。

第十五条　省级以上新闻出版行政部门指导加强教材建设，逐步形成教材体系，以适应不同层次出版专业技术人员继续教育的需要。教材开发、编写遵循一纲多本原则，提倡出版专业技术人员继续教育教材开发社会化，鼓励业内有能力的部门和单位按照统一的继续教育大纲，参与开发、编写继续教育教材。

第十六条　继续教育机构应将各项收费标准分项报省级以上新闻出版行政部门备案，应在每次培训完成后10日内提交书面备案材料。

第十七条　从事继续教育工作的师资队伍，应结构合理、专兼职比例适当。应选聘党政优秀领导干部、企业经营管理人员和知名专家学者担任兼职教师。继续教育培训机构应推行教师竞聘上岗并建立、完善师资考核评价体系。

第十八条　出版单位应当遵循教育、考核、使用相结合的原则，负责组织并支持出版专业技术人员参加继续教育。

出版单位应当按照有关规定足额提取职工工资总额的1.5％－2.5％作为职工教育经费，支持出版专业技术人员继续教育。

出版单位应当将出版专业技术人员参加继续教育情况作为其任职、晋升的依据之一。

出版单位应当加强出版专业技术人员业务档案、诚信档案建设，如实记载出版专业技术人员接受继续教育情况。

第十九条　省级以上新闻出版行政部门负责对出版专业技术人员参加继续教育情况进行考核。对未按规定参加继续教育或者无正当理由未完成继续教育规定时间的出版专业技术人员，不予进行出版职业资格的登记、注册或续展登记、注册。

第二十条　对未按规定参加继续教育或者无正当理由未完成继续教育规定时间的出版专业技术人员所在出版单位，视情节轻重，省级以上新闻出版行政部门将采取通报批评、责令改正等处理措施。

第二十一条　继续教育机构有下列情形之一的，由省级以上新闻出版行政部门责令限期整改；逾期不改正的，由省级以上新闻出版行政部门予以通报：

（一）采取虚假、欺骗等不正当手段招揽生源的；

（二）以继续教育名义组织境内外公费旅游或者进行其他消费活动的；

（三）违反国家有关规定擅自印发学历或学位证书、职业资格证书或培训证书的；

（四）借继续教育之名乱收费的；

（五）违反本规定的其他行为。

第二十二条　本规定由新闻出版总署负责解释。

第二十三条　本规定自 2011 年 1 月 1 日起施行。

十

关于印发《报纸期刊审读暂行办法》的通知

新出报刊〔2009〕126 号

各省、自治区、直辖市新闻出版局，新疆生产建设兵团新闻出版局，解放军总政治部宣传部新闻出版局，中央和国家机关各部委、各民主党派、各人民团体报刊管理部门：

为贯彻落实《中央宣传部、新闻出版总署关于进一步加强和改进报刊出版管理工作的意见》，切实开展报刊审读工作，现将《报纸期刊审读暂行办法》印发给你们，自印发之日起执行。

新闻出版总署
二〇〇九年二月九日

报纸期刊审读暂行办法

第一条　为履行报刊出版管理职责，切实加强报刊出版管理，维护报刊出版秩序，提高报刊出版质量，促进我国报刊业健康繁荣发展，依据《出版管理条例》《报纸出版管理规定》《期刊出版管理规定》的有关规定制定本办法。

第二条　报刊审读是新闻出版行政部门和报刊主管单位在报刊出版后组织有关人员，依法对报刊出版质量进行的审阅和评定，是报刊出版事后管理的重要制度。

第三条　凡经新闻出版总署批准，持有“国内统一连续出版物号”，领取《报纸出版许可证》和《期刊出版许可证》的报刊，应列入审读范围。

第四条　报刊审读工作坚持以马克思列宁主义、毛泽东思想、邓小平理论和“三个代表”重要思想为指导，深入贯彻落实科学发展观，坚持党的领导，坚持正确的舆论导向和出版方向，坚持把社会效益放在首位，督促报刊出版单位严格遵守国家有关法律法规，努力传播社会主义核心价值观，传播和积累有益于提高民族素质、经济发展和社会进步的科学技术和文化知识，弘扬中华民族优秀文化，丰富人民群众的精神文化生活，努力为推动社会主义经济建设、政治建设、文化建设、社会建设以及生态文明建设做出积极贡献。

报刊审读工作坚持实事求是、依法行政的原则，努力保障审读结论客观、公正。

第五条　新闻出版总署负责全国报刊审读工作，承担协调、指导省级新闻出版行政部门，以及中央部门报刊主管单位组织开展审读工作；负责研究、汇总各地新闻出版行政部门，以及中央部门报刊主管单位提交的审读报告；研究处理审读中发现的有关问题；提出加强和改进审读工作的意见；负责向中央和国务院报告审读工作发现的重大问题；根据需要调阅报刊出版单位阅评报告；整理编发报刊审读有关通报材料。

第六条　地方各级新闻出版行政部门负责本行政区域内的报刊审读工作，负责协调、指导下级新闻出版行政部门和报刊主管单位对报刊进行审读；研究、汇总下级新闻出版行政部门和报刊主管单位提交的审读报告；研究处理审读中发现的问题；负责向上级新闻出版行政部门报送审读报告；根据需要调阅当地报刊出版单位的阅评报告；整理和编发报刊审读的有关简报材料。

地方新闻出版行政部门报送的审读报告应包括：对本行政区域内报刊组织开展审读的基本情况，审读动态和舆情分析，审读中发现的主要问题及其处理情况，报刊主管主办单位和出版单位对存在问题的整改情况。

第七条　中央部门报刊主管单位负责对其主管报刊进行审读，并向新闻出版总署提交审读报告。地方报刊主管单位负责对其主管报刊进行审读，向所在地新闻出版行政部门提交审读报告。主管单位提交的审读报告应包括：对其主管的报刊组织开展审读工作的基本情况，审读中发现的主要问题及处理情况，对新闻出版行政部门认定的违规问题进行处理和整改的情况。

第八条　报刊出版单位在实施三审制度的同时，建立并实行报刊阅评制度，定期写出阅评报告，指导本单位出版工作，供新闻出版行政部门根据管理工作需要调阅和检查。阅评报告的形式由报刊出版单位自行决定。

第九条　报刊审读包括以下各项：

（一）是否刊载《出版管理条例》和其他法律、法规以及国家规定的禁止内容；

（二）新闻报道是否坚持真实、全面、客观、公正的原则，是否刊载虚假、失实报道；发表或摘转涉及国家重大政策、军事、民族、宗教、外交、保密等内容是否符合有关规定；

（三）刊载涉及重大革命和重大历史题材的内容，是否按规定履行重大选题备案程序，办理有关审批手续；

（四）报道涉及灾情疫情、交通事故、安全生产、刑事案件、社会稳定等重大、

敏感和突发事件,是否符合有关规定;

(五)是否刊载有悖于社会主义道德风尚,格调低下的文章,是否含有色情淫秽、凶杀暴力、迷信愚昧等有害内容;

(六)转载、摘编社会自由来稿和互联网信息,是否符合有关规定,是否按规定对其内容进行核实,并标明下载文件网址、下载日期等;是否转载、摘编内部发行出版物的内容;

(七)刊登广告是否符合国家有关法律法规,是否刊载虚假违法、内容低俗的广告;报纸刊登广告是否在明显位置注明"广告"字样,是否违反规定以新闻报道形式刊登广告;

(八)报刊标示的版本记录是否符合规定,专版、专刊、增刊的内容是否与报刊宗旨、业务范围一致;

(九)出版质量是否符合报刊质量管理的有关要求,出版形式是否符合报刊出版形式规范的有关要求;

(十)出版质量是否符合现行国家标准和行业标准,使用语言文字是否符合国家通用语言文字法的规定。

第十条　各级新闻出版行政部门和报刊主管单位应设立相应的审读机构,安排具有较高的马克思主义理论修养和政策水平,有强烈事业心和高度责任感,熟悉出版工作方针政策、相关法律法规,熟悉报刊编辑出版业务的专职、兼职及聘用人员承担报刊审读工作。

第十一条　各级新闻出版行政部门依据《出版管理条例》的规定,切实履行监管职责,落实报刊审读经费。

第十二条　各级新闻出版行政部门和报刊主管单位要切实加强对审读工作的领导,健全制度,明确职责,组织对审读人员的培训,指导审读人员的工作,增强审读工作的针对性和实效性,不断提高审读质量和水平。

第十三条　新闻出版行政部门组织开展审读工作,可以采取一般审读、重点审读、全面审读、专题审读、抽查审读、书面审读、跟踪审读和谈话交流等形式进行。审读工作应与年度核验、专项检查等日常管理工作相结合。

第十四条　报刊审读工作应充分利用现代技术手段,逐步建立报刊审读网络系统,完善审读信息的编发、审核、传递、发布、记录、存储等办法。

第十五条　新闻出版行政部门负责编发各种形式的报刊审读简报材料,及时向报刊主管主办单位和出版单位通报,必要时可要求报刊出版单位反馈核查、整改情况。

第十六条　新闻出版行政部门对审读中发现的问题，应及时予以认定，并依据相关规定做出处理。

第十七条　对审读中发现的易产生不良社会影响的重大内容问题，各地报刊主管主办单位要立即向当地新闻出版行政部门报告，省级新闻出版行政部门和中央部门报刊主管单位要立即向新闻出版总署报告，不报或迟报造成后果的，要按规定追究责任。

第十八条　对坚持开展审读工作，效果显著、成绩突出的下级新闻出版行政部门，报刊主管单位和报刊出版单位，新闻出版总署和地方新闻出版行政部门应予以表彰。

新闻出版总署
二〇〇九年二月九日

十一

关于进一步规范出版物文字使用的通知

新出政发〔2010〕11号

各省、自治区、直辖市新闻出版局，新疆生产建设兵团新闻出版局，解放军总政治部宣传部新闻出版局：

报刊、图书、音像制品和电子书、互联网等各类出版物作为大众性的重要传播媒介，是语言文字规范化的实践者和宣传者，多年来，在规范使用语言文字，宣传促进语言文字规范化方面做出了重要贡献，为正确使用语言文字起到了积极示范作用。但是，随着经济社会的发展，在报纸、期刊、图书、音像制品和电子书、互联网等各类出版物中，外国语言文字使用量剧增，出现了在汉语言中随意夹杂英语等外来语、直接使用英文单词或字母缩写、生造一些非中非外、含义不清的词语等滥用语言文字的问题，严重损害了汉语言文字的规范性和纯洁性，破坏了和谐健康的语言文化环境，造成了不良的社会影响。

今年10月31日是《中华人民共和国国家通用语言文字法》发布10周年纪念日，出版媒体和出版单位要以此为契机，大力宣传《国家通用语言文字法》，并在出版工作中认真贯彻执行有关法律规定。为进一步促进语言文字的规范化、标准化，认真贯彻中央关于规范出版语言文字使用的要求，依据《中华人民共和国国家通用语言文字法》《出版物汉字使用管理规定》及新闻出版有关法律、法规、规章，现就进一步加强规范出版文字使用的有关问题通知如下：

一、充分认识规范使用汉语言文字的重要意义。各类出版媒体和出版单位要高度重视出版物文字规范化工作，严格执行规范汉语言文字这一基本的语言文字政策，把宣传和规范使用汉语言文字作为传承中华文明、促进社会主义精神文明建设的一件重要职责，在出版活动中切实贯彻落实有关规范汉语言文字的法律法规。

二、严格执行规范使用汉语言文字有关规定。出版媒体和出版单位要采取有效措施，严格执行《出版物汉字使用管理规定》第五条“报纸、期刊、图书、音像制品等出版物的报头(名)、刊名、封皮(包括封面、封底、书脊等)、包装装饰物、广告宣传品等用字，必须使用规范汉字，禁止使用不规范汉字。出版物的内文（包括正文、内容提要、目录以及版权记录项目等辅文），必须使用规范汉字，禁止使用不规范汉字。”等有关条款，坚决抵制不良文化倾向，正确使用汉语言文字，为促进汉语言文字的规范化和健康发展发挥示范带头作用。

三、高度重视规范使用外国语言文字。出版媒体和出版单位要进一步加强外国语言文字的使用规范化，尊重并遵循汉语言及所使用的外国语言文字的结构规律和词汇、语法规则。在汉语出版物中，禁止出现随意夹带使用英文单词或字母缩写等外国语言文字；禁止生造非中非外、含义不清的词语；禁止任意增减外文字母、颠倒词序等违反语言规范现象。汉语文出版物中需要使用外国语言文字的，应当用国家通用语言文字做必要的注释。外国语言文字的翻译应当符合翻译的基本原则和惯例。外国人名、地名等专有名词和科学技术术语要按有关规定翻译成国家通用语言文字。

四、各级新闻出版行政部门要进一步加强对出版物语言文字使用及质量的管理和检查。将出版物使用语言文字情况，尤其是使用外语规范情况作为出版物质量检查和年度核验的重要内容，并将其纳入日常审读范围。对违反使用语言文字规范的，要责令改正，依法予以行政处罚。

五、出版媒体、出版单位及各级新闻出版行政部门要加强对规范使用汉语言文字的宣传教育。要引导社会大众自觉弘扬民族文化，使语言文字符合规范要求，适合国情，方便群众。

六、本通知要传达到所有出版媒体和出版单位，要求认真贯彻落实。

新闻出版总署
二〇一〇年十一月二十三日

十二

使用文字作品支付报酬办法

国家版权局　国家发展和改革委员会令第11号

第一条　为保护文字作品著作权人的著作权，规范使用文字作品的行为，促进文字作品的创作与传播，根据《中华人民共和国著作权法》及相关行政法规，制定本办法。

第二条　除法律、行政法规另有规定外，使用文字作品支付报酬由当事人约定；当事人没有约定或者约定不明的，适用本办法。

第三条　以纸介质出版方式使用文字作品支付报酬可以选择版税、基本稿酬加印数稿酬或者一次性付酬等方式。

版税，是指使用者以图书定价×实际销售数或者印数×版税率的方式向著作权人支付的报酬。

基本稿酬，是指使用者按作品的字数，以千字为单位向著作权人支付的报酬。

印数稿酬，是指使用者根据图书的印数，以千册为单位按基本稿酬的一定比例向著作权人支付的报酬。

一次性付酬，是指使用者根据作品的质量、篇幅、作者的知名度、影响力以及使用方式、使用范围和授权期限等因素，一次性向著作权人支付的报酬。

第四条　版税率标准和计算方法：

（一）原创作品：3％—10％

（二）演绎作品：1％—7％

采用版税方式支付报酬的，著作权人可以与使用者在合同中约定，在交付作品时或者签订合同时由使用者向著作权人预付首次实际印数或者最低保底发行数的版税。

首次出版发行数不足千册的，按千册支付版税，但在下次结算版税时对已经支付版税部分不再重复支付。

第五条　基本稿酬标准和计算方法：

(一)原创作品:每千字 80—300 元,注释部分参照该标准执行。

(二)演绎作品:

1.改编:每千字 20—100 元

2.汇编:每千字 10—20 元

3.翻译:每千字 50—200 元

支付基本稿酬以千字为单位,不足千字部分按千字计算。

支付报酬的字数按实有正文计算,即以排印的版面每行字数乘以全部实有的行数计算。占行题目或者末尾排不足一行的,按一行计算。

诗词每十行按一千字计算,作品不足十行的按十行计算。

辞书类作品按双栏排版的版面折合的字数计算。

第六条　印数稿酬标准和计算方法:

每印一千册,按基本稿酬的 1% 支付。不足一千册的,按一千册计算。

作品重印时只支付印数稿酬,不再支付基本稿酬。

采用基本稿酬加印数稿酬的付酬方式的,著作权人可以与使用者在合同中约定,在交付作品时由使用者支付基本稿酬的 30%—50%。除非合同另有约定,作品一经使用,使用者应当在 6 个月内付清全部报酬。作品重印的,应在重印后 6 个月内付清印数稿酬。

第七条　一次性付酬的,可以参照本办法第五条规定的基本稿酬标准及其计算方法。

第八条　使用演绎作品,除合同另有约定或者原作品已进入公有领域外,使用者还应当取得原作品著作权人的许可并支付报酬。

第九条　使用者未与著作权人签订书面合同,或者签订了书面合同但未约定付酬方式和标准,与著作权人发生争议的,应当按本办法第四条、第五条规定的付酬标准的上限分别计算报酬,以较高者向著作权人支付,并不得以出版物抵作报酬。

第十条　著作权人许可使用者通过转授权方式在境外出版作品,但对支付报酬没有约定或约定不明的,使用者应当将所得报酬扣除合理成本后的 70% 支付给著作权人。

第十一条　报刊刊载作品只适用一次性付酬方式。

第十二条　报刊刊载未发表的作品,除合同另有约定外,应当自刊载后 1 个月内按每千字不低于 100 元的标准向著作权人支付报酬。

报刊刊载未发表的作品,不足五百字的按千字作半计算;超过五百字不足千字的按千字计算。

第十三条　报刊依照《中华人民共和国著作权法》的相关规定转载、摘编其他报刊已发表的作品，应当自报刊出版之日起 2 个月内，按每千字 100 元的付酬标准向著作权人支付报酬，不足五百字的按千字作半计算，超过五百字不足千字的按千字计算。

报刊出版者未按前款规定向著作权人支付报酬的，应当将报酬连同邮资以及转载、摘编作品的有关情况送交中国文字著作权协会代为收转。中国文字著作权协会收到相关报酬后，应当按相关规定及时向著作权人转付，并编制报酬收转记录。

报刊出版者按前款规定将相关报酬转交给中国文字著作权协会后，对著作权人不再承担支付报酬的义务。

第十四条　以纸介质出版方式之外的其他方式使用文字作品，除合同另有约定外，使用者应当参照本办法规定的付酬标准和付酬方式付酬。

在数字或者网络环境下使用文字作品，除合同另有约定外，使用者可以参照本办法规定的付酬标准和付酬方式付酬。

第十五条　教科书法定许可使用文字作品适用《教科书法定许可使用作品支付报酬办法》。

第十六条　本办法由国家版权局会同国家发展和改革委员会负责解释。

第十七条　本办法自 2014 年 11 月 1 日起施行。国家版权局 1999 年 4 月 5 日发布的《出版文字作品报酬规定》同时废止。

国家版权局　国家发展和改革委员会
二〇一四年九月二十三日

十三

关于印发《浙江省出版专业技术人员继续教育实施办法》的通知

浙新广规〔2014〕1号

浙江日报报业集团、浙江出版联合集团，各有关新闻出版单位：

为做好我省出版专业技术人员继续教育工作，经局务会议审议通过，现将《浙江省出版专业技术人员继续教育实施办法》印发你们，请认真贯彻执行。

浙江省新闻出版广电局
2014年4月25日

浙江省出版专业技术人员继续教育实施办法

第一条　为推进浙江省出版专业技术人员继续教育科学化、制度化、规范化，培养造就高素质的出版专业技术人才队伍，根据《出版专业技术人员职业资格管理规定》（新闻出版总署令第37号）、《出版专业技术人员继续教育暂行规定》（新出政发〔2010〕10号）和《关于做好出版专业技术人员职业资格续展登记注册工作的通知》（新出厅字〔2012〕565号）精神，结合实际，制定本实施办法。

第二条　本实施办法所称继续教育是对出版专业技术人员进行的以政治理论、法律法规、业务知识、技能训练和职业道德等为内容的教育活动，其目的是促进出版专业技术人员坚持正确出版方向，不断增加、补充、拓展专业知识，提高业务技能，提高创新水平和专业技术水平。

第三条　本实施办法所称出版专业技术人员是指在本省图书、非新闻性期刊、音像、电子、网络出版单位内承担内容加工整理、装帧和版式设计等工作的编辑人员和校对人员，以及在报纸、新闻性期刊出版单位从事校对工作的专业技术人员。

第四条　出版专业技术人员享有参加继续教育的权利和接受继续教育的义务。

第五条　继续教育应当遵循下列基本原则：

（一）以人为本，按需施教。把握出版业发展趋势和出版专业技术人员从业基本要求，以需求为导向，遵循出版人才成长发展规律，科学施教。坚持强化服务，质量第一。

（二）突出重点，提高能力。注重提升出版专业技术人员岗位胜任能力和解决实际问题的能力。以提升创新能力为重点加强高层次出版人才培养。进一步改善出版队伍人才结构和知识结构。注重更新知识、拓宽视野、提高能力，注重培养懂经营、会管理的复合型人才。

（三）加强指导，创新机制。不断完善培训内容体系，创新培训内容、方式。在统筹规划的前提下，有效利用各方面教育资源特别是网络优质资源，建立开放的继续教育格局和灵活的继续教育机制。

第六条　省新闻出版广电局负责全省出版专业技术人员继续教育的组织管理工作。

（一）制定本省出版专业技术人员的继续教育规划并组织实施。

（二）负责对本省继续教育机构、教材、师资的认定、管理和监督。

（三）指导、监督本省出版专业技术人员继续教育工作，规范继续教育市场。

（四）负责继续教育学时的认定，继续教育证书的统一印制和核发。

第七条　出版专业技术人员每年参加继续教育的时间累计不少于 72 学时。其中，接受当年规定内容的面授形式继续教育不少于 24 学时，主要包括：参加国家新闻出版广电总局、省新闻出版广电局举办或委托其认定的教育培训机构举办的培训班，按照培训合格证书上注明的培训时间计算继续教育学时。

其余 48 学时可参加以下形式的继续教育：

（一）参加省级以上新闻出版行政部门认可的全国出版专业技术人员职业资格考试考前培训，按照实际参加培训的时间计算继续教育学时。

（二）参加省级以上人力资源社会保障行政部门委托其认定的教育培训机构组织举办的出版类专业技术人才知识更新工程培训班、专业科目和公需科目培训班，按照实际参加培训的时间计算继续教育学时。

（三）参加省级以上新闻出版行政部门举办的，或者委托专业机构举办的学术会议、专题讲座等，按照参加活动的实际时间计算继续教育学时。

（四）参加省级以上出版相关协会组织的出版业务培训班、学术会议、专题讲座，按照实际时间计算继续教育学时。

（五）担任省级以上新闻出版行政部门举办的，或者委托专业机构举办的培训班、学术会议、专题讲座等活动的授课人或报告人，按实际授课或报告时间的 6 倍计算继续教育学时。

（六）接受省级以上新闻出版行政部门认可的与出版业务相关的远程教育和网上培训，按照实际上网接受培训时间计算继续教育学时。

（七）主持完成国家级、省部级和全国性学术团体出版专业研究课题的时期内，每年按照完成继续教育48学时计算；非出版专业研究课题（必须与本人出版专业工作涉及的学科专业相关）的时期内，每年按照完成继续教育24学时计算。

（八）参加高等院校或成人院校举办的国家承认学历、学位的在职教育期间，每年按照继续教育48学时计算。

（九）作为第一作者公开发表的理论性研究文章，出版专业文章每篇按照完成继续教育24学时计算，非出版专业文章（必须与本人出版专业工作涉及的学科专业相关）每篇按照完成继续教育12学时计算。

（十）在境外参加国际出版学术活动、接受继续教育培训等，按照实际参加时间折合继续教育学时。

（十一）参加所在出版单位自行组织开展的经省新闻出版广电局认可的各类出版培训，考试合格后按实际参加培训课时计算学时，最高不超过24学时。

按照以上情况计算继续教育学时，最多不超过48学时，超过48学时的按照48学时计算。计算继续教育学时，须提交必要的证明材料。凡发现伪造材料者，3年内不予职业资格登记和责任编辑注册。

第八条 出版专业技术人员当年继续教育学时超过72学时的部分，不顺延至下一年度计算。由于伤、病、孕等特殊原因，无法在当年完成继续教育时间的，可由本人所在出版单位提供证明，经省新闻出版广电局审核确认后，其应参加继续教育的时间可以顺延下一年度合并完成，并在继续教育合格证书中予以注明。

第九条 加强继续教育机构建设，构建分工明确、优势互补、布局合理、竞争有序的继续教育网络，鼓励并引导行业协会、学术团体、大专院校、科研院所等具备培训条件的社会办学单位参与继续教育工作。

第十条 出版单位应当遵循教育、考核、使用相结合的原则，负责组织本单位出版专业技术人员参加继续教育，协助做好相关管理工作。

（一）出版单位应当按照有关规定落实教育经费，为出版专业技术人员继续教育创造条件。

（二）鼓励出版单位自行组织开展各类出版专业岗位培训、专业技术人员知识更新培训等继续教育活动。开展培训活动前出版单位应向省新闻出版广电局报备培训项目，培训结束后要制发培训合格证书，并向省局提交结业人员名单。

（三）出版单位应当如实记载出版专业技术人员参加继续教育和注册登记情

况，并作为其考核、聘用、晋升的依据之一。

（四）对当年无正当理由未完成继续教育规定时间的出版专业技术人员，所在出版单位要给予批评教育，及时督促其完成教育任务。

第十一条　省新闻出版广电局对未按规定参加继续教育或者无正当理由未完成继续教育规定时间的出版专业技术人员，不予续展登记、注册；对未按规定参加继续教育或者无正当理由未完成继续教育规定时间的出版专业技术人员所在出版单位，视情节轻重，采取通报批评、责令改正等处理措施。

第十二条　继续教育机构有下列情形之一的，由省新闻出版广电局依法责令限期整改；逾期不改正的，取消其承办继续教育资格：

（一）采取虚假、欺骗等不正当手段招揽生源的。

（二）以继续教育名义组织境内外公费旅游或者进行其他消费活动的。

（三）违反有关规定擅自印发职业资格证书或培训证书的。

（四）借继续教育之名乱收费的。

（五）违反本实施办法的其他行为。

第十三条　本实施办法自发布之日起施行。

参考文献

[1] 张艳丽. 试析当代科技期刊的功能及相互间的关联性[J]. 晋图学刊，2004(2).

[2] 李林平. 值得关注的社科期刊学术质量评价问题[J]. 新闻知识，2005(3)：26—27.

[3] 浙江省统计局. 2010 浙江统计年鉴[M]. 北京：中国统计出版社，2010.

[4] Davis, J. B. Problems in the Social Science Citation Index to Rank Economics Journal [J], American Economist, 1998, 42 (2): 1017—1032.

[5] Cockerill Matthew J, Knols Bart G J. Open access to research for the developing world[J]. Issues in Science and Technology, 2008(2): 65—69.

[6] Coe, Robert, & Irwin Weinstock. Evaluating journal publications: Perceptions versus reality[J]. AACSB Bulletin. 1969(1): 23—27.

[7] Salancik, G. R. An index of subgroup influence in dependency networks [J]. Administrative Science Quarterly. 1986, 31(2): 194—211.

[8] Extejt, Marian M., Jonathan E. Smith. The behavioral sciences and management: An evaluation of relevant journals[J]. Journal of Management. 1990, 16(3): 539—551.

[9] Garfield, Eugene. Citation indexes for science: a new dimension in documentation through the association of ideas [J]. Science, 1955, 122: 108—110.

[10] Franke, Richard H., Timothy W. Edlund, & Frederick Oster III. The development of strategic management: Journal quality and article impact [J]. Strategic Management Journal. 1990, 11(3): 243—253.

[11] Sharplin, A. D., & R. H. Mabry. The relative importance of journals used inmanagement research: An alternative ranking[J]. Human Rela-

tions. 1985,38(2):139—149.

[12] Johnson, Jonathan L., &Philip M. Podsakoff. Journal influence in the field of management: An analysis using Salancik's index in a dependency network[J]. Academy of Management Journal. 1994, 37(5):1392—1407.

[13] Kent R. Anderson. Comparing print and online readership: matching perception to reality across[J]. Learned Publishing, 2004, 17(4):313—315.

[14] 中国科学文献计量评价研究中心.中国学术期刊影响因子年报(2010光盘版)[M].北京:清华同方光盘电子出版社,2010.

[15] 姜晓辉.中国人文社会科学核心期刊要览(2008年版)[M].北京:社会科学文献出版社,2009.

[16] 南京大学中国社会科学研究评价中心.中文社会科学引文索引2010—2011年来源期刊目录[EB/OL]. http://cssci.nju.edu.cn/news_show.asp?Articleid=163.

[17] 朱强,戴龙基,蔡蓉华.中文核心期刊要目总览(2008年版)[M].北京:北京大学出版社,2008.

[18] 王宣喻,储小平.中国经济学期刊评价指标体系设计[J].科研管理,2005(2):147—151.

[19] 伊人凤,韩凤伟.辽宁人文社科类学术期刊发展现状与影响因素探析[J].沈阳工程学院学报(社会科学版),2011(1):83—86.

[20] 秦霞.学术期刊影响因子的影响因素研究[D].硕士学位论文,成都:西南交通大学,2009.

[21] 李正元.构建社科期刊评价体系的理论思考[J].合肥工业大学学报(社科版),2004(1):114—118.

[22] 高巍.影响因子在期刊评价中的应用及其局限性[J].山西财经大学学报,2011(S2):127.

[23] 闫增强.论改进我国社科成果评价制度[D].硕士学位论文,天津:天津大学,2006.

[24] 张素梅.浙江近代期刊创刊史述略[J].图书馆学研究,2011(1):95—97.

[25] 王文科,张扣林.浙江新闻史[M].杭州:浙江大学出版社,2010.

[26]《浙江省新闻志》编委会.浙江省新闻志[M].杭州:浙江人民出版社,2007.

[27] 柳斌杰,于友先,邬书林.中国出版年鉴[M].北京:中国出版年鉴社,2010.

［28］金京.我国科技学术期刊发展过程中的问题及对策［D］.武汉:华中科技大学,2006.
［29］刘英.学术期刊乱象治理的瓶颈及对策［J］.科技与出版,2011(8):89—92.
［30］汤喜燕.浙江期刊业发展现状及对策［J］.浙江工商大学学报,2007(1):77—82.
［31］江舟群.浙江省属高校学报现状的调查与分析［J］.中国计量学院学报,2008(2):183—186.
［32］张兰.浅谈社科类学术期刊的现状与发展［J］. 西北民族大学学报(哲学社会科学版),2007(6):143—145,148.
［33］王健.高校学报的困境与改革研究［D］.长沙:湖南师范大学,2007.
［34］祝林浩.社科期刊的市场化之路［J］.出版发行研究,2006(8):74—78.
［35］江舟群.高校学报"低迷"的原因商榷［J］. 江苏教育学院学报(社会科学版),2008(6):104—105.
［36］陈景云.提高社科期刊编辑素质之我见［J］.理论探讨,2004(2):126—128.
［37］刘文献.浙江科技期刊编辑与科技创新［J］. 科技情报开发与经济,2005,15 (8) :71—72.
［38］高慧,刘小杰.创建精品学术期刊的思考［J］.青岛大学师范学院学报,2004(2):124—125.
［39］何秀成,庞龙斌,黄梅.学术期刊的办刊特色与学术影响力［J］. 广东工业大学学报(社会科学版),2011(1):83—88.
［40］郭志明.学术期刊应纳入公益性的事业管理［J］.中国科技期刊研究,2005(2):169.
［41］胡政平.人文社科期刊应注重特色的体现［J］.甘肃社会科学,2004,(6):247—248.
［42］姜春林,唐悦,周磊.辽宁省哲学社会科学期刊学术影响力评价研究［J］.科技管理研究,2009(9):126—129.
［43］单丽娟.论社科类期刊精品战略的实施［J］.经济师,2004(4):253—254.
［44］吴成福,辛世俊,乔学杰.河南省期刊编辑出版质量和学术影响力分析［J］.郑州大学学报(哲学社会科学版),2010(6):180—183.
［45］燕鸣,田翠华,廖有谋.科技期刊集团化发展初探［J］.编辑学报,1997(3)155—159.
［46］赵振宇.关于建立哲学社会科学成果评价机制的几个问题［J］.探索,2004

(2):92—95.

[47] 吴寿林,张文才,倪雅芬.市场化条件下我国科技期刊办刊经费的筹措[J].中国科技期刊研究,2005(4):551—553.

[48] 王惠.提升编辑素质,提高科技期刊质量[J].中国科教创新导刊,2011(14).

[49] 张淑敏.加强科技期刊编辑素质及能力的培养[J].内蒙古环境科学,2010(4):102—104.

[50] 薛旭辉.期刊的特色定位与多元创新[J].河南大学学报(社会科学版),2011(4):68—71.

[51] 石香莉.陕西高校社科期刊发展问题及研究[D].西安:西北大学,2010.

[52] 邹晓宇.科技期刊评价体系及影响因子相关问题研究[D].哈尔滨:哈尔滨工业大学,2007.

[53] 孙占元.人文社会科学期刊:历史使命与进步作用[J].东岳论丛,2011(1):9—10.

[54] 程靖.我国人文社科期刊的创新与发展[J].合肥工业大学学报(社会科学版).2007,21(6):184—186.

[55]王福军,冷怀明,郭建秀,等.互联网背景下科技期刊的媒体融合路径[J].编辑学报,2016,28(1):11—14.

[56] 徐镇强.公安学术期刊发展研究[M].北京:中国人民公安大学出版社,2008.

[57] 刘晓莉.中外科技学术期刊国际化出版比较研究[D].西安:长安大学,2015.

[58] 叶素萍.我国期刊分类研究之进展[J].图书与情报,2004(1):87—89.

[59] 蒋崇玲.科技期刊功能的演化及其可持续发展[J].中国科技期刊研究,2003,14(3):233—235.

[60] 李若溪.网络学术资源开放集成共享环境中科技期刊的功能转位[J].2012,24(5):141—418.

[61] 史庆华.科技学术期刊的社会功能入其异化[J].现代情报,2007(1):17—19.

[62] 黄晓鹂,郑志军,刘瑞兴.科技期刊评价功能的理论基础与实践[J].中国科技期刊研究,1997,8(2):9—12.

[63] 张艳丽.试析当代科技期刊的功能及相互间的关联性[J].晋图学刊,2004

(2):23—26.

[64] 黄旭东.对当前我国人文社会科学学术期刊发展若干问题的思考[J].贵州社会科学,2012,266(2):120—126.

[65] 蔡毅.人文社会科学是引领自然科学前进的有力保障[J].学术月刊,2002(8):28—35.

[66] 马健.对高校学报特性的思考[J].牡丹江师范学院学报,1995(1):86—88.

[67] 郇庆治.高校学报特性的系统分析[J].枣庄师专学报,1989 (3):101—104.

[68] 袁长青.中国大学起源探析[J].湖北函授大学学报,2009, 22 (2):7—8.

[69] 万泉.我国大学学报史考[J]. 辽宁大学学报(哲学社会科学版),1981(6):31—34.

[70] 李双臻.学术期刊在科技发展中的作用[J].哈尔滨学院学报,2001,23(12):78—79.

[71] 李颖超.科技期刊在科学技术转化为生产力中的作用[J].沈阳航空工业学院学报,1996,13(3):77—80.

[72] 吕锡强.科技期刊在科学技术转化为生产力中的作用[J].科技与经济,2006(14):20—22.

[73] 程志芬.强化科技期刊在科技创新中的作用[J].传媒,2002(3):38—41.

[74] 何汶,邱均平.我国学术期刊影响力评价分析[J].评价与管理,2008,6(1):1—5.

[75] 马红鸽.我国人文社会科学学术期刊评价指标修订及其问题[J].重庆科技学院学报(社会科学版),2010(18):134—136.

[76] 应向伟.浙江省高校学术期刊影响力及提升对策[J].科技与传播,2016(2):38—40,46.

[77] 许海云. 学术期刊影响力评价方法研究[D]. 北京:中国科学院大学, 2013.

[78] 贺颖.2001－2004 年中国管理类期刊学术影响力综合评价[J].中国软科学,2007(1):107—112,133.

[79] 陈梅云.正确分析期刊评估指标　提升地方社科学术期刊的学术影响力[J].学术论坛,2007(8):142—144.

[80] 陈雯兰,陈石平. 浙江省社科期刊学术影响力研究——基于 CSSCI 的实证分析[J]. 浙江社会科学,2012(1):145—150.

[81] 陈雯兰. 浙江省 9 类 CSSCI 收录期刊综合评价指标计量分析研究[J]. 浙

江工业大学学报，2014(1)：114—118.
[82] 黄旭东.对当前我国人文社会科学学术期刊发展若干问题的思考[J].贵州社会科学，2012，266(2)：120—126.
[83] 2014中国最具国际影响力学术期刊排名[J/OL].光明日报 2015—02—12(15).
[84] 王国平，熊月之.最早的中国大学学报——东吴学报创刊号《学桴》解读[J].苏州大学学报(哲学社会科学版)，2006(3)：7—11.
[85] 郁庆治.高校学报特性的系统分析[J].枣庄师专学报，1989(3)：101—105.
[86] 马健.对高校学报特性的思考[J].牡丹江师范学院学报(哲学社会科学版)，1995(1)：86—88.
[87] 蔡毅.人文社会科学是引领自然科学前进的有力保障[J].学术月刊，2002(8)：28—35.
[88] 陈雯兰，黄品全.浙江省社科期刊影响力提升对策研究[J].浙江海洋学院学报(人文科学版)，2012，29(2)：104—106，111.
[89] 许华春.学报规范与编辑功夫[M].杭州：浙江大学出版社，2014.
[90] 吴重龙，白来勤.编辑工作手册[M].北京：华艺出版社，2004.
[91] 王国平，熊月之.最早的中国大学学报——东吴学报创刊号《学桴》解读[J].苏州大学学报(哲学社会科学版)，2006(3)：7—11.
[92] 余卫国.高度重视和大力发展哲学社会科学[J].2003(1)：4—6.
[93] 陈平其.当代中国知识分子的社会作用研究[D].长沙：中共湖南省委党校，2005.
[94] 舒香瑜.中国作家：高科技是天使还是恶魔？[N/OL].中华读书报，2001－04－12.http://www.people.com.cn/digest/200104/13/kj041308.html.
[95] 刘芳.学术期刊的形成与发展研究[J].延安大学学报(社会科学版)，2014，36(4)：118—122.
[96] 亢小玉，姚远，宇文高峰.《北直农话报》传入的格致学及强国论[J].西北大学学报(自然科学版)，2005，35(4)：487—491.
[97] 黄金祥，姚远，李川.《河北农业大学学报》创刊年代考[J].河北农业大学学报，2005(3)：104—106.
[98] 姚远，亢小玉.中国文理综合性大学学报考[J].中国科技期刊研究，2006(1)：1—5.
[99] 汪家发，汪芳芳.《六合丛谈》传播的近代化学及其述评度[J].化学教育，

2014(22):60—64.

[100] 高晓松.基督教传教士来华办报动机辨析[D].济南:山东师范大学,2012.

[101] 姚远,张银玲.奥尔登伯格与世界上最早的科技期刊——《哲学汇刊》[J].陕西师范大学学报(哲学社会科学版),1995,24(S):182—184.

后 记

在一次浙江省高校学报年会上，我遇到同仁徐镇强，他说他写了一本学术期刊方面的书，当时我很好奇：关于学术期刊也能写出一本书？于是向他索要了一本，看到书名是“公安学术期刊发展研究”。工作之后，闲暇之余，我认真翻阅了此书，发现书中内容丰富，所持观点皆可开拓我的视野，丰富了我对学术期刊的理解。十多年来在我做学报编辑的过程中，有很多作者、同仁，甚至是未曾谋面的读者，经常会向我讨教这样一些问题：什么是学术期刊，什么是核心期刊，哪些是省级学术期刊，哪些是国家级学术期刊，等等。毕竟学报属于学术期刊，好歹我也跟学术期刊打了十多年交道，所以，每每遇到这种情况，我总会打脸充胖，赶鸭子上架般地去恶补一些有关知识。读到《公安学术期刊发展研究》之后，我想，可否结合徐镇强老师的思想，在前几年学界对人文社科类学术期刊影响力研究的基础上，围绕当前人们在该领域的种种疑惑，说不定就能写出一本研究学术期刊的新著作呢。基于这样的想法，2014 年，我开始阅读并收集相关的资料，把脑子里闪现的一些火花似的想法随机记录下来，慢慢地，就有了初步大纲。虽然当时对整本书还有点底气不足，但经过身边同仁、同事的对书稿的修缮补充以及对我的鼓励，我也随之心里释然，书稿水到渠成了。

这是一本学术专著。本书试图从大文化和世界文化史的角度探究期刊的必然走向，梳理出学术期刊在发展中形成的各类分化史。我认为，学术期刊的研究应该属于社会科学研究的范畴。但社会科学研究具有模糊性，对某一具体的学术本体、研究方法都难以量化。本论著不仅涵盖了学术期刊纵向的历史经度，还从质性与量化研究两个维度对学术期刊的社会学、文献学及传播学属性进行了研究，同时，在学术分析的背景下结合浙江省社科类学术实证研究的成果，得出在浙江特色高校结构、民众的文化习俗、政府支持的产业结构和规模等影响下浙江期刊发展具有鲜明的浙江区域特色。

这是一本科普读物。目前，为学术而学术的现象比比皆是，其实学术本身有架子，就比如人先要有身体才可以穿戴上各类衣物饰品。学术期刊就是承载学术的架子，在这样的架子上，我们可以让学术之花怒放，学术之家争鸣。当一个好编辑，应扮演好学术教育者的角色，普及学术期刊相关知识。因此，学术耕耘者们可以通过本书更好地了解学术期刊，了解学术期刊与非学术期刊的差别，学术期刊的体例与规范，进而生出为其学术研究及展示提供更好的形式的心愿。真便如此，即好。

这是一本工具书。学术规范不是编辑一个人的事，是学者、专家，每个心中有笔耕想法的人都应有规范表达学术的素养与使命。本书介绍了理论专著的框架，学术论文、科学报告等文献例文，既有宏观的学术期刊政策，也包括微观业务层面的编辑规范。目前，我国学术期刊的国际化进程还不是很理想，学术期刊与学术表现规范后，向国际学术规范看齐，才有机会走出国门，使学术期刊承载的先进的技术走向国际，这样的学术研究才更有国际影响力。所以，规范很重要。形端，才可养正以达道。

这是一本有遗憾的书。由于工作繁忙，水平有限，不少内容都是业余草成，其中必有缺失与错误，恳请业界专家、同仁及读者不吝赐教，校正其中疏漏与不当，以益于再版时质量的提升。

我想说，本书的出版得益于诸多同事与朋友们的帮助，得益于学校给我的学报编辑这一工作平台。这个平台使我迈入编辑这个行业，有机会参与各地的学术交流，感受到对真知的渴求，逐渐产生了对学术期刊的忠诚与热爱，感受到编辑同仁们那纯粹、超脱、正直与豁达的胸怀，体会到编辑工作时而纵横古今时而又独步幽谷的魅力。

感慨诸多，感谢有你！感谢徐镇强同志赠我专著《公安学术期刊发展研究》，这本书启发了我也写本专著的想法。在编写过程中，我觉得自己就像一个刚学走路的孩子，一路坎坎坷坷，走得跌跌撞撞。感谢邢运凯同志，在这个的过程中不吝赐教，给我十足的正能量。感谢方守湖同志，在统稿时给予我合理建议，并在空闲之余陪我打球，劳逸结合，愉悦身心，使我每每能够活力倍增地回归工作。感谢陈石平同志通过 QQ 在书名拟定及大纲编写方面进行指导。感谢金玲娟同志，不厌其烦、不辞辛劳地在图书馆为我下载实时数据与资料。

最后，感恩所有，感谢有你！

2018 年 9 月于下沙钱塘江畔